Evi Melas

Rumänien

Schwarzmeerküste – Donaudelta
Moldau – Walachei – Siebenbürgen

Mit Beiträgen von:
Mihai Berza, Grigore Ionescu,
Maria-Ana Musicescu, Dionys M. Pippidi
und Răzvan Theodorescu

DuMont Buchverlag Köln ·

Umschlagvorderseite: Bischofskirche von Curtea de Argeş, Walachei (Foto: Archiv E. Melas)

Umschlagrückseite: Hofseite der Wehrkirche Hărman/Honigberg, Siebenbürgen
(Foto: Prof. Dr. A. Herold, Gerbrunn)

In der vorderen Innenklappe: Deesis (Fürbitte), Außenfresken an der Ostapsis der Klosterkirche
Suceviţa, Moldau (Foto: Prof. Wim Nordhoek, Het Oude Huis te Berne/Holland)

© 1977 DuMont Buchverlag, Köln
6. Aufl. 1991
Alle Rechte vorbehalten
Satz und Druck: Rasch, Bramsche
Buchbinderische Verarbeitung: Bramscher Buchbinder Betriebe

Printed in Germany   ISBN 3-7701-0808-6

Kunst-Reiseführer in der Reihe DuMont Dokumente

Zur schnellen Orientierung – die wichtigsten Orte Rumäniens auf einen Blick:

In der vorderen Umschlagklappe: Übersichtskarte von Rumänien

In der hinteren Umschlagklappe: Lage Rumäniens

Bukarest. Kupferstich des 17. Jahrhunderts

Inhalt

Beiträge von rumänischen Wissenschaftlern

Zur Aussprache:

ă = kurzes offenes e   î = dumpfes ü
c vor a, o, u und h = k   j = j wie in Journal
c vor e und i = tsch   s = stimmloses s
e im Anlaut = je   ş = sch
g vor a, o, u und h = g   ţ = z
g vor e und i = dsch   v = w
h = ch   z = stimmhaftes s

Reisen durch Rumänien

Von Evi Melas

Das bronzene Denkmal für Mihai Viteazul (Michael der Tapfere; Abb. 1) steht schräg gegenüber vom Intercontinental-Hotel, vor dem Hauptgebäude der Bukarester Universität, in der Nähe des Kilometersteins Null. Der walachische Fürst sitzt hoch zu Roß, eine Zobelmütze auf dem Kopf, den Blick in die Weite gerichtet, auf die drei Landesteile *Walachei, Moldau* und *Transsilvanien (Siebenbürgen),* die er während eines kurzen Jahres (1599/1600) zum ersten Mal unter seinem Zepter vereinigte. Bronzene Wappen schmücken den Sockel des Denkmals: der walachische Adler mit einem Kreuz im Schnabel, der moldauische Auerochse mit einem Kreuz zwischen den Hörnern, die gekrönten Hügel Transsilvaniens (Siebenbürgens) zwischen Mond und Sonne.

Mihai Viteazul hat ausgerechnet beim Kilometerstein Null seinen Platz gefunden, am Ausgangspunkt aller weißen Kilometersteine, die das rumänische Staatsgebiet durchziehen, als ob sie seine Vision untermauern sollten. Dieser Fürst wird in Rumänien als Vorkämpfer der nationalen Einheit gefeiert, die etappenweise erst im 19. und 20. Jahrhundert verwirklicht werden konnte.

Vielfältig waren und sind die Zeugnisse der Bildenden Kunst vom Mittelalter bis zum 19. Jahrhundert. Ein unübersehbarer Gegensatz besteht zum Beispiel zwischen den ernsten Kirchenburgen der Siebenbürger Sachsen aus dem 16. Jahrhundert (Umschlagrückseite; Farbt. 3; Abb. 90–92) und den in allen Regenbogenfarben schillernden moldauischen Klosterkirchen aus derselben Zeit (Farbt. 17 ff.; Abb. 114 ff.). Gerade in dieser Vielfalt liegt für mich die Anziehungskraft Rumäniens.

Die stärksten Eindrücke während einer Rumänienreise empfängt man außerhalb der Städte, in der großartigen Landschaft, die den Rahmen für sakrale und profane Bauten bildet.

Wenn ich, wie der Guide Bleu, Sterne zu verteilen hätte, würde ich drei Sterne geben: den Klosterkirchen *Humor, Arbore, Voroneţ* (Abb. 114; Farbt. 17; Abb. 117), den Kirchen in *Curtea de Argeş* (Abb. 72, 74), den Klöstern *Hurez* und *Neamţ* (Abb. 64 ff., 105), den Kirchen *Fundenii Doamnei in Bukarest, Trei Ierarhi in Iaşi* und *St. Michael in Cluj* (Abb. 34, 128), der Kirchenburg *Prejmer/Tartlau* (Abb. 92), den Schlössern *Mogoşoaia* und *Hunedoara* (Abb. 32 f., 78, 79). Für landschaftliche Schönheit würden das *Olt-Tal,* das *Donaudelta* (Farbt. 15), die *Bicaz-, Prislop-* und *Tihuta-Pässe,* die

Maramureş (Abb. 102) und das *Prahova-Tal* drei Sterne bekommen; unter den Städten: *Sibiu/Hermannstadt (*Farbt. 2; Abb. 84–89), *Iaşi* (Abb. 125–130), *Cluj/Klausenburg* (Abb. 100, 101) *Constanţa* und *Sighişoara/Schäßburg* (Farbt. 1; Abb. 97–99); unter den Ruinen *Histria* am Schwarzen Meer (Abb. 10) und *Sarmizegetusa* in den Karpaten.

Briefe von Reisenden, die berichten, daß sie sich das Leben in Rumänien ganz anders vorgestellt hatten, veranlassen mich darauf hinzuweisen, daß dieses Buch nur auf ältere Kunstdenkmäler eingeht. Es beschreibt nicht die politische, soziale und wirtschaftliche Situation von heute, die den Touristen aus anderen Quellen bekannt sein sollte.

Nicht nur Bukarest, das durch fieberhafte staatliche Bautätigkeit seit 1984 in seiner Stadtgestalt stark beeinträchtigt ist, verliert sein Gesicht, sondern auch immer mehr alte Dörfer. Sie alle bilden das kulturelle Erbe der Rumänen, Ungarn und Deutschen, der Siebenbürger Sachsen und der Banater Schwaben. Bereits in den siebziger Jahren als Städte, Wehrkirchen und Dörfer architektonisch noch intakt waren, konnte – mangels entsprechender Hinweise – kein Tourist, der nicht im voraus informiert war, erkennen, daß die Stadt Cluj das ungarische Kolozsvár oder Braşov das deutsche Kronstadt gewesen sind. In diesem Buch haben wir versucht mit Beschreibung und Namensnennung die Erinnerung an diese Vergangenheit wachzuhalten. Heute, in einer Zeit, in der manch großes Kloster und manch altes Dorf verschwunden sind, wollen wir sie auf diesen Seiten im Gedächtnis bewahren. Die rumänische Revolution und der Sturz Ceauşescus im Dezember 1989 konnten weltweit in Fernsehen und Presse verfolgt werden. Das anhaltende Leiden der Menschen bezeugt nicht zuletzt die Vernachlässigung der Denkmäler.

Dobrudja (Dobrogea)

Die Schwarzmeerküste, *Dobrudja* oder *Dobrogea* genannt, wird heute am häufigsten besucht. Die moderne Touristenwerbung hatte den größten Erfolg dort, wo die älteste Reportage über Land und Leute geschrieben wurde, und zwar im 6. vorchristlichen Jahrhundert von dem griechischen Historiker Herodot, der die Schwarzmeerküste und den Unterlauf der Donau besuchte. Er hielt den Istros, die Donau, für den längsten Fluß der Welt; ihn quälten Bienen, die seinen Kopf umschwärmten, er verglich die Kleider aus Hanf mit solchen aus Leinen, und er erwähnt zum ersten Mal die Geten, die sich für unsterblich hielten, »Athanatisontes«, und die ihm die tapfersten und gerechtesten unter den Thrakern zu sein schienen.

Vermutlich ist der römische Dichter Ovid (43 v. Chr. bis 17 n. Chr.) der letzte Westeuropäer, der sich Mühe gab, Getisch zu lernen, während er seine letzten Lebensjahre als Verbannter in Tomis (Constanţa) verbrachte. Kannte er die unerlaubten Beziehungen der Tochter des Kaisers Augustus, Julia, zu ihrem Vater oder wurde er zufällig Zeuge eines verbotenen Liebesverhältnisses der Enkelin des Kaisers, Julia, die im gleichen Jahr wie Ovid in die Verbannung geschickt wurde? Noch heute ist der Grund für diese harte Strafe ein Rätsel. Man weiß, daß Ovid anläßlich des Todes von Augustus den Geten Verse in ihrer Sprache auf dem Forum vorgelesen hat, Gedichte, die ebenso untergegangen sind, wie die getische Sprache selbst.

In seinen Briefen beklagt er sich bitter über das Klima seines Exilortes, über die primitiven Städte, die endlose Einöde außerhalb der Stadtmauern, wo die »Barbaren mit vergifteten Pfeilen schießen«, wo es weder Bäume noch Vögel, weder Frühlingsblumen noch herbstliche Erntefeste, sondern nur trostlose Steppen gab, soweit das Auge reichte.

Wer heute *Constanţa* besucht, wo der Dichter auf dem Hauptplatz als Denkmal steht, kann die verzweifelten Briefe ex Ponto (vom Schwarzen Meer) nicht recht begreifen. Die reichen Funde, die man mitten im modernen Constanţa ausgegraben hat, zeigen, daß Ovids Exilort zu seiner Zeit kein unzivilisiertes Barbarennest war.

Die Dobrudja (Schwarzmeerküste) in der Antike

Zum ersten Mal kam ich im Juli mit dem Zug aus Bukarest, fuhr etwa vier Stunden durch eine ziemlich monotone, flache Landschaft, wohnte in *Mamaia*, 5 km von der Stadt entfernt, wo ein vielgepriesener Badestrand zwischen dem Schwarzen Meer und einem Süßwassersee liegt (Farbt. 14). Die ersten, heute altmodisch wirkenden Hotels wurden in den dreißiger Jahren unseres Jahrhunderts gebaut. Inzwischen zieht eine endlose Kette von Hotel-Hochhäusern an der Küste entlang: Neptun, Eforie Nord und Süd, etc.

Während die Strände mit Feriengästen überfüllt waren, fand ich die 60 km entfernt liegende antike Stadt *Histria* beinah menschenleer (Abb. 10). Es überraschte mich als Griechin, daß sich die Ausländer hier offenbar wenig für die Antike interessierten, zu einer Zeit, in der die meisten Reisenden keine Mühe scheuten, um selbst die bescheidensten Säulenreste betrachten zu können, Zweifellos gab und gibt es, abgesehen von Histria, überall in Rumänien Sehenswürdigkeiten aus den verschiedensten Zeitaltern, die noch immer viel zu wenig beachtet werden.

Histria, griechisch Istros, wurde von Milesiern gegründet, die im 7. vorchristlichen Jahrhundert mit ihren Schiffen durch Dardanellen und Bosporus fuhren auf der Suche nach Plätzen für ihre Kolonien, die sich wie eine Kette an der Schwarzmeerküste entlangziehen. Am Ende einer steinig-sandigen, ockerfarbenen Landzunge, zwischen Sträuchern, liegt heute mehr oder weniger in Ruinen die bis zum 7. nachchristlichen Jahrhundert blühende Hafenstadt Histria, umgeben von 3 bis 8 m hohen geborstenen Mauern. Man sieht Säulen und Altäre archaischer, klassischer Tempel, Fundamente hellenistischer Häuser und Werkstätten, Teile römischer Thermen und Mosaiken, Grundmauern byzantinischer Basiliken, die für den Laien nicht immer leicht zu identifizieren sind (vgl. D. M. Pippidi, Die alte Geschichte Rumäniens, S. 184 f.). Die antiken Tempel haben griechisches Maß und nichts Monumentales. Der älteste griechische Stadtstaat auf rumänischem Boden, der im Osten und Norden vom Sinoe-See und im Südosten vom Tusla-See begrenzt ist, trug während des Altertums den gleichen Namen wie die Donau, *Istros*. Kies und Geröll, von der Donau im Laufe der Zeiten ans Meer geschwemmt, sorgten dafür, daß Histria allmählich versandete und als Hafen unbrauchbar wurde.

Im gleichen Maße wie Histria an Bedeutung verlor, blühte *Tomis* auf. Tomis, das heutige *Constanţa*, griechische Kolonie aus dem 6. Jahrhundert v. Chr., kennen wir aus der Argonautensage. Jason, dem griechischen Sagenhelden, war es mit Medeas Hilfe gelungen, das goldene Vlies aus Kolchis zu entführen. Sein Schiff wurde von den aufgebrachten Kolchiern verfolgt, und als sie sich näherten, ermordete Medea ihren kleinen Bruder, den sie als Geisel mitgenommen hatte und warf die Stücke seiner Leiche ins Meer. Diese entsetzliche Tat hielt die Verfolger davon ab, Jasons Schiff einzuholen. Der unglückliche König von Kolchis fischte die Teile seines Sohnes aus den Wellen und begrub sie bei Tomis, das daher seinen Namen erhielt (Tomis, griechisch für Teile).

Constanța liegt hoch über dem Meer, das seinen heutigen Beinamen ›das Schwarze‹ weit eher verdient als den altgriechischen: ›das Gastfreundliche‹ (Pontos Euxeinos). Darauf spielt auch eine türkische Redensart an: »Drei Dinge kann niemand behalten, ein Boot auf dem Schwarzen Meer, ein Holzhaus in Istanbul und eine Frau aus Rumänien.«

Charakteristisch für Constanța ist ein zentraler Platz, die *Piața Independentei,* ursprünglich die griechische Agora, später das römische Forum. An der einen Seite steht eine Moschee mit hohem Minarett, an der anderen ein Gebäude, das Architekt Ion Mincu gebaut hat; davor steht das Denkmal des Ovid. Auf diesem Platz befindet sich auch der *Museumskomplex.*

In der Archäologischen Abteilung gewinnt man einen Überblick über die verschiedenen, in der Dobrudja gefundenen Kunstwerke, vom Neolithikum bis zur Neuzeit. Der sogenannte Denker und eine gleichzeitig im Friedhof von Cernavodă gefundene hokkende Frau, aus Ton und mit der Hand geformt, sind berühmte Einzelstücke, die an Kykladenidole erinnern (Abb. 2, 3). Ausgestellt sind ferner Münzen aus Histria, Tonstatuetten aus Kallatis, Vasen aus Zypern, Attika und Korinth, Grabstelen mit Löwenköpfen, die dazu dienten, Diebe abzuschrecken. Besonders wertvoll sind vierundzwanzig Statuen, die 1962 in Constanța aus der Erde geschaufelt wurden: Isis, Hekate, Asklepios, die Dioskuren, Mithras und Nemesis in zweierlei Gestalt unter einem Tempeldach, aussehend wie zwei hübsche Mädchen mit Stupsnase (Abb. 12). Unter diesen Göttern gibt es ferner den Thrakischen Reiter, eine südosteuropäische Heroengestalt, vermutlich eine Allegorie des Todes (Abb. 14). Aus carrarischem Marmor besteht die zierliche römische Göttin Aphrodite, ein Diadem auf dem Kopf, das Zepter in der rechten, das Füllhorn in der linken Hand (Abb. 9). Zu ihren Füßen liegt Pontos, wahrscheinlich die früheste plastische Darstellung dieser Meeresgottheit, die Tomis beschützte. Schließlich gehört zu dieser Gruppe ein schlangenleibiger Glykon aus dem kleinasiatischen Paphlagonien, der durch seinen Lammkopf mit Menschenaugen und Frauenhaar fremd wirkt (Abb. 8).

Diese bunt zusammengesetzte Göttergesellschaft illustriert verschiedene religiöse Vorstellungen, wie sie bei den Ureinwohnern und Kolonisatoren nach- und nebeneinander Gestalt annahmen.

Unter allen ausgestellten Objekten liest man Erklärungen in vier Sprachen, rumänisch, deutsch, englisch, französisch.

Von hier aus sind die Sehenswürdigkeiten der Stadt ohne weiteres zu Fuß erreichbar. Am westlichen Steilhang geht man an antiken Grabstelen vorbei zu einem der größten Mosaikfußböden der Welt, der ursprünglich die zweite Terrasse eines stufenförmig angelegten Gebäudes bildete. Der aus zahllosen bunten Steinen zusammengesetzte Mosaikboden mit geometrischen und pflanzlichen Ornamenten ist eine wahre Augenweide (Abb. 16). Von den ursprünglich 2000 m² sind 700 m² erhalten. Unter dieser Terrasse liegen dreizehn Gewölbe, die als Warenlager dienten. 1956 haben Archäologen hier Handelserzeugnisse gefunden, die für den Export bestimmt oder importiert waren, dar-

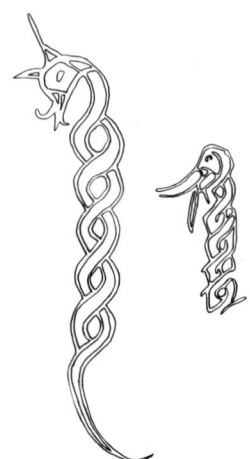

Ornamente in den Höhlenkirchen bei Basarabi-Murfatlar

unter Amphoren, in denen Harz, Öl und Farben aufbewahrt wurden, ferner Schiffs-anker und Eisenblöcke. In weiteren Räumen wurde Weizen gelagert, wie man aus ver-brannten Getreideresten schließt.

Durch alte Gassen, wo noch einige Türkenhäuser zu entdecken sind, wandert man zum *Leuchtturm*, eine Erinnerung an die Genueser Kaufleute aus dem 13. Jahrhundert, oder zu Fundamenten *byzantinischer Basiliken* in der Nähe der Schutzwälle, oder man geht an der Steilküste entlang, im Schatten der Kronen alter Laubbäume. Dabei sollte man keinesfalls versäumen, das *Aquarium* aufzusuchen, das hier oben neben dem marmornen Kasino (Abb. 11) eingerichtet ist, wo man Fische aus dem Schwarzen Meer und aus allen Weltmeeren bewundern kann.

Von Constanţa fährt man 19 km nach Westen, um bei *Basarabi-Murfatlar* die schwer erreichbaren, aber hochinteressanten, in den hellen Kreidefels gehauenen Höhlen-Kirchen aus dem 10. Jahrhundert zu besuchen. Empfohlen sei eine vorherige Erkundi-gung beim rumänischen Touristenamt, weil die Kirchen zeitweilig geschlossen sind. Sie sind außergewöhnlich, weil in ihre Wände Kreuze, Pferde, Schiffe, Drachen, Vögel, andere Ornamente und Inschriften eingeritzt sind (Abb. 17, 18).

Fährt man von hier aus 35 km in derselben Richtung weiter, kommt man zum Dorf *Adamklissi*. Ganz in der Nähe liegt die Ruinenstätte des *Tropaeum Traiani* aus dem 2. Jahrhundert n. Chr. und das gleichnamige gewaltige Denkmal (Rekonstruktion). Das benachbarte, neu eingerichtete Museum beherbergt die Originalwerke. Auf neun-undvierzig Metopen sind die Kämpfe zwischen Römern und Geto-Dakern dargestellt, ferner Kaiser Trajan selbst, wie er seine Truppen in die Schlacht führt (Abb. 15).

Im Süden der Dobrudja, nahe bei *Ostrov*, an der rumänisch-bulgarischen Grenze (am Ende der DN 3), kann man auf einer Insel mitten in der Donau die byzantinische Festung *Păcuiul lui Soare* aus dem 10. Jahrhundert besichtigen. Zunächst Sammelplatz

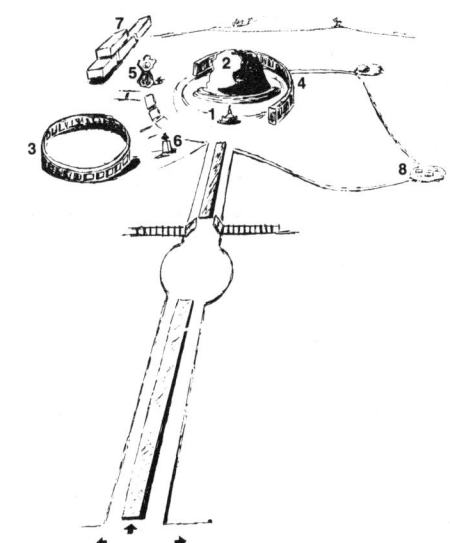

Das Tropaeum Traiani beim Dorf
Adamklissi

1 Rekonstruktionsmodell
2 Kernbau
3 Metopen, Pilaster und
   Friesbänder
4 Zinnen und Brüstungssteine
   auf dem Gesimse
5 Tropaeum mit Gefangenen und
   Waffenfries
6 Büste Gr. Tocilescus
7 Steinblöcke ohne figürliche
   Darstellungen
8 Mausoleumshügel

der Kaiserlichen Flotte, verlor sie später ihren militärischen Charakter und entwickelte sich zu einer Handel und Gewerbe treibenden, lebhaften Stadt. Man sieht noch ein Drittel ihrer 4 m dicken Befestigungsmauern – der Rest ist in der Donau versunken; außerdem ein gewölbtes Eingangstor im Norden, schließlich am Flußufer eine 40 m lange Kaimauer, in der Spuren von Ketten zu erkennen sind, mit denen die Schiffe hier festgemacht wurden.

Auf der Straße, die Constanța mit Mangalia (Kallatis) verbindet, kommt man am Heilbad *Techirghiol* und dem gleichnamigen See vorüber. Es ist erstaunlich, daß hier eine jener Holzkirchen steht, die eigentlich im waldreichen Norden zuhause sind.

Mangalia, der südlichste Badeort an der rumänischen Küste, liegt über dem griechischen Stadtstaat Kallatis (»die Schöne«), der zu Beginn des 6. Jahrhunderts von Dorern gegründet wurde. Die ausgestellten Funde im kleinen Museum, ein antikes Theater, Säulenhallen und Tempelreste beweisen, daß die Stadt im Altertum eine bedeutende Rolle gespielt hat. Hier wurden im 4. Jahrhundert v. Chr. tönerne Frauenköpfe und Figurinen hergestellt, die den berühmten griechischen Tanagrafigürchen ähnlich sehen und sich sowohl im Museum von Constanța als auch in Bukarester Sammlungen befinden (Abb. 7). Sie haben ihren Ausdruck trotz des zerbrechlichen Materials, aus dem sie geformt sind, durch die Jahrhunderte bewahrt: Schmerz und Schwermut, oder auch Naivität und bäuerliche Grobheit.

Dem Rat einer rumänischen Freundin folgend, besuchte ich die Moschee ›Esmahan Sultan‹, die wirklich sehenswert ist. Am Stadtrand Mangalias, inmitten eines türkischen Friedhofs gelegen, hat die 1590 im maurischen Stil gebaute Moschee, obwohl sie im Laufe der Zeiten mehrfach restauriert wurde, nichts von ihrem Charme verloren. Der von den Türken angelegte stille Garten, in dem von Turbanen gekrönte Grabsteine stehen oder liegen, hat mir ganz besonders gefallen. Die Atmosphäre türkischer Gartenanlagen habe ich nicht nur hier, sondern auch anderswo stets als wohltuend und beruhigend empfunden.

Das türkische Erbe ist in der Dobrudja immer noch gegenwärtig. In den anderen Landesteilen fällt es nicht unmittelbar auf, weil zum Beispiel nur wenige Karawansereien vorhanden sind, und man schon ins ›Museum der Stadt Bukarest‹ (ehemals Soutso-Palais) gehen muß, um auf Stichen des 17. und 18. Jahrhunderts türkische Kaftane zu sehen.

Donaudelta

Am einfachsten ist es, ins *Donaudelta* zu fliegen, und zwar in 75 Minuten von Bukarest nach *Tulcea,* der sogenannten Deltapforte. Das 4340 km² umfassende Gebiet, teils Wasser oder Sumpf, teils baumbestandenes Land, dazwischen Schilfinseln, die allmählich wachsen durch Geröll, das die Donau ins Delta schwemmt, ändert ständig sein geographisches Bild. Dieser kleine Kosmos erweckt den Eindruck, als wären Wasser und Land, wie vor der Erschaffung der Welt, noch nicht voneinander geschieden. Tausende von Vögeln leben im Delta, zahllose Zugvögel lassen sich vorübergehend nieder im Ried. Wintergänse, Polar-, Schopf- und Löffelenten kommen aus dem Norden; Reiher, Ibisse, Flamingos und Pelikane aus südlichen Ländern. Es gibt Schwäne, Schwärme von zierlichen Honigsaugern und Kormorane, die auf Bäumen nisten und zu den einheimischen Vögeln zählen. Man hat ungefähr 300 Spezies in den Vogelkolonien gezählt, und der Staat sorgt dafür, daß in den Naturschutzgebieten *Matita* und *Merheium* die seltenen Arten vor dem Aussterben bewahrt bleiben.

Mit dem Auto fährt man entweder von *Constanţa* aus (124 km) auf der DN 2 bis *Ovidiu,* dann auf der DN 22 bis *Tulcea,* oder von *Bukarest* bis *Galati* (230 km), wo man das Auto am Hafen stehen läßt, um weiter zu Schiff in ca. 5 Stunden nach Tulcea zu gelangen. Schließlich kann man auch von Bukarest über *Buzău* und *Brăila* (363 km) fahren und sich mit der Fähre nach *Măcin* übersetzen lassen. Wer diese Route wählt, sollte einen Abstecher zu der kleinen Insel *Garvan* im Sumpfgebiet machen, wo Ruinen der römisch-byzantinischen Festung *Dinogetia* und Reste von Basiliken liegen. In *Brăila,* am linken Flußufer, sind Teile türkischer Befestigungsmauern im weitläufigen Stadtpark verstreut, und einige schöne Bojarenhäuser stehen inmitten der Stadt. Die letzten noch mit Steinen gepflasterten Gassen führen zur Uferpromenade, wo der junge Panait Istrati von Reisen und Abenteuern träumte, die er später in seinen berühmt gewordenen Büchern ebenso schilderte wie das Brăila der Jahrhundertwende.

1 Mihai Viteazul (Michael der Tapfere), Wojwode der Walachei, Transsilvaniens und der ▷
   Moldau (1599–1600). Kupferstich von Aegidius Sadeler, 1601

MICHAEL WAIVODA WALACHIÆ TRANSALPINÆ VTRAQVE FORTVNA INSIGNIS: ET IN VTRAQ. EADEM VIRTVTE. ÆT. XLIII.

cum priul. S.Cæ.M.tis

2, 3 Neolithische Statuetten aus Cernavodă, links der sog. Denker, rechts Frauenstatuette.
      Museum CONSTANȚA
4, 5 Vielfarbige neolithische Vase der Cucuteni-
      Kultur, gefunden in Cucuteni, Moldau.
      Rechts: Verzierte Axt der mittleren Bronze-
      zeit aus Someșeni, Siebenbürgen. Histori-
      sches Museum, BUKAREST

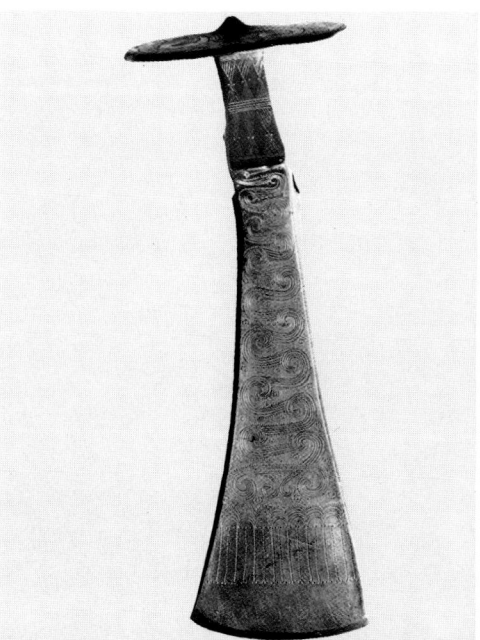

6 Archaische griechische Statuette aus Histria, 6. Jh.
   v. Chr. Museum CONSTANȚA

7 Terracotta vom Tanagra-Typ aus Tomis, 3.–2. Jh.
   v. Chr. Museum MANGALIA

8, 9 Glykon-Schlange aus Tomis, 2. Jh. v. Chr., und Aphrodite des Meeres, zu ihren Füßen der Gott Pontos
      (Personifizierung des Schwarzen Meeres), 2. Jh. v. Chr. Museum CONSTANȚA

10 HISTRIA   Byzantinischer Wohnbezirk
11 CONSTANŢA   Das heutige Casino

12 Statuen der ›Doppelten Nemesis‹ aus Tomis, 2. Jh. n. Chr. Museum CONSTANŢA

13 Isis-Büste aus Tomis, 2.–3. Jh. n. Chr. Museum CONSTANŢA

14 Der ›Thrakische Reiter‹, Bas-Relief aus Tomis. Museum CONSTANŢA

15 Metope vom Siegesdenkmal des Kaisers Trajan (Tropaeum Traiani) bei ADAMKLISSI, Dobrudja

16 Detail eines römischen Mosaikbodens aus Tomis. Museum CONSTANŢA

17, 18 Graffiti in den Höhlenkirchen bei BASARABI-MURFATLAR, 10. Jh.

19 ›Die Daker machen Frie-
densvorschläge‹, Detail
von der Trajans-Säule in
Rom, von der eine Kopie
im Historischen Museum
von Bukarest steht

20 Schale aus dem Schatz
von Pietroasa, 5. Jh. n.
Chr. Schatzkammer des
Historischen Museums,
BUKAREST

21 Goldene Vase aus dem Schatz von Pietroasa, 5. Jh. n. Chr. Schatzkammer des Historischen Museums, BUKAREST

22 Thrako-getischer Goldhelm aus Coţofeneşti-Prahova, 5. Jh. v. Chr. Schatzkammer des Historischen Museums, BUKAREST

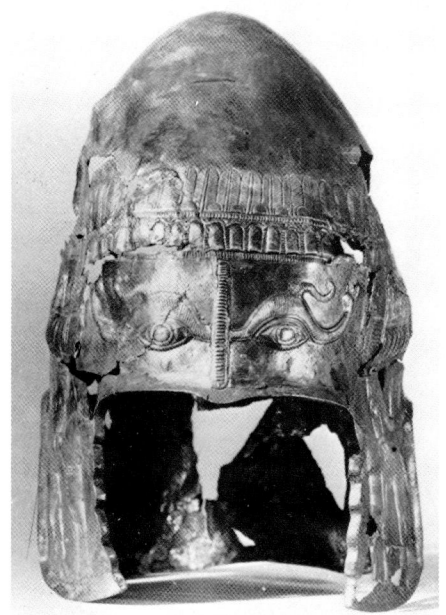

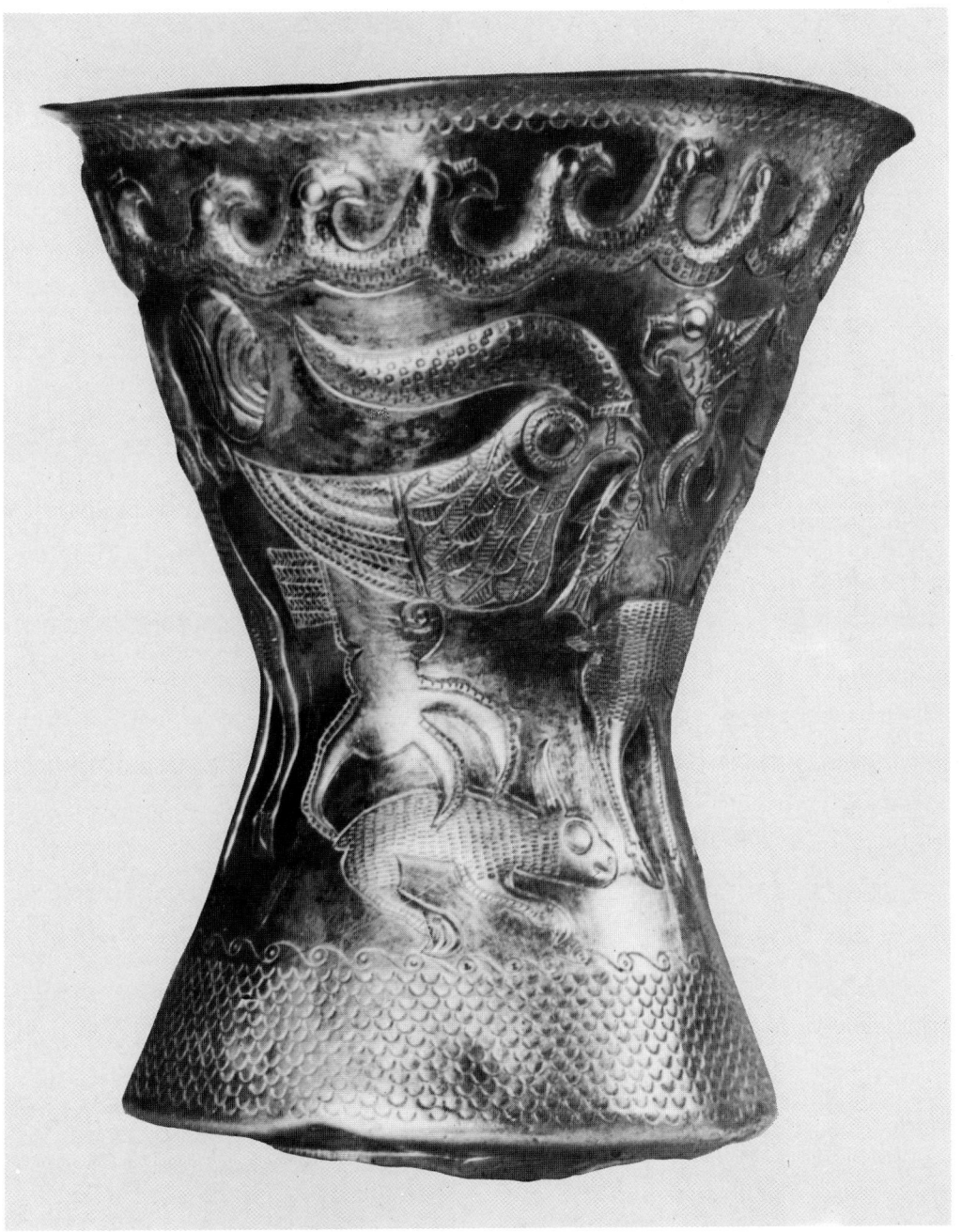

25   Silberbecher aus dem Schatz von Hadjighiol, 4. Jh. v. Chr. Historisches Museum, BUKAREST

◁ 23, 24   Silberner Beinschmuck und vergoldeter Silberhelm aus dem Schatz von Hadjighiol, 4. Jh. v. Chr. Historisches Museum, BUKAREST

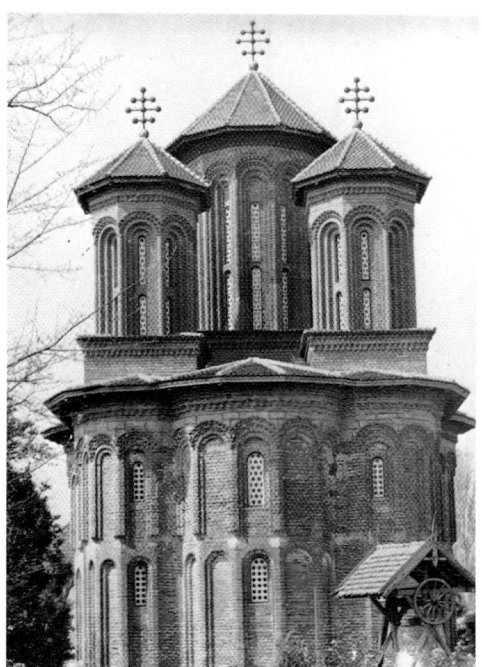

26 Klosterkirche SNAGOV in der Nähe von Bukarest, ca. 1520

27 BUKAREST Kirche Bucur, 18. Jh.

28 BUKAREST Portal der Kirche Curtea Veche
(Hofkirche), 1715

29 BUKAREST Kirche Mihai Vodă, Rekonstruktion des 16. Jh.

30 BUKAREST Kloster Mihai Vodă. Aquatinta von William Watts nach einer Zeichnung von Luigi Mayer, 1793

31 BUKAREST Hanul lui Manuc-Herberge. Holzschnitt nach einer Zeichnung von A. Lancelot, 1868

L'hôtel Manuk ancien khan, à Bucharest. — Dessin de Lancelot.

32 SCHLOSS MOGOŞOAIA   Die Loggia

33 SCHLOSS MOGOŞOAIA   Detail der Fassade

34 Die Kirche FUNDENEI DOAMNEI außerhalb von Bukarest

35 BUKAREST Museum George Enescu, Calea Victoriei 141, 1910 in französischem Barock umgebaut

36 BUKAREST Museum Theodor Aman, einstiges Wohnhaus in der Strada C. A. Rosetti 8

37 BUKAREST Haus Lens-Vernescu, Calea Victoriei 151

38 BUKAREST Casa Melik, von 1760, in der Strada Spătarului 22, ältester Profanbau der Stadt, der seine ursprüngliche Form beibehielt

39 BUKAREST Im Dorfmuseum

40   Matei Basarab, Wojwode der Walachei, 1633–54. Kupferstich von Marco Boschini

41   Constantin Brîncoveanu, Wojwode der Walachei, 1688 bis 1714. Kupferstich von Alessandro dalla Via

42   Die Fahrt des Prinzen Alexander Ion Cuza durch die Calea Victoriei in Bukarest am 24. 1. 1862. Holzschnitt

Tulcea, eine der von Kaiser Justinian ausgebauten Festungen, liegt gleich einem Amphitheater auf einem zur Donau abfallenden Hügel, hier zum letzten Mal *ein* Strom, der sich dann in breite und schmale Flußarme teilt. Bevor man die Fahrt ins Delta antritt, sollte man sich im Museum von Tulcea (Strada Progreşului) die reichhaltige Flora- und Fauna-Sammlung ansehen.

Die Fahrten ins Delta können alle von Tulcea aus, auf jedem der drei schiffbaren Mündungsarme, unternommen werden.

Der *Chilia-Arm* fließt nach Norden. Bei *Paradina* (47 km) teilt er sich in viele schmale Zweige, die sich bei *Chilia Veche* wieder vereinigen. Chilia Veche, um 600 v. Chr. als Achillea gegründet, 80 km von Tulcea entfernt, ist in fünf Stunden mit einem kleinen Dampfer erreichbar. Bei *Periprava* (103 km), der Endstation dieses Wasserweges, kann man im naheliegenden *Letea-Wald* wandern und erlebt eine Art Dschungel, zusammengesetzt aus Bäumen, Sträuchern und Blumen, die in der gemäßigten Klimazone heimisch sind.

Den 71 km langen *Sulina-Arm* könnte man als Zentralachse oder ›Boulevard‹ des Deltas bezeichnen. Er ist sogar für größere Lastschiffe befahrbar. Auf einer 600 ha großen Insel liegt die kleine Stadt *Maliuc*, Verarbeitungszentrum für Schilf. Es ist nicht ganz einfach, das Rohr zu ernten, meist wird es abgeholzt, wenn im Winter das Eis trägt. Man verwendet es zur Herstellung von Zellulose, die in Rumänien in großem Umfang produziert und exportiert wird. Weiter flußabwärts begegnen wir den Fischersiedlungen *Gorgova,* mit dem gleichnamigen See, wo Karpfen und Barsche gefischt werden, *Crişan,* bei dem wiederum ein Urwald wuchert, und schließlich unmittelbar an der Mündung der nur 3,5 m über dem Meeresspiegel liegenden Stadt *Sulina.* Die Urkunden erwähnen Sulina als Landungsort der Byzantiner (um 950), der Genueser (im 14. Jahrhundert) und später der Türken.

Der 113 km lange *Sfîntul Gheorghe-Arm* fließt nach Süden, in zahllosen Windungen. Auf diesem Arm soll der Perserkönig Dareios mit seiner Flotte flußaufwärts gefahren sein, als er gegen die Skythen zu Felde zog. Zwischen Sfîntul Gheorghe und Sulina liegt das imponierende Urwaldreservat ›Caraorman‹, wo alte Baumstämme von Schlingpflanzen überwuchert werden, wo Weiden, Erlen, Sanddorn mit orangefarbenen Früchten, gelbe und rote Hornsträucher wachsen und wilde Bienenschwärme in hohlen Baumstämmen hausen.

Das Donaudelta, eine bezaubernde Welt voller Geheimnisse, kann man am besten im Umkreis des Dorfes *Sfîntul Gheorghe* entdecken. Es ist eine ungewöhnlich freundliche Fischersiedlung mit Gärten voller Blumen, einer hölzernen Kirche mit blauem Kuppeldach, rohrgedeckten Häusern, deren Giebelfeld Schnitzwerk füllt, und auf vielen Dächern stehen Störche in großen Nestern. Zahlreiche Fischverarbeitungsbetriebe sind in Pfahlbauten untergebracht. In der Nähe von Sfîntul Gheorghe werden Störe gefangen, die eine der besten Kaviarsorten liefern.

Das Ruderboot, das ein einheimischer Schiffer vom Sfîntul Gheorghe-Fluß in die vielen schmalen, gewundenen Wasserstraßen der Deltalandschaft steuert, gleitet langsam

Stadtplan von Bukarest ▷

Haus mit Balkon in Babadag, Dobrudja

durch das Ried, vorüber an Silberpappeln und Trauerweiden, die ihre Zweige ins Wasser tauchen. Man braucht einen kundigen Führer, der die reiche Flora und Fauna erklärt. Der Laie könnte vielleicht Fischotter, Nerz oder Marderhund, Sonnenbarsche und Flußaale nicht ohne weiteres identifizieren, oder den schwarzen Adler verscheuchen, der sich auf eine Wildente stürzen will. Überall stehen weiß-rote Pelikane, und im Sommer hören die Grillen zu zirpen nicht auf.

Kein irdisches Paradies ohne Friedensstörer; in diesem Fall sind es Mückenschwärme, die den Touristen heißhungrig überfallen, der eine Entdeckungsreise zu den Brutstätten der Wasservögel unternimmt.

Bukarest

Das alte Bukarest sagte in seinem Stadtbild mehr aus über seine Einwohner in ihrer Anonymität als die meisten europäischen Hauptstädte. Kein Herrscher hatte es einheitlich mit seinem Geschmack prägen und aus ihm ein Denkmal für seinen Ehrgeiz machen können. Die Toleranz und die Unbekümmertheit, charakteristische Verhaltensweisen der Bukarester, zeigten sich u. a. im zufälligen Wachstum der älteren Stadtviertel, die jedoch seit 1984 teilweise zerstört worden sind. So wurde die Piaţa Victoriei im Norden der Stadt radikal umgestaltet, wobei schöne Patrizierhäuser abgerissen wurden. Das alte romantische Viertel am Dîmboviţa-Fluß fiel einem von Größenwahn getragenen architektonischen Projekt zum Opfer: ein kolossaler Palast – dreimal so groß wie Versailles –, geschmacklose Häuserblocks und Boulevards lädierten Süd-Bukarest, das seinen alten Charme verloren hat.

Die Landeshauptstadt liegt 50 km nördlich der Donau, 100 km südlich der Karpaten, am Dîmboviţa-Fluß. Im 14. Jahrhundert erwähnen die Urkunden eine Dîmboviţa-Festung, im Jahre 1459 lesen wir zum ersten Mal auf einem Dokument den Namen Bucureşti, was ›Nachkomme des Bucur‹, bedeuten soll. Es gibt in Rumänien viele Ortsnamen, die nach dem ›Urahnen‹ der ältesten Gemeinde heißen, aus der Dörfer oder Städte entstanden sind. Im Jahre 1465 wird Bukarest als Curte, das heißt Fürstensitz, bezeichnet. Allerdings haben bis zum 17. Jahrhundert die Kämpfe zwischen den Bojaren (Großgrundbesitzern) und Kriege gegen die Türken die Fürsten immer wieder gezwungen, Bukarest häufiger zu verlassen als zu bewohnen. *Tîrgovişte*, seit Mircea

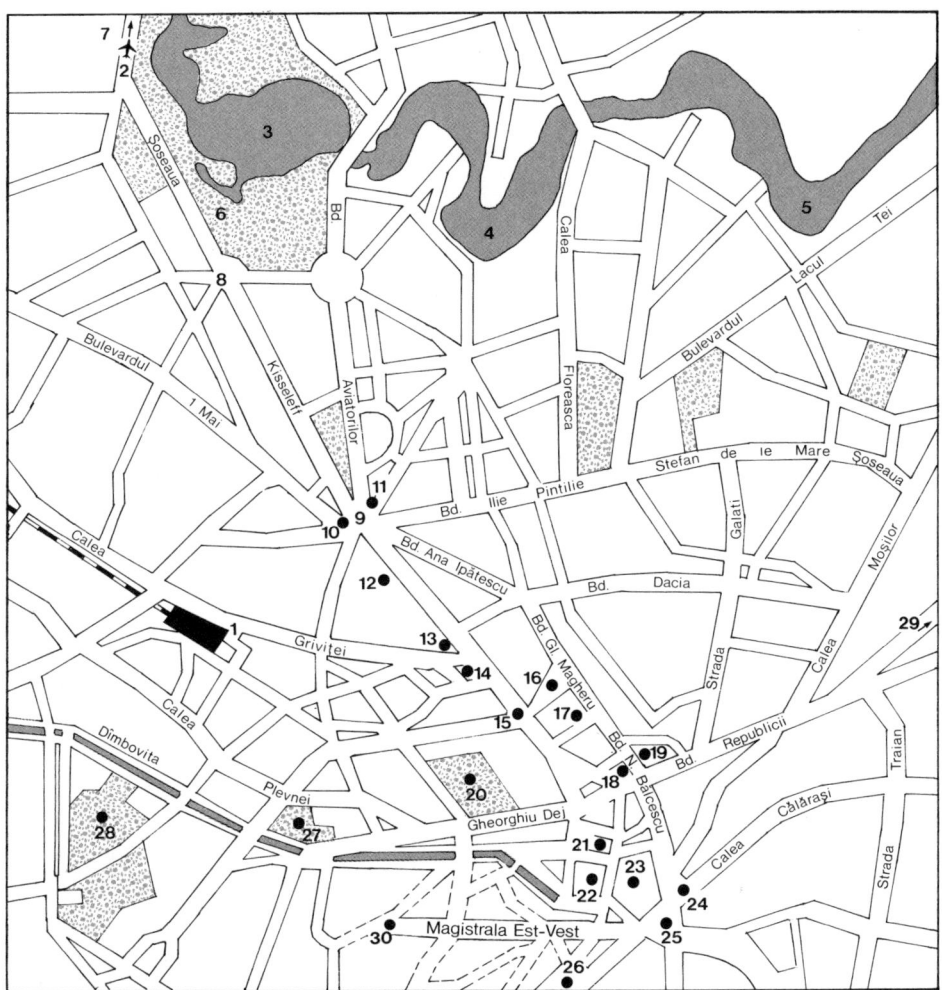

1	Bahnhof	11	Museum des rumänischen	22	Historisches Museum
2	zum Flughafen		Bauern (Ethnogra-		mit Schatzkammer
3	Herăstrău-See		phisches Museum)	23	Alter Fürstenhof und
4	Floreasca-See	12	G. Enescu-Museum		Kirche Curtea Veche
5	Tei-See	13	Museul Colectiilor	24	Piaţa 1848
6	Dorfmuseum im		(der Sammlungen)	25	Piaţa Unirii
	Herăstrău-Park	14	Volkskunstmuseum	26	Patriarhia
7	Volkskunstmuseum	15	Palais mit Kunstmuseum	27	Oper
	Dr. M. Minovici/	16	Athenäum	28	Botanischer Garten
	Sammlung D. Minovici	17	Th. Aman-Museum	29	zur Fundenii-Doamnei-
8	Triumphbogen	18	Universität		Kirche
9	Piaţa Victoriei	19	Nationaltheater	30	›Neuer Palast‹
10	Naturwissenschaftliches	20	Cismigiu-Park		(Umgebung in
	Museum Grigore Antipa	21	Stavropoleos Kirche		Umgestaltung)

dem Alten (1386–1418; Abb. 45) bevorzugter Fürstensitz, ferner die Städte *Cîmpu-lung* und *Curtea de Argeș* waren zeitweise Hauptquartier der walachischen Landes-herren. Alle drei sind einen Ausflug wert.

In Bukarest wurde Matei Basarab (1632–1654; Abb. 46) zum Wojwoden, Domn oder Hospodar gewählt. Wojwode und Hospodar sind slawische Bezeichnungen für den Landesfürsten. Domn, von lateinisch Dominus, bedeutet Alleinherrscher.

Matei Basarab war ein gutmütiger Landesherr, und die zahlreichen von ihm ge-gründeten Kirchen und Klöster repräsentieren die sogenannte walachische ›Klassik‹, einen Stil, der dem landläufigen maßvollen Geschmack, nicht dem der Elite, angepaßt war. Matei Basarab hat den im Laufe des 16. Jahrhunderts zerstörten Fürstenhof in Bukarest von Grund auf neu gebaut.

In dem sogenannten *Alten Fürstenhof* (Curtea Veche Domneasca) hat Constantin Brîncoveanu (Farbt. 23; Abb. 41, 52) im Jahre 1678 die Macht übernommen. Brîncoveanu ritt anläßlich seiner Wahl zum Wojwoden mit großem Gefolge zur Hof-kirche oder Metropolie. Bei der kirchlichen Zeremonie war auch der Stellvertreter des Patriarchen von Konstantinopel anwesend. Anschließend an das religiöse Ritual nahm der Fürst den Treueschwur der Bojaren entgegen, schritt dann in den Saal, wo die Rats-mitglieder zu tagen pflegten; dabei wurde Salut geschossen.

Brîncoveanu hat im Fürstenhof einen *Uhrenturm* bauen lassen, den eine Galerie umgab, von der aus »das Volk zum ersten Mal zur Teilnahme an der orthodoxen Abendmesse gerufen wurde«, die in der *Hofkirche Curtea Veche* (Abb. 28) stattfand. Nur das mit korinthischen Kapitellen geschmückte Portal dieser restaurierten Kirche läßt an Brîncoveanu denken. Auch im Alten Fürstenhof, der *Curtea Veche Domnească*, gibt es kein Merkmal, das charakteristisch ist für den Stil, der seinen Namen trägt.

Ein reich verzierter, dem Gebäude vorgelagerter Eingang (Porticus) mit schlanken Stein- oder Marmorsäulen, Türen und Fensterrahmen, die von oben bis unten mit Flechtmustern, stilisierten pflanzlichen und tierischen Ornamenten bedeckt sind, Loggien und Arkaden, Ikonostasen, die ein Teppichmuster aus vergoldetem Holz bilden, Tor-wege und Gittertüren – das alles ergibt den sogenannten Brîncoveanu-Stil. Beispiele sind das von Bukarest 16 km entfernte *Mogoșoaia-Palais* und das *Hurez-Kloster* (Abb. 32, 33, 64).

Der Alte Fürstenhof, der zwischen zwei Armen des Dîmbovița-Flusses lag, war bis zum 18. Jahrhundert bewohnt. Von seinem ehemaligen Glanz ist kaum etwas übrig-geblieben. Interessant sind nur die Kellergewölbe und fliesenbedeckte Böden.

Sein unmittelbarer Nachbar ist die *Hanul* (Herberge) *lui Manuc*, die einzige von den zahlreichen Karawansereien, in denen die Reisenden auf dem Weg von Westeuropa nach Konstantinopel noch im 18. Jahrhundert übernachteten (Fig. S. 37; Abb. 31). Seit den achtziger Jahren wird die Herberge von Häuserblocks nahezu erdrückt. Immerhin kann man an lauen Sommerabenden in ihrem rechteckigen Hof, den zweigeschossige Gebäude mit Gästezimmern umrahmen, unter freiem Himmel Bier und Wein trinken. In der Hanul lui Manuc wurde im Jahre 1812 der Friede zwischen dem zaristischen

Die Hanul (Herberge) lui-Manuc in Bukarest

Rußland und der Türkei unterschrieben; damit verlor Napoleon die Türkei als Bündnispartner gegen Zar Alexander I.

In derselben Gegend liegt der alte Stadtkern, wo seit dem Mittelalter Handwerker und Händler wohnten.

»Die große Gasse beim alten Fürstenhof« wurde im 18. Jahrhundert Leipziger Straße, *Str. Lipscani,* genannt, weil die Siebenbürger hier Waren verkauften, die sie aus Leipzig bezogen. In der Lipscani-Straße und in den von ihr abzweigenden Gassen drängen sich kleinere und größere Läden, eine Art Flohmarkt, wo man vom Schrank bis zum Schuh ein Sammelsurium von Sachen erwerben kann. Auch die *Hanul Cu Tei* (Lindenherberge) ist sehenswert.

Die *Calea Victoriei,* an der die repräsentativen aber renovierungsbedürftigen Privathäuser, Kirchen und öffentlichen Gebäude aus dem 19. Jahrhundert liegen (Abb. 35, 37), war die Promenade der eleganten Bukarester bis zum Zweiten Weltkrieg. Das Historische Museum Rumäniens trägt die Nr. 12, ein klassizistisches Palais, in dem im Jahre 1900 die Hauptpost untergebracht wurde. Eine Treppe mit breiten Stufen führt zu dem Eingangsportal mit zehn Säulen im dorischen Stil.

Viele Fremde besuchen das *Historische Museum,* um die Schatzkammer und eine Kopie der Trajans-Säule zu bewundern. Sie riskieren, den Seiteneingang zu übersehen, durch den man in die oberen Stockwerke gelangt, in denen über 50 000 archäologische Funde und mittelalterliche Kunstgegenstände gesammelt sind.

Die *Schatzkammer* bietet die Hauptattraktion. Goldene Idole, Schalen, Becher, Waffen, Kronen und kostbarer Schmuck glänzen durch die von innen beleuchteten Vitrinen. Die ältesten Exponate, die hier aufbewahrt werden, stammen aus dem 3. vorchristlichen Jahrtausend.

Die Handwerker, die im 5. und 4. Jahrhundert v. Chr. Goldhelme mit übelabwehrenden, auf dem Stirnschutz plastisch hervorgehobenen Augen für Stammeshäuptlinge anfertigten, haben ebensoviel Wert auf kriegerischen Ausdruck gelegt wie auf raffinierte Bearbeitung des Edelmetalls (Vitrine 10; Abb. 22, 24).

Der Schatz von Pietroasa (Vitrine 12; Abb. 20, 21), den die Rumänen ›Henne mit den goldenen Kücken‹ nennen wegen der vogelähnlichen Fibeln, die zu ihm gehören, wurde im 19. Jahrhundert wiederholt gestohlen und wiedergefunden. Einmal hatte der Dieb die entwendeten Preziosen auf der verschneiten Straße verloren, wo man sie leicht wiederfinden konnte (vgl. das Kapitel Gold- und Silberschätze, S. 220 f.).

Im Erdgeschoß ist die *Kopie der Trajans-Säule* aufgestellt (Abb. 19), so daß man sie aus der Nähe genau studieren kann. Die Kriege der Römer gegen die Daker sind auf dieser 40 m hohen Säule als Reliefbilder in den Marmor geschnitten. Das Original befindet sich in Rom. Auf den Säulenreliefs erscheinen Gefechte und Belagerungen, Raub, die Demütigung der Gefangenen, die Übergabe von Decebals Haupt an die Römer. Der letzte Dakerkönig hat es den Römern nicht leicht gemacht. Erst nach zweimaligem Anlauf (101/102 und 105/106) vermochte Kaiser Trajan Decebal zu besiegen. Die römischen Legionen zogen über eine 1135 m lange Brücke, die der berühmte Architekt Apollodoros von Damaskus gebaut hat und deren Reste man beim heutigen *Turnu Severin* findet (s. Fig. S. 134).

Die Daker leisteten zähen Widerstand in ihrer Hauptstadt *Sarmizegetusa* im transsilvanischen Gebirge, zu deren Ruinen man wandern kann. Als Decebal die Niederlage kommen sah, stürzte er sich in sein Schwert, und sein Kopf wurde im Triumph zusammen mit zahllosen Goldsäcken aus den transsilvanischen Minen nach Rom geführt, wo der Sieg wochenlang gefeiert wurde. In den Schlußbildern der steinernen Kriegserzählung auf der Trajans-Säule sieht man die Daker in Schafpelzjacken und Ledersandalen mit ihren Schaf- und Ziegenherden; so wollte man vermutlich die ersehnte Rückkehr in die befriedete Dacia Romana veranschaulichen.

Statt einer Aufzählung der verschiedenen Völkerscharen, die seit grauer Vorzeit durch Rumänien gezogen sind, seien hier nur diejenigen erwähnt, die kunsthistorische Spuren hinterlassen haben: Griechen, Skythen, Römer, Kelten, Goten, Gepiden, Slawen, Byzantiner, Magyaren und Deutsche.

Zu den ältesten Funden gehören die schwarz, weiß und rot bemalten, in der Moldau gefundenen Cucuteni-Vasen (Abb. 4), deren spezifische Motive der Fachmann bis zum Indus oder sogar bis nach China verfolgen will. Von mykenischen Schwertern, griechischen Vasen und Münzen, dakischen Geräten und Waffen, römischen Büsten etc. bis zu Teppichen und Zinntellern aus dem 17. Jahrhundert gibt es in diesem Museum eine Überfülle von Ausstellungsstücken.

Ich möchte nur noch aufmerksam machen auf: die große Ikone mit Christus im purpurfarbenen Königsmantel, der uns ernst, fast schmerzlich entgegenblickt, gemalt 1701 von Nicolae Zogravu, und ein Buch mit den vier Evangelien, das 1473 in Humor angefertigt wurde. Eine Seite, die aufgeschlagen ist, zeigt eine Miniatur Stephans des Großen auf Goldgrund, die Klosterkirche von Humor der thronenden Gottesmutter darbringend.

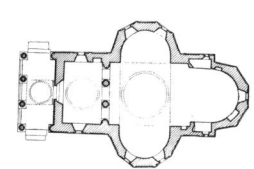

Die Biserica Stavropoleos, Ansicht und Grundriß. Daneben die Doamnei-Kirche

Biegt man von der Calea Victoriei rechts ab, kommt man nach wenigen Schritten zur *Biserica Stavropoleos*, die zwischen hohe Patrizierhäuser eingeklemmt ist. (Kirche heißt übrigens rumänisch Biserica, abgeleitet von Basilika.) Sie wurde ca. 1730 vom griechischen Mönch Joanikie, später Metropolit von Stavropolis, gegründet, der sie mit einer Herberge verband, an deren Stelle heute Säulengänge mit einem Lapidarium einen kleinen verwilderten Hof umgeben, der zur Kirche gehört. Die Dekoration ihrer Außenwände gibt eine Vorstellung von der Pflanzenliebe rumänischer Steinmetze, Stukkateure, Holzschnitzer, Maler und Kunstschmiede: kaum ein Gebäudeteil, der nicht verziert wäre mit Akanthus-, Klee- oder Weinblättern, Lilien, Tulpen, Farnkraut, Maiskolben oder mit stilisierten Blüten- und Blattranken. Auch das Kirchengestühl, der Fürsten- und Bischofsthron, ein hoher Pultständer, die Ikonostase und andere Einrichtungsgegenstände sind auf die gleiche Weise geschmückt.

Es ist sicher kein Zufall, daß in der walachischen Architektur das Pflanzenornament eine Hauptrolle spielt, denn die Blumenliebe der Bukarester ist offensichtlich: jeder, der sich auf dem Markt ein paar Rüben oder Kohl besorgt, nimmt auf jeden Fall einen Ranunkel- oder Vergißmeinnicht-Strauß mit nach Hause.

Gegenüber der Stavropoleos-Kirche besuchen Touristen die Bierhalle *Carul cu Bere*, die von weitem an ihrem eisernen Aushängeschild und ihren Laternen in Form von Bierfässern zu erkennen ist.

›București‹, das ehemalige ›Capșa‹ an der Calea Victoriei, war früher Treffpunkt von Künstlern und Literaten, Journalisten und Politikern, später ein gemütliches Restaurant, heute ist es eine rauchige Bierhalle.

Die *Doamnei-Kirche* in der gleichnamigen Seitenstraße (Fig. S. 39), wird von Hochhäusern fast erdrückt. Obwohl diese Stiftung der Fürstin Maria Kantakuzino sehr reizvoll und der einzige Bau aus dem 17. Jh. in dieser Gegend ist, macht sie einen heruntergekommenen Eindruck. Man darf sie wegen ihres ähnlichen Namens nicht verwechseln mit der *Fundenii Doamnei* (in der Fundenii-Chaussee), die am Rande von Bukarest in einer Hügellandschaft in der Nähe des Fundenii-Sees steht (Fig. S. 40; Abb. 34). Auch sie wurde im Auftrag der Kantakuzenen-Familie, Ende des 17. Jh., errichtet. Auffallend ist ihr morgenländischer Charakter, der durch die formenreich dekorierten Außenwände hervorgerufen wird: auf *allen* Fassaden wuchern die verschiedensten

Die Fundenii Doamnei-Kirche bei Bukarest

Blumen, die in Vasen stehen, Früchte, die auf Tabletts liegen, auf denen sich Vögel niedergelassen haben, Medaillons mit Blattranken und Blüten, stilisierte Brunnen und kleine Paläste; das alles ist meisterhaft in Stuck gearbeitet, der bei Sonnenuntergang eine warme rötliche Farbe annimmt.

Dort, wo sich die Calea Victoriei und der Boulevard Gheorghiu Dej schneiden, drängen sich Omnibusse und Fußgänger.

Einen wohltuenden Ruhepunkt in diesem Verkehrsgewühl findet man in dem 12 ha großen Cişmigiu-Park (Eingang am Gheorghiu-Dej-Boulevard), der 1860 um einen See herum angelegt wurde und damals in einer feuchten, mit Schilf bestandenen Niederung lag, wo Wildenten ihre Nester hatten. Der Sumpf wurde trockengelegt, ein Teich blieb erhalten, so daß Kinder Papierschiffchen auf dem Wasser schwimmen lassen und Erwachsene Ruderboote mieten können. Der aus Schwerin stammende Gartenarchitekt Mayer, der sich in Wien einen Namen gemacht hatte, übernahm es, den Park zu gestalten. Dabei wurden dreitausend Bäume und Sträucher aus dem ganzen Land und sogar aus Wien verwendet. Später, im Jahre 1910, wurde der Park dem Zeitgeschmack angepaßt, und Friedrich Rebhuhn ließ Pappeln und andere Bäume zu Pyramiden- oder Kegelformen zurechtstutzen und Rosen in geometrische Beete pflanzen, wie in französischen Schloßgärten. Außerdem richtete er einen kleinen Zoo ein, mit

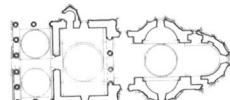

Die Oper. Daneben Ansicht und Grundriß der Crețulescu-Kirche

Pelikanen, Reihern und Pfauen. Auf dem Rondell stehen Marmorbüsten bekannter rumänischer Schriftsteller, unter ihnen die beiden Großen: der Lyriker Mihai Eminescu (1850–1889) und der Bühnendichter Ion Luca Caragiale (1852–1912). Heute sitzen unter den inzwischen herangewachsenen hohen Platanen, Linden und Kastanienbäumen ältere Herren, die sich unterhalten, und lesende Studenten. Die Bukarester lieben diesen ihren Park weit mehr als die großen Grünanlagen im Norden der Stadt. Auch der Ausländer fühlt sich hier wohl, ungestört, aber nicht allein. Er begegnet häufig freundlichem Interesse, doch keiner Neugier. Wenn man beobachtet, wie die Bukarester sich auch im hektischen Alltag Zeit für eine Ruhepause gönnen, denkt man unwillkürlich an eine ihrer Redensarten: »Nach den jahrhundertelangen Anstrengungen einer Stunde.«

Wo die Calea Victoriei den riesigen, rechteckigen Platz (Piața Palatului) erreicht, öffnete sich eine imposante städtebauliche Perspektive, die dem sonst planlos gewachsenen Stadtbild fehlte, bis Bukarest in den achtziger Jahren in eine riesige Baustelle verwandelt wurde.

Links im Vordergrund steigt man einige Stufen hinab zur *Crețulescu-Kirche* (Farbt. 12), die der gleichnamige Würdenträger und seine Frau Safta, eine Brîncoveanu-Tochter, 1720 aus roten Ziegelsteinen errichten ließen. Der obere Teil der Fassaden ist mit Bogenreliefs aus dem gleichen Material geschmückt, die Vorhalle ruht auf Steinsäulen. Von einem kleinen Park umgeben, gewinnt sie durch ihre Einfachheit.

Die zentrale *Universitätsbibliothek* rechts, mit ihrer Fassade, die konkav dem Platz zugewandt ist, und deren Seitenabschluß je ein runder Turm bildet, macht einen harmonischen Gesamteindruck (Farbt. 13). Bei einem Brand im Jahre 1989 wurden unglücklicherweise wertvolle Manuskripte zerstört. Das Gebäude selbst wird in der ursprünglichen Form wieder aufgebaut.

Palais mit Kunstmuseum

Das ehemalige Königsschloß, *Palatul Regal*, später *Palais der Sozialistischen Republik Rumänien* (1989 schwer beschädigt), beherrscht den Platz. Im 19. Jahrhundert stand an dieser Stelle ein schlichtes Bojarenhaus, das den letzten Fürsten der Vereinigten Donaufürstentümer als Residenz diente.

Prinz Karl von Hohenzollern-Sigmaringen akzeptierte, von Bismarck ermutigt, am Karfreitag 1866 das rumänische Angebot, den Thron der Walachei und Moldaus zu besteigen. Nachdem er, von Berlin kommend, nach strapaziöser Reise mit der Eisenbahn, mit Donauschiff und Kutsche, diesen Bukarester Platz erreichte und den festlichen Empfang überstanden hatte, erkundigte er sich nach seiner Residenz. Man zeigte ihm das Bojarenhaus, und der Prinz wiederholte die Frage: »Wo befindet sich mein Schloß?« Als König Carol I. mußte er sich später selbst ein Schloß bauen lassen. Die Architektur erinnerte zunächst an die Königliche Bibliothek zu Berlin. Die Innenarchitektur wirkte »wuchtig und deprimierend« auf Kronprinzessin Maria, wie sie bald nach ihrer Ankunft, 1893, nach Hause schrieb. Königin Victoria, Marias Großmutter, machte sich weniger Sorgen um das Schloß, sondern vor allem »wegen der unsicheren Zustände in Rumänien« und meinte, es sei unbegreiflich, weshalb sich jemand auf einen solchen Thron zu setzen wünsche. Kaiser Wilhelm I. kommentierte die dynastischen Verhältnisse positiv: »Ein Hohenzoller an der Quelle der Donau und ein anderer an ihrer Mündung – gar nicht so schlecht!« Der rumänische Minister J. Lahovary, Vater von Marthe Bibesco, seufzte: »Eine ausländische Dynastie ist stets eine delikate Pflanze!«

Das Schloß, das seine heutige Gestalt bei den Umbauten 1930–1937 erhielt, birgt u. a. das Kunstmuseum, bedeutendstes im Lande. Einstweilen ist es jedoch der Öffentlichkeit nicht zugänglich. Die während der Unruhen 1989 teilweise beschädigten Bilder sollen in Venedig, im Rijksmuseum von Amsterdam und im Paul Getty-Museum (Malibu) restauriert werden. Die Bukarester Gemäldesammlung wurde 1991 im Dogenpalast von Venedig gezeigt und ging damit erstmals außer Landes.

Das rumänische Kunstmuseum (zur Zeit geschlossen)

Die Abteilung für mittelalterliche Kunst besitzt unter ihren Kostbarkeiten die wertvollsten Ikonen des Landes, holzgeschnitzte, vergoldete Chorwände, mit Eisen beschlagene Holzpforten aus alten Klöstern und Freskenfragmente.

Von Interesse sind zwei Darstellungen der ›Beweinung Christi‹, ein gestickter Epitaph von *Cozia* (1396), Christus zeigend, über dessen vom Kreuz abgenommenen Körper sich Maria beugt – es scheint, als ob der Tote der Mutter Kraft geben wolle –, und eine spätbyzantinische Ikone mit dem gleichen Thema (aus der Bischofskirche von *Curtea de Argeş*), die einen ungewöhnlichen Eindruck hervorruft, weil der Künstler der Gottesmutter mit dem gekreuzigten Christus die Fürstin Despina mit ihrem toten Sohn Theodosius gegenüberstellt. Diese Gegenüberstellung ist einzigartig in der byzantinischen und spätbyzantinischen Malerei.

Beeindruckend sind ferner Fresken-fragmente, geschaffen von russischen Künstlern aus Iaşi, mit den Köpfen jugendlicher Heiliger, deren weiche Gesichter hinter dunklen, brennenden Augen verblassen (Abb. 127).

Ein bedeutendes Kunstwerk ist die überwältigend wirkende weibliche Figur, ›Weisheit der Erde‹ genannt, gefertigt von dem Bildhauer Constantin Brancusi. Sie sitzt gelassen da, wie in der Ewigkeit. Der im walachischen Dorf Hobiţa bei Tîrgu Jiu geborene Brancusi hat die Stadt mit drei Meisterwerken beschenkt: der ›Endlosen Säule‹, dem ›Tor der Liebenden‹ und der ›Runde des Schweigens‹.

Zum Museumsbestand gehören auch Werke rumänischer Maler des 19. und 20. Jahrhunderts. Nicolae Grigorescu (1838–1907) gilt als Nationalmaler, in dessen Werk die rumänische Sehnsucht nach Harmonie ihren Ausdruck findet. Ferner besitzt das Museum die naturalistischen Bilder von Ion Andreescu (1850–1882), die Landschaften und Blumenstilleben von St. Lucian (1869–1916), die Interieurs von G. Petraşcu (1872–1949), die historischen Kompositionen von Theodor Aman (1831–1891) und G. Tăttărescu

(1820–1894), Gründer der Kunstakademie von Bukarest, die an Matisse erinnernden Frauengestalten von T. Pallady (1871–1956), die Clowns und Kinderporträts N. Toniţas (1886–1940), Werke der Kubisten M. H. Maxy und M. Iancu, des Surrealisten V. Brauner (1903–1966), des Expressionisten M. Teutsch sowie moderner rumänischer Graphiker.

Die internationale Gemäldegalerie kann sich der Arbeiten großer Maler rühmen, etwa eines Bellini, Palma Vecchio, Bassano, Tizian, Tintoretto, El Greco, Ribera, Zurbaran, Murillo, Velazquez, Rubens, Jan van Eyck, Jordaens, David Teniers, Poussin, Claude Lorrain, Théodore Géricault, Delacroix, van Dyck.

Besonders wertvoll sind ›Der hl. Hieronymus in der Wüste‹ von Lorenzo Lotto, ›Die Kreuzigung‹ von Antonello da Messina, ›Haman fleht Esther um Vergebung an‹ von Rembrandt, ›Venus und Amor‹ von Lucas Cranach, ›Porträt eines lesenden Mannes‹ von Hans Memling, der ›Kindermord‹ von P. Brueghel d. J., der ›Gaukler‹ und das ›Abteil III. Klasse‹ von Daumier, der hier auch mit zweitausend Gravüren vertreten war. (Die Stiche wurden 1989 größtenteils zerstört.)

Unübersehbar ist der Rundbau des *Athenäum* am Nordostzipfel des Platzes (Farbt. 11), ursprünglich als Zirkus geplant und 1886–1888 mit Spendengeldern der Bukarester zur Konzerthalle umgestaltet. Das nach dem bekannten rumänischen Komponisten George Enescu genannte staatliche Symphonieorchester und ausländische Musiker geben gelegentlich Konzerte in diesem Bau, der vor lauter Marmorwerk und Stucco lustro nur so strahlt. Wenn man die Wendeltreppen bis zum Konzertsaal emporgestiegen ist, sieht man am Plafond, im Rahmen der Gesamtdekoration, eine lange Reihe von rumänischen Herrschern, die mit dem Daker Decebal und dem Römer Trajan beginnt.

Das alte Hotel Athenée-Palace bildet die Ecke, dort wo die Calea Victoriei den mit grauen Natursteinen gepflasterten Platz verläßt und nach Norden zieht. Einige Schritte

Das Athenäum   *Die Colțea-Kirche*

weiter begegnet man rechts der *Biserica Albă* (Weiße Kirche), die im 19. Jahrhundert von G. Tăttărescu romantisch und süßlich ausgemalt wurde. Hier kann man am späten Nachmittag Gläubige treffen, die runde, mit Teigmustern verzierte Brote als Votivgaben auf den Altar legen. Außer der Biserica Albă gab es bis 1984 etwa zweihundertfünfzig bescheidene Kirchen, die wie in einem Dorf friedlich vor sich hinleben. Einen Besuch wert ist auch das *Museum für Glas und Keramik* an der Calea Victoriei 107, eingerichtet in der 1837 für Fürst Barbu Stirbey gebauten Residenz.

Auf der *Calea Victoriei* lohnt es sich, einige Häuser aufmerksam zu betrachten, wobei man Balkone mit Balustraden, Säulen, Kapitelle nach ionischem, dorischem und korinthischem Muster, Gesimse tragende Karyatiden, neugotische Bogenfenster und schöne schmiedeeiserne Gitter entdecken kann. Interessante Häuser seien unter ihren Hausnummern angeführt, damit man sie leichter findet: Nr. 113, ein Gebäude des rumänischen Architekten Ion Mincu, heute *Gedenkstätte des Schriftstellers Mihai Sadoveanu*, genannt nach dem bekannten Roman- und Novellendichter (1880–1961), der u. a. in seinem Buch ›Das Land jenseits des Nebels‹ eine herrliche Beschreibung des Donaudeltas gegeben hat (auch andere seiner Werke, ›Der Ort, wo nichts geschehen ist‹, ›Ankutzas Herberge‹ und ›Lehrlingsjahre‹ sind ins Deutsche übersetzt worden). – Nr. 125, drei Gebäude der *Rumänischen Akademie* in einem Park. Nur mit besonderer Erlaubnis darf man ihre Bibliothek, die umfangreichste des Landes, besichtigen; sie enthält seltene illuminierte Manuskripte, alte Bücher mit Miniaturen, eine bedeutende Sammlung von Kupferstichen und Holzschnitten, Lithographien, historische Landkarten und Urkunden.

Ferner beachte man: Nr. 133, die imposante Casa Lens-Vernescu, Nr. 151 (Abb. 37), mit einer Sammlung von hundertzwanzigtausend Münzen; Nr. 155, das heutige Zentrum der bildenden Künste; Nr. 192, die klassizistische Casa Manu und schließlich Nr. 194, das Haus der Cleopatra Trubetzkoi, Tochter des Fürsten Ghika, bei der Franz Liszt den Winter 1846–47 als Gast verbrachte. Nr. 141 ist das 1898 für den Krösus Gr. Kantakuzino errichtete Palais, bis 1983 Sitz des Komponistenverbandes und ›Museum George Enescu‹ (Abb. 35). Von den Geigen des Komponisten bis zu Fotos, die den rumänischen Musiker mit Fritz Kreisler und Jacques Thibault zeigen, illustrieren zahllose Zeugnisse seine Biographie in fünf Sälen. Das Gebäude ist in reinem Barockstil ausgeführt. Zu beiden Seiten des Eingangs hocken zwei Marmorlöwen, und die Treppe ist von einem muschelförmigen Glasdach überdeckt.

Auch im Palais Soutzo, heute *Museum für Stadtgeschichte,* Boulevard 1848, schräg gegenüber dem Intercontinental-Hotel, ragt über dem Eingangsportal, zu dem eine Auffahrtrampe für Wagen oder Droschken führt, ein gewölbtes Glasdach.

Die aus einer oder vielen kleinen Glasscheiben zusammengesetzten Vordächer sehen einer Markise ähnlich und beschirmen die Tore und Türen vieler Bukarester Häuser. Wenn man sich das intensive gesellschaftliche Leben der reichen Bukarester vom 19. Jahrhundert bis zum Ersten Weltkrieg vergegenwärtigt, kann man sich vorstellen, daß diese Glasdächer wichtig waren, um die Damen in ihren kostbaren Roben vor Regen und Schnee zu schützen. Derartige gläserne Markisen sind auch in bescheidenen Stadtvierteln keineswegs selten und oft mit Kletterpflanzen oder Glyzinien überwachsen.

Hinter dem Intercontinental-Hotel liegt ein Quartier mit schönen Bojarenhäusern und einem Turm, *Foişorul de Foc* (Bd. Gh. Dimitrov 33), der ursprünglich der Brandwache diente, ein steinerner, sich nach oben verjüngender Rundbau. Früher, als es das Intercontinental noch nicht gab, war er das höchste Gebäude (50 m hoch), und man benutzt ihn noch immer als Aussichtsturm. Wer sich für die Feuerwehr interessiert, sieht in sechs übereinanderliegenden Sälen Ausrüstungsgegenstände, Uniformen, Einsatzgeräte und Dokumente der Feuerwehrmänner.

Für einen Hauch von Phantasie sorgen die große *Armenische Kirche,* eine Kopie der Kathedrale von Etchmiazin, und die *Griechische Kirche,* die einem ionischen Tempel ähnelt (beide am Bd. Republicii).

Das *Colţea-Spital* (Ecke Bd. Republicii und Piaţa 1848), das älteste Krankenhaus der Stadt, ließ Mihai Kantakuzino, der Onkel Brîncoveanus, bauen, ebenso wie ein Altersheim, eine Schule, »in der man auch singen lernen konnte«, und eine bemerkenswerte Kirche. Die hervorragend gearbeitete Steinfassade der *Biserica Colţea* zeigt, daß der Stifter in seiner Jugend italienische Bildhauerwerkstätten frequentierte. Die Evangelisten am Eingangsportal, Greife, die eine Inschrift tragen, ein Pelikan am Säulenkapitell, der sich selbst zerfleischt, um seine Jungen zu ernähren, erinnern an romanische Vorbilder. Die Steinmetzarbeiten der Colţea gehören mit jenen von Hurez, Mogoşoaia und Vacareşti (letzteres Kloster wurde in den achtziger Jahren abgerissen) zu den schönsten des Brîncoveanu-Stils. In der schön restaurierten Sfintul-Georghe-Kirche kann man das Grabmal des Constantin Brîncoveanu, des ›Renaissancefürsten der Walachei‹ besichtigen.

In einer Seitenstraße des Boulevard Republicii, Strada Spătarului 22, steht das älteste Haus von Bukarest aus dem Jahre 1760: die *Casa Melik* (Abb. 38). Sie wirkt auf uns eher wie ein Landhaus, besonders durch ihre geschlossenen Glasveranden, die der Eingangsseite vorgebaut sind und soviel Licht wie irgend möglich in die Räume des Erdgeschosses und der ersten Etage einströmen lassen. Es lohnt sich, das der Renaissance nachempfundene pompejanisch rote *Haus Th. Amans,* 1831–1891 (Str. C. A. Rosetti 8, Abb. 36), neben dem Athenäum und das skurril wirkende *Haus Tătărescus,* 1820–1894

*Das reich verzierte Eingangsportal
der Colţea-Kirche*

(Str. Domniţa Anastasia 7), in der Altstadt zu besuchen, in denen außer ihren Werken alte Möbel und Einrichtungsgegenstände zu sehen sind, die den Malern zu ihren Lebzeiten gehörten.

So wie diese, waren auch andere Privatsammlungen attraktiv, und der Weg dorthin gab Gelegenheit, Wohnviertel mit schönen Gärten kennenzulernen. Das Prinzip, Kunstwerke in den Wohnungen zu belassen, in denen sie gesammelt wurden, hatte sich bewährt. Die Vielfalt der zusammengetragenen antiken Statuetten und Vasen, byzantinischen Ikonen, Stiche und Gemälde, Keramik, Waffen, Teppiche und Möbel aus Ost und West hatte den Vorteil, daß man ein paar Meisterwerke in geschmackvoller Umgebung studieren konnte; oft mußte man sie allerdings unter einer Masse von Kitsch suchen.

Nach dem Erdbeben vom 4. März 1977 sind nur zwei Privatsammlungen an Ort und Stelle geblieben:

Sammlung Ing. D. Minovici (für mittelalterliche Kunst), Str. Minovici 3. Ein roter Backsteinbau im Tudorstil, in reizvollem Garten mit Springbrunnen und Putten. In hohen Sälen sind barocke Holzstatuen, flämische Gobelins, mittelalterliche Rüstungen, Hinterglasmalereien aus der Schweiz und Österreich ausgestellt.

Unter den zweitausend Bänden der Bibliothek befinden sich auch Manuskripte und Stiche aus dem 17. Jahrhundert.

Volkskunstsammlung Dr. M. Minovici, Șoseaua Kisseleff. Dr. M. Minovici, ein berühmter Arzt, hat von vielen Reisen durchs Land fünftausenddreihundert Objekte mitgebracht: Teppiche aus Oltenien und Transsilvanien, dörfliche Musikinstrumente, Hinterglas-Ikonen aus Hurez und Cluj, rustikale Möbel und die bezaubernden buntlackierten rumänischen Ostereier.

Alle anderen bedeutenden Privatsammlungen wurden nach dem Erdbeben in einem einzigen Museum untergebracht (Calea Victoriei und Calea Grivitiei):

Sammlung G. Oprescu. Einige besonders schöne persische und türkische Teppiche, italienische, flämische und französische Stilmöbel, byzantinische Ikonen und ein Buddha aus dem 7. Jahrhundert.

Sammlung Zambaccian. Neben den Werken der rumänischen Maler Grigorescu, Andreescu, Luchian, Petrașcu, Pallady und einem schönen Kinderkopf von Brancusi Gemälde zu entdecken von Delacroix, Pissarro, Cézanne, Sisley, Bonnard, Renoir, Matisse, Utrillo, Derain – die bedeutendste Sammlung französischer Malerei in Rumänien.

Sammlung A. Simu. Neben den Bildern rumänischer Maler sind Stiche und Aquarelle von Alt-Bukarest interessant, ferner Büsten, die der Bildhauer Bourdelle von dem Ehepaar Simu angefertigt hat.

Sammlung Cecilia und Frederic Storck. Ca. zweihundertfünfzig Plastiken aus Marmor, Bronze und Gips und hundertfünfzig Gemälde, Werke von Karl Storck (1826–1887), dem ersten Professor für Bildhauerkunst an der Bukarester Kunstakademie, von seinen beiden Söhnen, den Bildhauern Carol (1854–1926) und Frederic (1872–1942) und der 1969 verstorbenen Malerin Cecilia Cuțescu-Storck, die mit Frederic verheiratet war.

Sammlung Maria und Dr. G. Severeanu. Statuetten und Münzen und eine umfangreiche Schmucksammlung aus dem griechischen und römischen Altertum.

Sammlung des Diplomaten M. Beza. Persische Teppiche und orientalische Möbel, Schmuck und Webereien, ferner eine Anzahl von Briefen, Zeugnisse der Beziehungen moldauischer und walachischer Fürsten zum Vorderen Orient.

Sammlung Al. Slătineanu. Töpferarbeiten, darunter Cucuteni-Vasen, griechische Funde aus der Dobrudja, dakische, römische und byzantinische, ferner persische, chinesische, japanische und westeuropäische Keramik; rumänische, russische und griechische Ikonen, ein Thronsessel aus dem 16. Jahrhundert, Waffen mit kostbaren Intarsien, französische Möbel aus dem 18. Jahrhundert, Truhen für die Aussteuer aus Rumänien und Italien, auch eine Handzeichnung von van Gogh, sind sehenswert.

Sammlung des Dichters Ion Minulescu. Hier sind u. a. Hinterglas-Ikonen und die polychromen mittelalterlichen Holzfiguren interessant.

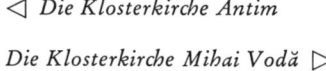

◁ *Die Klosterkirche Antim*

Die Klosterkirche Mihai Vodă ▷

Im Süden, am rechten Ufer des kanalartig eingedämmten Dîmbovița-Flusses begrenzte eine Reihe von Hügeln das Stadtgebiet. Hier wurde leider (s. S. 34) das alte Stadtbild unkenntlich gemacht. Immerhin findet man noch Kirchen und Klöster, die mehr historische Erinnerungen als sehenswerte Kunstwerke bewahren.

Das *Kloster Antim*, Str. Antim 29, wurde 1715 vom Metropoliten Antim Ivireanul gegründet. Der Besucher wird auf eine massive Eichentür hingewiesen, die der Gründer selbst geschnitzt haben soll. Er zeichnete sich freilich nicht als geschickter Handwerker, sondern als Gelehrter aus, der im Kloster eine Druckerei eingerichtet hatte, in der rumänische und griechische Bücher vervielfältigt wurden.

Die Klosterkirche *Mihai Vodă* (Abb. 29, 30), mittlerweile von ihrer Hügelspitze abgetragen und geradezu zwischen Betonbauten versteckt wieder errichtet, heißt nach dem Wojwoden Mihai Viteazul (Abb. 1), der sie kurz vor seinem Kampf gegen Sinan Pascha stiftete, vermutlich um den Himmel um Beistand für seine Truppen zu bitten. Die entscheidende Schlacht fand 1595 in Călugăreni statt, 25 km südlich von Bukarest. Mihai Viteazul und seine Soldaten bereiteten den hunderttausend Türken und Tataren unter Sinan Pascha »eine vernichtende Niederlage«, wobei diese »dreitausend Mann, sieben Gouverneure, vier Paschas und eine Standarte des Propheten, auf die sie großen Wert legten«, einbüßten, wie eine türkische Chronik berichtet. Die orthodoxen Christen der Balkanländer setzten alle Hoffnung auf den walachischen Fürsten, der sie von der Türkenherrschaft erlösen sollte, und nach seinem Tode wurde er als Held in epischen Werken gepriesen, die zweihundert Jahre lang begeisterte Leser fanden. So schrieb Stavrinos ein Volksepos über die heroischen Taten »des sehr ehrfürchtigen und sehr tapferen Fürsten Michael«, und G. Palamidis verfaßte eine Chronik in homerischem Stil. Beide Schriften sind in griechischer, dann in rumänischer Sprache erschienen.[1]

Über die *Piața Unirii* erreicht man die *Patriarhia*, Kirche und Sitz des Patriarchen, und das Parlamentsgebäude, bis 1989 noch Sitz der Nationalversammlung.

Mit einem steinernen *Kreuz* am Anfang der Allee ehrte der Wojwode Constantin Brîncoveanu seinen Vater, der 1655 beim Aufstand der Söldner gegen die Bojaren hier ums Leben kam. Etwas weiter oben geht man durch das Tor eines ebenfalls von Brîncoveanu gestifteten *Glockenturms,* dessen Glocken 1848 zur Revolution aufriefen.

Als der Wojwode Constantin Şerban 1658 mit dem Bau der *Metropolie-Kirche* begann, hatte er den Ehrgeiz, die berühmte Episcopala von Curtea de Argeş an »Pracht und Herrlichkeit« zu übertreffen. Diese Absicht konnte er zwar nicht realisieren, aber die Metropolie-Kirche wurde ein lebendiger Mittelpunkt geistlichen Lebens: zunächst Kirche des nebenan wohnenden walachischen Metropoliten, später des rumänischen Patriarchen.

Der klassizistische Bau des *Parlaments* wurde an der Stelle des Divanul Domnesc (Fürstendivan) errichtet, in dem 1859 über die Vereinigung der Moldau und Walachei abgestimmt und am 9. Mai 1877 die Unabhängigkeit des rumänischen Staates proklamiert wurde.

In den Gebäudekomplex des Patriarchats einbezogen ist das ehemalige *Metropolitenpalais* (1708), dessen Kapelle man sich unbedingt ansehen sollte. Die notwendige Sondererlaubnis erhält man in der Kanzlei. Eine mit Schnitzwerk reich verzierte Tür führt in den kleinen Raum, den eine herrliche Chorwand beherrscht.

Auf der gegenüberliegenden Wand hat man ein Stifterbild in Großformat vor Augen: den ersten Phanarioten-Fürsten Nikolae Mavrokordato und seine Familie. Der Beiname stammt vom Phanar (Leuchtturm); so hieß ein vornehmes Wohnviertel in Konstantinopel, wo einflußreiche Griechen sich nach der Eroberung des Byzantinischen Reiches durch die Türken niederließen und die nach ihrem Wohnsitz Phanarioten genannt wurden. Die Mitglieder der Mavrokordato, Ghika, Caradja, Soutzo, Hypsilanti und anderer Familien regierten zwischen 1711 und 1821 im Auftrag des Sultans Moldau und Walachei. Der hohe Tribut, den sie von ihren Untertanen für die Hohe Pforte eintrieben, war in erster Linie schuld an ihrem schlechten Ruf, obwohl manches zu ihren Gunsten sprach: Constantin Mavrokordato, den ein Franzose mit Peter dem Großen verglich, hob die Leibeigenschaft auf, und liberale Fürsten gründeten Akademien, aus denen später Universitäten hervorgingen.

Während die Elite jahrhundertelang nach Byzanz blickte, öffneten sich die Akademien während der Phanarioten-Zeit dem französischen Geist. In Bukarest und Iaşi lehrten bedeutende Persönlichkeiten, zum Beispiel Neophytos Doukas.

Die ersten Theateraufführungen in Bukarest veranstaltete die Tochter des regierenden Fürsten Caradja, Prinzessin Ralou, deren Theaterleidenschaft, künstlerische Begabung und Phantasie ihre Zeitgenossen zu schätzen wußten. Sie hat zunächst im Schloß mit griechischen Amateuren ›Oreste‹ von Alfieri, ›Brutus‹ von Voltaire und ›Daphnis und Chloë‹ von Longus aufführen lassen. Dann lud sie die deutsche Gruppe Ghergher ein, Opern im neuen Theatersaal ›Beim Roten Brunnen‹ vorzuführen. Eine andere Ralou, die bezaubernde Tochter des Fürsten Soutzo, förderte ebenfalls das Theater. »›Cäsars Tod‹, von Voltaire, ins Neugriechische übertragen, wurde von griechischen Schauspielern auf die Bühne gebracht und mit allgemeinem Beifall aufgenommen. »Bukarests Einwohner finden viel Geschmack an dramatischen Vorstellungen, und diese ersten Versuche sind eine glückliche Vorbedeutung für die Zukunft«, meldet aus der ›Wallachey‹ die ›Staats- und Gelehrte Zeitung des Hamburgischen unpartheyischen Correspondenten‹ am 11. September 1819, Nr. 146[2]. Diese Hoffnung hat sich erfüllt: die Bukarester lieben nach wie vor gutes Theater. Man sieht in der rumänischen Hauptstadt ausgezeichnete Aufführungen von Ballett, Oper und Schauspiel. Es gibt auch ein jüdisches sowie Marionetten- und Puppentheater.

Lange vor und lange nach dem umstrittenen Phanarioten-Jahrhundert, für dessen Ehrenrettung der berühmte rumänische Historiker Nic. Jorga[3] sich zu Beginn unseres Jahrhunderts eingesetzt hat, haben sich zahlreiche Griechen hier wohlgefühlt: als Handwerker, Kaufleute, Maler, Lehrer, Mönche, Metropoliten und Fürsten. Der rumänische Nationalheld Mihai Viteazul hatte eine griechische Mutter, Theodora; der Dichter Panait Istrati war der Sohn eines Griechen aus Thessaloniki; und Sohn einer Rumänin, Vacarescu, war der Phanarioten-Fürst Alexander Hypsilanti, der mit dem Aufstand der Donaufürstentümer, 1821, zugleich die Befreiung Griechenlands plante.

Mir scheint die Tatsache, daß alle Griechen, die hier lebten, nie abgesondert, nie als geschlossene Gruppe auftraten, sich nicht als Fremdkörper empfanden, nur damit zu erklären, daß sie sich den Rumänen gewissermaßen verwandt fühlten, und umgekehrt.

Umgebung von Bukarest

Ein Halbkreis von Seen (Herăstrău, Floreasca, Mogoşoaia, Fundenii, Tei etc.), dazwischen Wälder und Grünanlagen, bilden im Norden und Nordwesten die Grenze der Stadt. Hier und am Colentina-Fluß entlang wandernd, kommt man häufig, absichtlich oder unabsichtlich, an ein Klostertor. Das fast weiß leuchtende *Kloster Cernica* mit seinen kuppelgekrönten Türmen spiegelt sich im See, von dem aus man gern in den gleichnamigen Laubwald geht. Das Refektorium, neben den die Klosterkirche von drei Seiten umschließenden Mönchszellen, beherbergt alte Ikonen, Kelche aus vergoldetem Silber, geschnitzte Kreuze mit silberner Filigranarbeit.

Die *Klosterkirche von Mărcuţa* enthält Stifterfresken, die Mitglieder der Ghika- und Hypsilanti-Familien darstellen, und wertvolle alte Ikonen mit Christus als Weltenherrscher, Johannes dem Täufer und den Erzengeln, gefolgt von Engelscharen. Das *Kloster Căldăruşani* wurde 1638 auf einer Flußinsel von Matei Basarab zum Andenken an seinen Sieg über den moldauischen Wojwoden Vasile Lupu gestiftet. Die Wandmalerei im Pronaos zeigt den Stifter und seine Gemahlin Elena. Für die Kirche der *Klosteranlage Cotroceni* hatte Pîrvu Mutu, der berühmte Maler der Brîncoveanu-Zeit, eine Ikonostase in hellen Farben geschaffen. Vom Erdbeben 1977 stark beschädigt, hat man die Kirche nun abgetragen und hofft sie später an anderer Stelle wieder er-

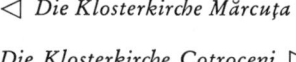
◁ *Die Klosterkirche Mărcuţa*

Die Klosterkirche Cotroceni ▷

richten zu können. Damit ist der letzte Teil des Klosters, das, erbaut im Auftrag von Şerban Kantakuzino, im 18. und 19. Jahrhundert den walachischen Wojwoden als Sommersitz diente, verschwunden. Nur das Palais auf seinem Areal, indem Königin Elisabeth (1843–1916), die Gemahlin König Carols I. von Rumänien und eine Tochter des Fürsten Hermann zu Wied, zu wohnen pflegte, steht noch im Park. Ceauşescu hatte es zum eigenen Gebrauch umgestalten lassen. Königin Elisabeth ist bekannter unter ihrem Schriftstellernamen Carmen Sylva, unter dem sie Memoiren und Gedichte veröffentlichte. Der frühe Tod ihres einzigen Kindes traf sie als persönliche und politische Tragödie. Während die kinderreiche Kronprinzessin Maria die Klosteranlage *Cotroceni* in großem Stil als ihre permanente Residenz restaurieren ließ, klagte Königin Elisabeth: ».. . mich hätte man eigentlich bewundern müssen, daß ich die alten Klamotten so lange ausgehalten habe; mir fehlten weder der Geschmack noch die Einfälle, doch

Steinsäulen von Bukarester Kirchen (17./18. Jh.)

habe ich nie gewagt, etwas zu fordern, seitdem ich aufhörte, Mutter zu sein!« Dennoch lobte Elisabeth überschwenglich die neuen Empfangsräume von Cotroceni, die sie an indische Tempel und eine zauberhafte Märchenkulisse erinnerten. Die rumänische Prinzessin Callimachi dagegen meinte, man wisse nicht, ob man sich in einer Kirche oder in einem türkischen Bad befände, angesichts der Kandelaber und Bronzestatuen, der vergoldeten, holzgeschnitzten Heckenrosen und seidenen Schleifen, so daß man zwischen Schreck und Gelächter schwanke, und sich am besten auf die bildschöne Hausherrin Maria konzentrieren solle.

Maria (1875–1938) war eine Enkelin der britischen Königin Victoria und des russischen Zaren. Mit siebzehn Jahren heiratete sie einen Neffen des kinderlosen Carol I., Rumäniens Kronprinzen Ferdinand, dem sie sechs Kinder schenkte. Nachdem ihr Sohn, Carol II., die griechische Königstochter Helene, und ihre eine Tochter den jugoslawischen König Alexander, die andere den griechischen König Georg heirateten, nannte man Maria »Schwiegermutter des Balkans«.

Wie die junge Maria ihre rumänische Residenz Cotroceni als barockes Bühnenbild gestaltete, so pflegte sie sich ein Leben lang in Szene zu setzen. Wenn sie in prächtiger Karosse durch die Kisseleff-Chaussee rauschte, wo sich zwischen 17 und 19 Uhr die Bukarester Haute Volée traf, oder wenn sie hoch zu Roß mit ihrem Geliebten, Prinz Stirbey, durch einsame Wälder ritt oder wenn sie sich in Alba Iulia eine riesige Krone aufsetzen ließ oder auch, wenn sie aufopferungsvoll die an der Cholera erkrankten Soldaten im Ersten Balkankrieg (1912) pflegte: sie erschien stets wie eine Primadonna.

Von sich selbst sagte sie, zwar wüßte sie nicht, ob sie die schönste Frau Europas sei, wie man sie gelegentlich bezeichnete; daß sie aber die schönste Königin sei, bliebe unbestritten, denn Königinnen kenne sie.

Als »romantisch, eigenwillig, unkonventionell und mutig« bezeichnet sie ihre Biographin Hannah Pakula[4] und vertritt die Ansicht, daß Maria den Eintritt Rumäniens an der Seite der Entente 1916 und den Ausgang der Friedensverhandlungen – Paris 1919 – zugunsten Rumäniens entscheidend beeinflußt hätte.

Das *Kloster Pasărea*, am Ufer eines größeren Teiches, besitzt in seinem Refektorium Holz- und Hinterglas-Ikonen, und im *Kloster Țigănești*, ebenfalls an einem Seeufer, in der Nähe des Töpferdorfes Pisc, leben heute Nonnen, die eine alte Ikonensammlung hüten und schöne Stoffe weben.

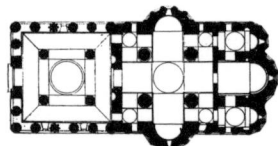

Die Klosterkirche Snagov, Grundriß

Die Straße zum *Snagov-Kloster* (45 km von Bukarest) führt kilometerweit durch ein Naturschutzgebiet mit Laubwäldern zum Snagov-See, in dem weiße und gelbe Seerosen schwimmen und über den man zum Kloster gerudert wird. Eine anmutige

Kirche (Abb. 26) steht auf einer kleinen Insel im Nordteil des Sees, direkt am Wasser, hinter einer Reihe von Trauerweiden. Sie träumt heute friedlich vor sich hin und läßt uns vergessen, daß sich hier in alten Zeiten düstere Geschichten ereignet haben. Vlad Țepeș, der Pfähler (1456–1462), soll unter geheimnisvollen Umständen an diesem Ort begraben worden sein; Postelnic Constantin Kantakuzino, Vater von Șerban, von Mihai und von Brîncoveanus Mutter, wurde auf Befehl seines Rivalen Grigore Ghika (1660–1664) hierher verbannt und im Keller erwürgt. Als die Revolution von 1848 ein trauriges Ende nahm, wurden hier mehrere ihrer Führer eingeschlossen, unter ihnen C. Aricescu, Verfasser einer Biographie des berühmten Pandurenführers Tudor Vladimirescu, in der nebenbei erzählt wird, daß 1821 die Türken eine Holzbrücke anzündeten, die das Festland mit der Snagov-Insel verband. Eine spätere schwimmende Brücke riß auseinander, als Gefangene, die gerade in die Klosterzellen eingeliefert werden sollten, über sie hinwegschritten, so daß sie im See ertranken.

Alte Profanbauten haben in der Umgebung von Bukarest Seltenheitswert:

Herăști (35 km südöstlich von Bukarest) ist ein kleines Palais, das die Bauern ›Steinhaus‹ nannten, weil es im 17. Jahrhundert ganz und gar aus dem hier seltenen Kalkstein von dem Gelehrten Udriște Năsturel gebaut wurde.

Potlogi (47 km nordwestlich von Bukarest), einer der Wohnsitze Constantin Brîncoveanus, ist ein schloßähnliches Patrizierhaus mit einem bewundernswerten vorgebauten Treppenhaus, ein bescheidener Vorläufer seines Palais von Mogoșoaia.

Der 14 km im Norden von Bukarest, am Schilfufer des Mogoșoaia-Sees gelegene *Fürstensitz Mogoșoaia* (Abb. 32, 33), ist

Fürstensitz Potlogi, Stuckdekoration

Fürstensitz Mogoșoaia, Steinsäulen und Ziegel-Arkade ▷

der prachtvollste unter den walachischen Profanbauten. Der Wojwode Constantin Brîncoveanu ließ ihn 1702 auf dem Gut der Witwe Mogoş – daher der Name Mogoşoaia – errichten.

Vor uns steht das rostrote Schloß, dessen großzügiger Treppenaufgang von einem steinernen, von gedrechselten Säulen getragenem Baldachin beschirmt wird. Seit dem Erdbeben von 1977 ist *Mogoşoaia* leider für das Publikum nicht mehr zugänglich. Für den Fall, daß die prachtvolle Sammlung mittelalterlicher Kunst in denselben Räumen später wieder gezeigt werden sollte, erwähne ich die wertvollsten Schätze: eine herrliche Ikonostase (17. Jh.) aus dem Kloster Arnota, die holzgeschnitzten Portale von Tisama, die als die schönsten rumänischen Kirchentüren gelten; ferner Reliefstickereien und auch Gold- und Silberpokale, Schalen, Becher und Teller, die siebenbürgische Meister, unter ihnen Sebastian Hann, für fürstliche Gelage angefertigt haben. Schließlich gehören in diese Sammlung Ikonen, Urkunden, Briefe und Kupferstiche aus der Brîncoveanu-Zeit.

Auf der dem See zugewandten Seite hat 1920 der italienische Architekt Rupolo im Auftrag der rumänischen Prinzessin Marthe Bibesco die schlichte walachische Vorhalle durch eine venezianische Loggia ersetzt, die zum Wahrzeichen Mogoşoaias geworden ist.

Als die 81jährige Marthe Bibesco im Jahre 1967 in Paris einen Brief aus Rumänien erhielt, dessen Briefmarken Mogoşoaia darstellten, erzählte sie, daß Genugtuung und Stolz stärker als Schmerz- und Verlustgefühle gewesen seien für sie, die 17 Jahre und ein ganzes Vermögen

der Restaurierung des Brîncoveanu-Hauses gewidmet hatte. Ohne ihre Initiative wäre Mogoşoaia dem See und der Vergessenheit anheimgefallen, und sie allein hätte es durch Zauberkünste gerettet.

Schon in früher Jugend wurde Marthe Bibesco in Paris wegen ihrer Schönheit und ihrer französisch geschriebenen Romane gefeiert. Romanhaft war auch ihr Leben, das sich zwischen Bukarest, Mogoşoaia, Paris, London, Berlin und Weltreisen abspielte, zwischen einsamem Schreiben einerseits, rauschenden Festen, Liebhabern und Freunden, die ausnahmslos alle im Rampenlicht standen andererseits. Die Könige von Rumänien, Ferdinand I., und von Spanien, Alphonse XIII., der britische Premier Ramsay McDonald u. a. zählten zu ihren Kavalieren. Ihre schönste Jugenderinnerung soll der Augenblick gewesen sein, als sie Kronprinz Wilhelm im Juni 1909 am Steuer seines offenen Mercedes durch das Brandenburger Tor fuhr, während ein livrierter Musikant auf einer silbernen Trompete ein Motiv aus Wagners Nibelungen blies. Mit dem Kronprinzen, in dem sie eine Art »Erzengel der Hohenzollern« erblickte, unterhielt sie einen lebenslangen Briefwechsel.

Marthe Bibesco wurde von Claudel und Proust bewundert, kannte so verschiedene Berühmtheiten wie Churchill, Mussolini, Gorki, Anatole France und Göring. In ihrer 1986 erschienenen Biographie[5] kommentiert der Autor Ghislain de Diesbach ihr unveröffentlichtes Mammutepos folgendermaßen: »... der enthauptete Schatten von Constantin Brîncoveanu erscheint dreißig Jahre lang, in allem, was Marthe Bibesco schreibt.«

Zurück zu Mogoşoaia: auf einem Öl-gemälde, das eine ganze Wand des Schlos-ses bedeckt, hat ein unbekannter Maler 1696 die Brîncoveanu-Familie dargestellt. Dieses Bild wurde zufällig vor dem Zwei-ten Weltkrieg im Aikaterinenkloster auf dem Sinaiberg gefunden und hierherge-bracht.

Stifterporträts

Die in Freskotechnik ausgeführten Porträts der Fürsten und ihrer Verwandten, wie man sie in den Kirchen der Walachei und Moldau in Großformat sieht, vermitteln dem Besucher den Eindruck, als befände er sich einer Familie gegenüber, von der er gern Näheres erfahren möchte.

Derartige Stifterporträts, aus Mosaiksteinchen zusammengesetzt oder als Wand-malereien geschaffen, haben ihr Vorbild in Konstantinopel, aus seiner Zeit als Haupt-stadt des byzantinischen Kaiserreiches (bis 1453). Die Maler in den Donaufürsten-tümern haben das Thema nicht nur übernommen, sondern auch bis ins 19. Jahrhundert weiter gepflegt.[7]

Die leider meist verschlossene *Mogoşoaia-Kirche* birgt das Stifterbild des Constantin Brîncoveanu (Abb. 41). Hier ist er, der die Kirche in Auftrag gab, als älterer Mann dargestellt; links von ihm steht seine Frau Maria mit jugendlich rundem Gesicht, gefolgt von ihren sieben Töchtern. Das Fürstenpaar, die vier Söhne und nur eine der Töchter, Smaranda, tragen Kronen. Smaranda trägt eine Krone, weil sie mit dem moldauischen Wojwoden Duca verheiratet war und somit als Fürstin, ›Doamna‹, galt.

In der prächtigen Klosterkirche von Hurez (Abb. 52) befindet sich ein weiteres großes Stifterporträt der Familie Brîncoveanu. Interessant zu wissen ist, daß Brînco-veanu im Jahre 1714 nach fünfundzwanzigjähriger Herrschaft über die Walachei vom Sultan nach Konstantinopel gerufen und dort wegen politischer Unzuverlässigkeit enthauptet wurde. Vorher hat er die Hinrichtung seiner Söhne mit ansehen müssen.

Augenzeugen, u. a. der Franzose La Mortraye, Gefolgsmann des schwedischen Königs Karl XII.[4], berichten, daß sich damals eine große Volksmenge versammelt habe, weil der Sultan persönlich von seinem Pavillon aus der Hinrichtung zusah. Stille herrschte, während die zum Tode Verurteilten niederknieten, ein kurzes Gebet sprachen, und als die ersten Köpfe in den Sand fielen. Brîncoveanus jüngster Sohn erklärte, er sei bereit, zum Islam überzutreten, wenn man ihm das Leben schenke. Der Vater sagte ihm, es sei besser, tausendmal zu sterben, als Jesus Christus abzuschwören, nur um einige Jahre länger zu leben. Da rief der sechzehnjährige Knabe aus: »Dann will ich lieber als Christ sterben. Schlag' nur zu!« Gleich darauf wurden der walachische Wojwode und sein Sohn enthauptet und ins Meer geworfen. Die bedauernswerte Doamna Maria begab sich vom walachischen Fürstenhof auf den Weg nach Konstantinopel, um die Überreste ihrer Familie aus dem Bosporus zu bergen.

Im Pronaos (Vorhalle) der Klosterkirche von Hurez kann man die Wandmalereien wie eine Familienchronik lesen (Abb. 53). Die Chronik beginnt mit Postelnic Constantin Kantakuzino, der aus einer byzantinischen Familie stammt, die seit dem 16. Jahrhundert in der Moldau und Walachei zu Macht und Ansehen gekommen war. Er heiratete Helene, die Tochter des einheimischen Fürsten Radu Şerban, eine mutige und gebildete Frau. Im Jahr 1682 unternahm sie, begleitet von ihrem Sohn Michael und ihrer Tochter Stanca, eine Pilgerfahrt nach Jerusalem und dem Aikaterinen-Kloster auf dem Sinaigebirge, die den Charakter einer kaiserlichen Unternehmung trug, was auch daraus hervorgeht, daß die Türken den Reisenden eine Bewachung von zweihundert Mann zur Verfügung stellten. Die junge Stanca wurde später Mutter des obenerwähnten Brîncoveanu, der, der Tradition der Kantakuzenen entsprechend, den Namen Kaiser Konstantins des Großen trug. Zur Erinnerung an die Pilgerfahrt hat Michael Kantakuzino neben vielen anderen auch das berühmte rumänische Sinaia-Kloster gestiftet. Auf dem Stifterbild im Pronaos der *Sinaia-Klosterkirche* sind Michael und seine Familie von Pîrvu Mutu, dem Stummen, Hofmaler der Kantakuzenen, porträtiert.

In einer von dem griechischen Künstler Konstantinos gemalten Ahnengalerie in der Hurez-Klosterkirche treten auch Drăghici, Şerban, Georg und Thomas, Söhne von Postelnic Constantin und Helene auf, die alle eine bedeutende Rolle in der politischen und kulturellen Entwicklung der Donaufürstentümer gespielt haben. Als Kinder lebten sie eine Zeitlang mit ihren Eltern in Wien, später studierten sie in Padua, Venedig und Konstantinopel. Diese Wanderjahre vermittelten ihnen die Kenntnisse und Erfahrungen, auf Grund derer sie zu Hause regierten. Am bekanntesten sind Şerban, der in der Walachai von 1678 bis 1688 herrschte, und Konstantin, Gelehrter und Historiker, der seinen Neffen Brîncoveanu außenpolitisch beriet.

Der Familienstolz der Kantakuzenen offenbart sich eindeutig in den Kirchen von Filipeştii de Pădure und Măgureni, deren Wandmalereien das bedeutendste Werk Pîrvu Mutus sind. Diese Kirchen liegen heute inmitten von Dörfern, zwischen Ploieşti und Tîrgovişte. Im 17. Jahrhundert gehörten sie zu den Ländereien und zum Schloß des Postelnic Constantin Kantakuzino. Dem Reisenden Paul von Aleppo schienen das Schloß, seine prachtvoll ausgestatteten Räume, seine reichen Bibliotheken und die Marmorwände seiner Badezimmer schöner zu sein als alle Palais in Bukarest. Pîrvu Mutu hat in den obengenannten Kirchen sechzig bis achtzig Familienmitglieder in Großformat auf den Innenwänden der Vorhalle porträtiert – eine einmalige Zusammenstellung, die es nur hier gibt. Innerhalb der hier dargestellten Gruppen macht sich eine gewisse Individualisierung bemerkbar, und das Familienpanorama der Kantakuzenen wirkt wie ein Vorbild der in den walachischen Dorfkirchen im 18. und 19. Jh. gemalten sonntäglich gekleideten Bauern- und Hirtengemeinden (Abb. 53).

Das älteste Stifterporträt sieht man in der *Fürstenkirche von Curtea de Argeş:* Zu Füßen des riesigen Christus über dem Eingangsportal kniet Nicolae Alexandru mit der

Anjou-Krone auf dem Haupt. Nicolae war Sohn und Mitregent von Basarab I., der zu Beginn des 14. Jahrhunderts die Unabhängigkeit der Walachei gegenüber Ungarn erkämpfte. Auf dem Votivbild im Naos (übermalt im 18. Jh.) halten Vladislav Vlaicu und seine Gemahlin, in westeuropäischem Gewand, das Modell der Kirche (Abb. 51).

Mircea der Alte, 1386–1418, der die Walachei vom Banat bis zum Schwarzen Meer gegen die Türken behauptete, erscheint ebenfalls in westlicher ›Zivilkleidung‹ auf dem in der Brîncoveanu-Zeit übermalten Fresko seiner Klosterstiftung *Cozia* am Olt-Fluß (Abb. 43). Seine Strümpfe sind allerdings mit dem byzantinischen Doppeladler bestickt. Dieses Kostüm scheint mir die in Rumänien sprichwörtliche »Synthese zwischen Byzanz und Westeuropa« zu illustrieren, wie sie für die Landeskultur typisch ist.

Die Wojwoden oder Domni der Walachei und Moldau, die ihre Länder wie Miniaturimperien regierten, ließen sich seit dem 15. Jahrhundert nicht mehr in westlicher Tracht malen, sondern im golddurchwirkten Gewand (Granatsa) byzantinischer Kaiser, mit dem hermelingefütterten Brokatmantel aus Venedig (Cabaniţa) und mit reichverzierten Goldkronen. Keine Krone gleicht der anderen. Jede einzelne scheint eine Erfindung des Malers oder ein Wunschbild des porträtierten Fürsten zu sein. Diese kaiserlichen Attribute unterstreichen Prachtliebe, die ein ebenso spezifisch byzantinischer Charakterzug ist, wie Liebe zur Macht. Die Domni übernahmen den Doppeladler als Wappen, die Formel »Herrscher von Gottes Gnaden«, und nicht zuletzt die Verpflichtung, sich als Beschützer der gesamten orthodoxen Christenheit zu bewähren. Sie stellten den Klöstern Geld und Ländereien zur Verfügung, großzügige Geschenke, die mit der harten Arbeit ihrer Untertanen bezahlt worden waren.

Die von ihnen gestifteten Klöster sieht man in ihrer ursprünglichen Gestalt auf den Wandmalereien, und diese Bilder sind für den Kunsthistoriker besonders wertvoll, zumal wenn die Kirchen im Lauf der Jahrhunderte schwer beschädigt oder umgebaut wurden. So konnte man die Gebäude leichter restaurieren.

In der *Walachei* überreichen Fürst und Fürstin, Domn und Doamna, das Modell ihrer Kirche persönlich der Gottesmutter oder Christus (Abb. 43, 51, 52), in der *Moldau* dagegen dient immer ein Heiliger oder der Schutzpatron der Kirche als Vermittler (Abb. 47, 50). Im allgemeinen knien oder stehen im Vordergrund der Stifter und seine Gemahlin, denen die Kinder folgen. An diesen Votivfresken läßt sich ein Teil der künstlerischen Tradition der Donaufürstentümer ablesen.

Unter den moldauischen Fürsten ist Stephan der Große (1456–1504) am häufigsten auf Votivfresken dargestellt: in hierarchischer Haltung, mit langem, rötlichem Haar, meist neben seiner dritten Frau, der Walachin Maria Voichita, steht er in den Kirchen von *Voroneţ* (Abb. 44), *Pătrăuţi, Dorohoi, Sfîntul Ilie* u. a.

Auf den Stifterbildern in den Klöstern *Humor* und *Moldoviţa* begegnen wir Stephans unehelichem Sohn, dem berühmten Petru Rareş (Abb. 47). In Humor zieht seine Gemahlin, die bezaubernde serbische Despotentochter Helene, unsere Aufmerksamkeit auf sich (Abb. 48). Sie blickt uns aus großen, dunklen Augen an, die scharfe Nase steht in auffallendem Gegensatz zu den vollen, rosigen Wangen. Der kleine Mund lächelt überlegen. Sie muß ihrem Gemahl in schwierigen Lagen eine zuverlässige Stütze gewesen sein. Als seine Bojaren ihn eines Tages verließen, bemitleideten ihn sogar die Bauern, »während er in den moldauischen Bergen herumirrte und vor wundertätigen Heiligenbildern die Hände rang«.

In *Suceviţa*, der spätesten Kirche mit Fassadenmalerei, ist der Auftraggeber des Klosterbaus gefolgt von seiner Familie dargestellt, Jeremias Movilă, der erste Großbojar, der ohne fürstliche Erbrechte den moldauischen Thron bestieg (Abb. 50).

Mehrere Porträts des Fürsten Vasile Lupu (1634–1653) mit Zobelfellmütze und ohne Krone, sind heute im Museum der von ihm gestifteten *Trei Ierarhi-Kirche* in Iaşi ausgestellt (Abb. 131). Außer seiner Gemahlin Tudosca ist unter anderen Familienmitgliedern auch seine Tochter Ruxandra zu sehen, die gegen den Willen ihres Vaters den Kosaken Timusch heiratete, der mit Feuer und Schwert um sie warb.

Besonders interessant sind die reichgekleideten Frauengestalten mit den edlen, ernsten Gesichtern, die neben dem Wojwoden Gheorghe Duca in seiner Klosterstiftung *Cetăţuia* bei Iaşi dargestellt sind. Das Stifterporträt an der Westwand der Vorhalle stammt aus den letzten Jahrzehnten des 17. Jahrhunderts.

Ein schönes Doppelstifterporträt ist leider arg zerstört, aber es läßt immer noch erkennen, daß es einen ausgesprochen künstlerischen Wert hatte. Es stellt den »Knecht Gottes, den Bojaren Bîlea« mit melancholischem El Greco-Blick und seine Gemahlin dar, die zu Beginn des 15. Jahrhunderts in Transsilvanien gelebt haben. Das Votivbild befindet sich an der Westwand der kleinen Kirche von *Criscior* in der Nähe von Abrud.

Walachei

Einige der landschaftlich am schönsten gelegenen und kulturgeschichtlich bedeutenden Orte Rumäniens findet man innerhalb eines gedachten Dreiecks: an seiner Spitze der Engpaß des Olt mit dem *Cozia-Kloster,* an der Südwestecke das *Kloster Hurez* in friedlicher Hügellandschaft, und an der Südostecke *Curtea de Argeş,* mit den beiden meistfotografierten Kirchen Rumäniens.

Im Norden, an der mittelalterlichen Zollgrenze zwischen Walachei und Transsilvanien, ist der Olt-Fluß am eindrucksvollsten, dort wo er sich mit dem Lotru verbindet. Naturhöhlen oder Zellen, die in den Berghang oberhalb des *Klosters Turnu* geschlagen sind, gewährten Heiducken (vom ungarischen Hajduk), die einzeln oder in Banden in den

Wassermühle im Dorf Bîrzoteni in der Walachei, Grundriß und Ansicht

Wäldern lebten und gegen alle kämpften, welche das Land unterdrückten, im 16. Jahrhundert Zuflucht und auch den von ihnen verfolgten Mönchen. Zwischen dem Cozia-Berg (1677 m) im Osten und dem Năruţiu (1499 m) im Westen, windet sich der Fluß durch sein schmales Felsenbett. Die Laubbäume am Ufer und an den Abhängen spiegeln sich farbig im Wasser. Schiffer gaben jedem einzelnen Fels, der den Olt begleitet, einen Namen: Einer zum Beispiel heißt ›La Clopot‹, die Glocke, weil an ihm das Floß zerschellte, das eine Glocke für das Cozia-Kloster transportierte; ›Masa lui Traian‹, Trajans-Tisch, tauften sie einen flachen Steinblock, den die Römer bei ihrem Versuch, sich einen Weg durch den Berg zu bahnen, als Hindernis beseitigten und in den Olt warfen. Ferner heißt eine Reihe von schmalen Sandbänken ›Armăsarul‹, der Hengst, weil sie die Schiffer auf ihren Flößen so schüttelten, als ritten jene auf einem wilden Pferd.

Cozia, eine berühmte Glaubensburg, die Mircea cel Bătrîn, der Alte, 1380 errichten ließ, sieht nur vom Fluß her wie eine Festung mit wuchtigen Strebepfeilern aus. Von der Landseite dagegen wirkt sie einladend wie eine Raststätte, wo man sich gern unter Nußbäumen niederläßt und Wasser aus dem Klosterbrunnen trinkt. In der Mitte des Hofes steht die prächtige byzantinische Kirche, in der der alte Mircea begraben liegt (Abb. 58, 59). Aus seiner Zeit stammen nur die Wandmalereien im Pronaos, der geschlossenen Vorhalle, wo eine lange Reihe von Heiligen in hieratischer Haltung steht. Ihre starren Gesichter, vom Ruß der Kerzen bräunlich geworden, wirken fast gespenstisch. Niemand, der hierher kommt, sollte versäumen, zu der dem Kloster gegenüberliegenden *Biserica Bolniţei,* der Kapelle des Siechenhauses, zu gehen (Abb. 54). Ihre

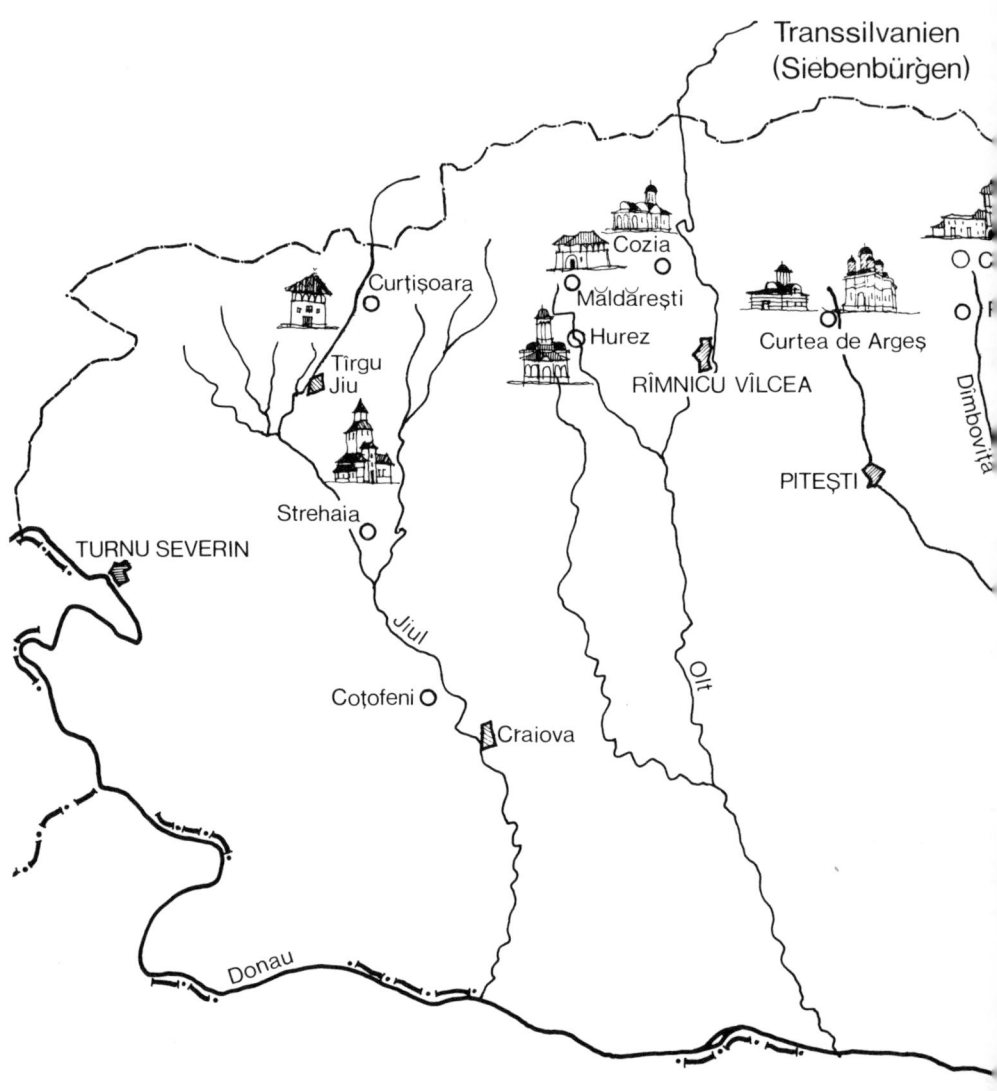

Historische Stätten der Walachei

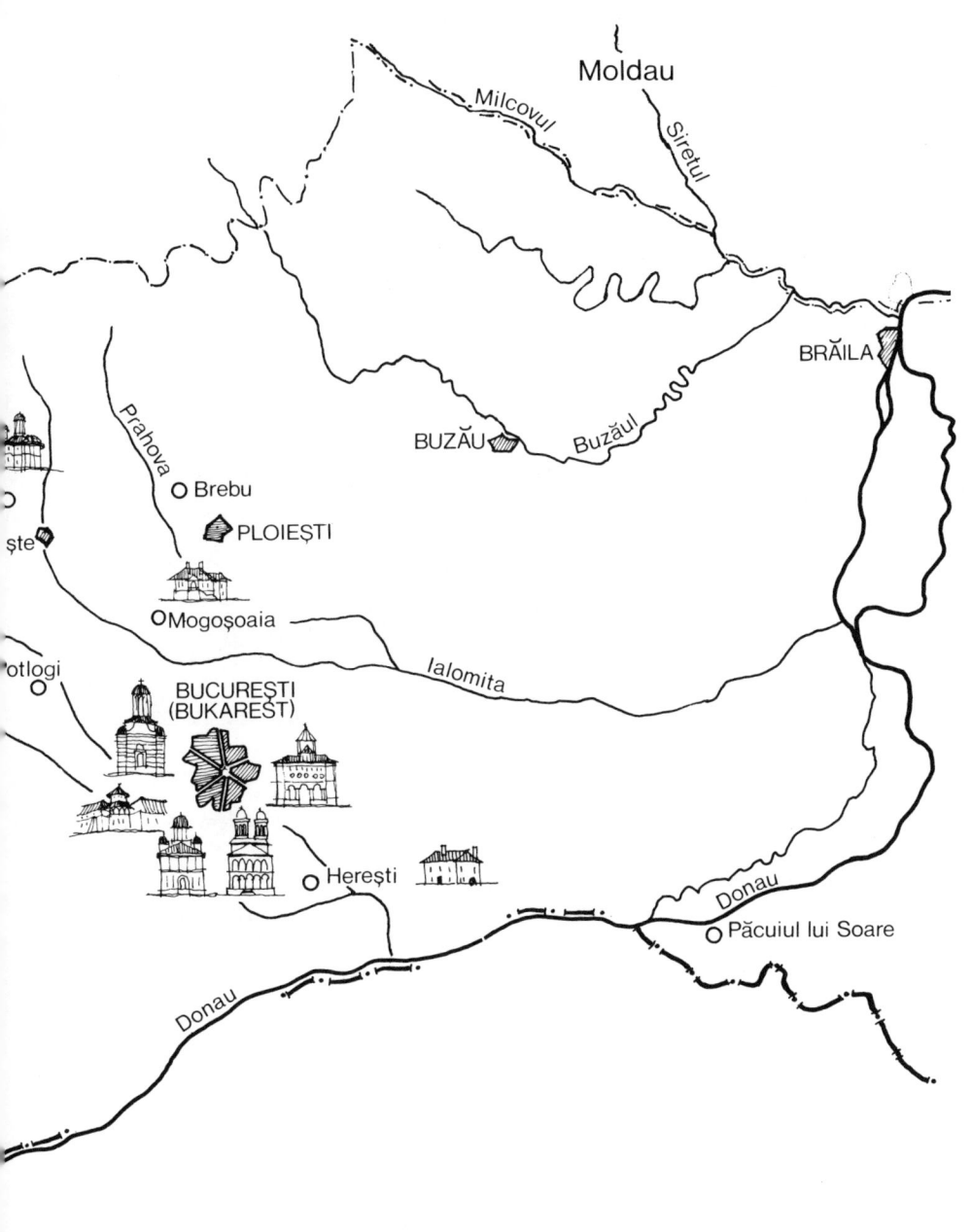

Moldau

Milcovul

Siretul

BRĂILA

BUZĂU
Buzăul

Prahova

O Brebu

PLOIEȘTI

şte

O

Mogoşoaia

otlogi
O

Ialomita

BUCUREȘTI
(BUKAREST)

Herești

Donau

Păcuiul lui Soare

Donau

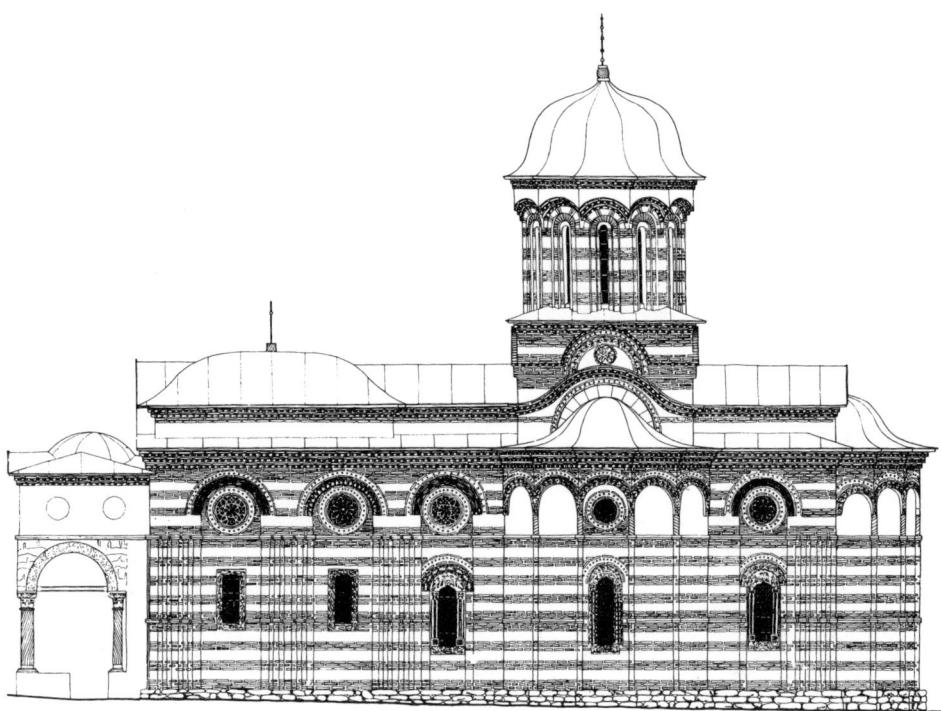

Die Klosterkirche von Cozia, Fassade

Fresken sind das besterhaltene Ensemble walachischer Malkunst aus dem 16. Jahrhundert (Abb. 55–57). Radoslav und sein Sohn David haben sie in Rot, Gelb und Blau, den walachischen Lieblingsfarben, gemalt, und zwar im Auftrag des Bezirkshauptmanns Stroe, dessen Bild die Nordwand im Innern der Kirche schmückt. Ein Votivbild Mirceas, die Erzengel, Episoden aus dem Leben Johannes des Täufers im Pronaos, im Schiff die Passion Christi mit einem Ungläubigen Thomas, der die Hand auf das Wundmal legt – sie alle sind beinahe naturalistisch aufgefaßt.

Drei Kilometer flußabwärts liegt der Kurort *Calimănești-Căciulata.* Ein Hirt namens Căciulă soll als erster die verjüngende Wirkung des dortigen Heilwassers entdeckt haben, als seine alten, müden Rinder durch einen Trunk aus dem Teich auf dem Feld des Bauern Călimăn wieder springlebendig wurden. Die Quellen waren im 19. Jahrhundert so berühmt, daß Napoleon III. sich dieses verjüngende Getränk mit der Pferdepost nach Paris bringen ließ. Wer hier Station macht, sollte zum kleinen *Kloster Ostrov* wandern, das durch eine Brücke mit dem Ufer verbunden ist; es liegt auf einer Insel mitten im Olt, Neagoe Basarab hat es im Jahre 1522 gegründet.

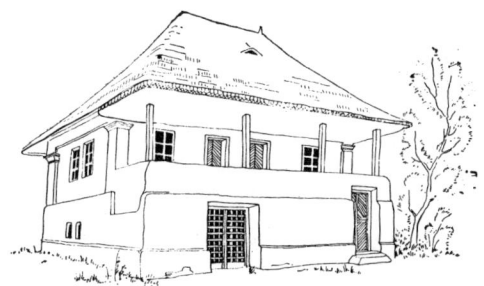

Haus in Coşeşti, Oltenien

In *Rîmnicu Vîlcea,* 20 km weiter südlich, das zwar einige sehenswerte Kirchen besitzt (Sfînta Paraschiva, 1587; Buna Vestire, 18. Jahrhundert; Toți Sfinții, 1763; Cetățuia, 1680; Episcopia 18. und 19. Jahrhundert), hält man sich eigentlich nur auf, um sich nach Ausflugszielen und den Unterkünften in der Umgebung zu erkundigen.

Hat der Olt die Südkarpaten durchbrochen, gibt er der Westwalachei seinen Namen: *Oltenien.* Dieser Landesteil ist mir der liebste, weil die sanfte Hügelregion, eine abwechslungsreiche Szenerie, ihre harmonische Ergänzung findet in großartigen Kunstdenkmälern. Im Frühling bilden die Obstplantagen ein rosa und weißes Blütenmeer, in dem sich die Klöster wie Seemöwen mit ausgebreiteten Flügeln niedergelassen haben. Andere wiederum scheinen sich wie Schwalben an den Abhängen festzuhalten. Die Fresken im Innern der Kirchen und Klöster, die Teppiche an den Wänden der Bauernstuben, die Hinterglas-Ikonen versprühen bunte Farben, deren intensive Leuchtkraft fast blendet.

Im Westen und Südwesten von Rîmnicu Vîlcea, an den Straßen nach Hurez liegen: der imposante, ummauerte Komplex von *Govora* (Abb. 60), Stiftung der Fürsten Matei Basarab und Brîncoveanu; das *Monastirea Dintr-un-Lemn,* dessen Name ›Aus einem Holz‹ daher kommt, daß die ursprüngliche Kirche (1500) aus einer einzigen Eiche bestanden haben soll (eine Vorstellung davon, wie der damalige Bau ausgesehen hat, gibt nicht die große Kirche, sondern das Siechenhaus, das heute noch steht); ferner *Arnota* (Abb. 61, 62), die Grabkirche von Matei Basarab, dessen beschädigtes Stifterporträt ein edles Gesicht festhält (Abb. 46); und *Polovragi,* am Fuß des über 2000 m hohen Paring-Berges. In der offenen Eingangshalle der Kirche ist der Athosberg in Freskotechnik fast expressionistisch dargestellt (1703): auf weißen Felsen thronen kleine Klöster wie Schiffe auf den Wellenkämmen eines sturmbewegten Meeres.

Hurez

Hurez (Horezu), 1691–1698, von außen gesehen eine große weiße Stadt, die keinen wehrhaften Eindruck macht, gleicht eher einer Selbstdarstellung des prachtliebenden

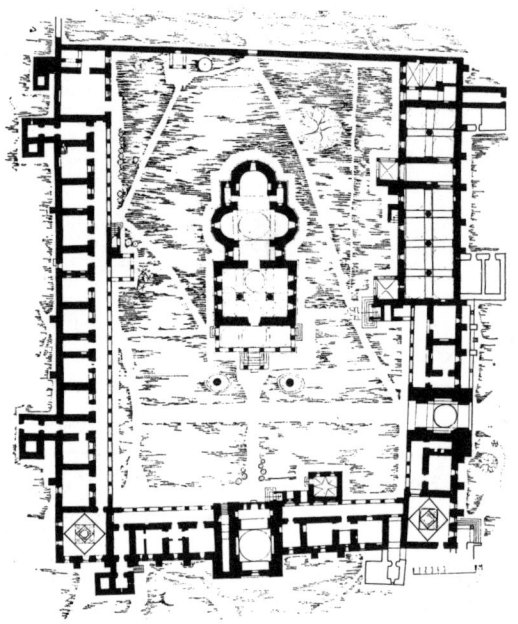

Grundriß der Kloster-Anlage von Hurez

Wojwoden Constantin Brîncoveanu. Der große Hof (Abb. 64), von hellen Festungs-
mauern geschützt, hat an drei Seiten doppelte Säulengänge, in die sich Veranden, Treppen und Loggien einfügen. Man muß nahe an Säulen und Balustraden herantreten,
um die in den Stein geschnittene heitere Dekoration, Blüten, Blätter und Früchte,
einen springenden Löwen, ein galoppierendes Pferd und einen Reiter, zu entziffern.

Durch schön geschnitzte Türen aus Birnbaumholz (Abb. 67) betritt man die Kirche.
Die vielfarbigen Fresken betonen das Erzählerische, obwohl sie sich kaum von der byzantinischen Tradition lösen. Im Pronaos hat der Grieche Konstantinos, von dem die
Fresken stammen, die Ahnenreihe seines Auftraggebers, die Kantakuzenen, und auf
dem Stifterporträt den Wojwoden, Constantin Brîncoveanu, dargestellt. Als Mann im
besten Alter mit dunklen Augen, energischem Mund und schwarzem Bart repräsentiert
er den erfolgreichen Herrscher (vgl. das Kapitel Stifterporträts und Abb. 52). Für sein
eigenes Porträt hat der Maler sich einen Platz unter den Gerechten ausgesucht, rechts
oben auf seiner Komposition des Jüngsten Gerichts (an der Ostwand der Vorhalle).

Die Ikonostase, eine vergoldete Lindenholzwand, bei der sich Schnitzwerk und
Malerei ergänzen (Abb. 66), ist unten mit den sogenannten königlichen Ikonen geschmückt, die Christus, die Gottesmutter und die Schutzheiligen darstellen. Darüber
sieht man die zwölf wichtigsten religiösen Feste der orthodoxen Kirche, weiter oben

43 Kloster COZIA Mircea der Alte und sein Sohn, Stifterbild, 14. Jh., im 18. Jh. übermalt ▷

44 Stephan d. Gr., Stifterbild im Kloster VORONEŢ

45 Mircea der Alte, Stifterbild in der Bolniţa-Kirche von COZIA, 1542/43

46 Matei Basarab, Votivbild im Kloster ARNOTA, ca. 1636

47 Petru Rareş, seine Frau Helena und ihr Sohn, Stifterbild im Kloster MOLDOVIŢA, 1532–37

48 Fürstin Helena, Gemahlin von Petru Rareş,
Stifterbild im Kloster HUMOR, 16. Jh.

49 Fürstin Helena, Gemahlin des Matei Basarab, im Kloster ARNOTA, ca. 1636 (vgl. Abb. 46)

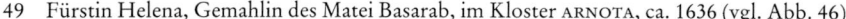

50　Jeremias Movilă, Stifterbild im Kloster SᴜᴄᴇᴠɪȚᴀ, 1582–84

51 Vladislav Vlaicu, Votivbild in der Hofkirche CURTEA DE ARGEŞ, 14. Jh., im 19. Jh. übermalt

52 Constantin Brîncoveanu und seine Familie, Stifterbild im Kloster HUREZ, 17. Jh.

53 Die Kantakuzenen-Familie, Stifterbild im Kloster HUREZ, 1691–92

55, 56 COZIA Fresken in der Bolniţa-Kirche

◁ 54 COZIA Die Bolniţa-Kirche, 1542–43

57 COZIA Soldatenheilige, Fresko in der Vorhalle der Bolniţa-Kirche

58 COZIA Die Klosterkirche, 1389

59 COZIA Thronende Gottesmutter, Fresko in der Apsis der Klosterkirche, 1703

60 Kloster GOVORA in Oltenien, 17. Jh.

61 Kloster ARNOTA in Oltenien, 17. Jh.

63 Die Kirche CORNETU im Olt-Tal

◁ 62 Kloster ARNOTA Engel von einem Fresko des 17. Jh.
64 Kloster HUREZ, Stiftung von Constantin Brîncoveanu, 17. Jh.

65   Kloster HUREZ   Fresken der Brîncoveanu-Zeit, 1691–92

66, 67   Kloster HUREZ   Detail der holzgeschnitzten Ikonostase und Detail der geschnitzten Tür aus Birnbaumholz

68 Kloster HUREZ Loggia des Dionysius, 1753
69 TÎRGOVIȘTE Die Stelea-Kirche

70 TÎRGOVIŞTE Fürstenpalast (Ruinen) und Hofkirche

71 TÎRGOVIŞTE Fresko in der Hofkirche, 17. Jh.

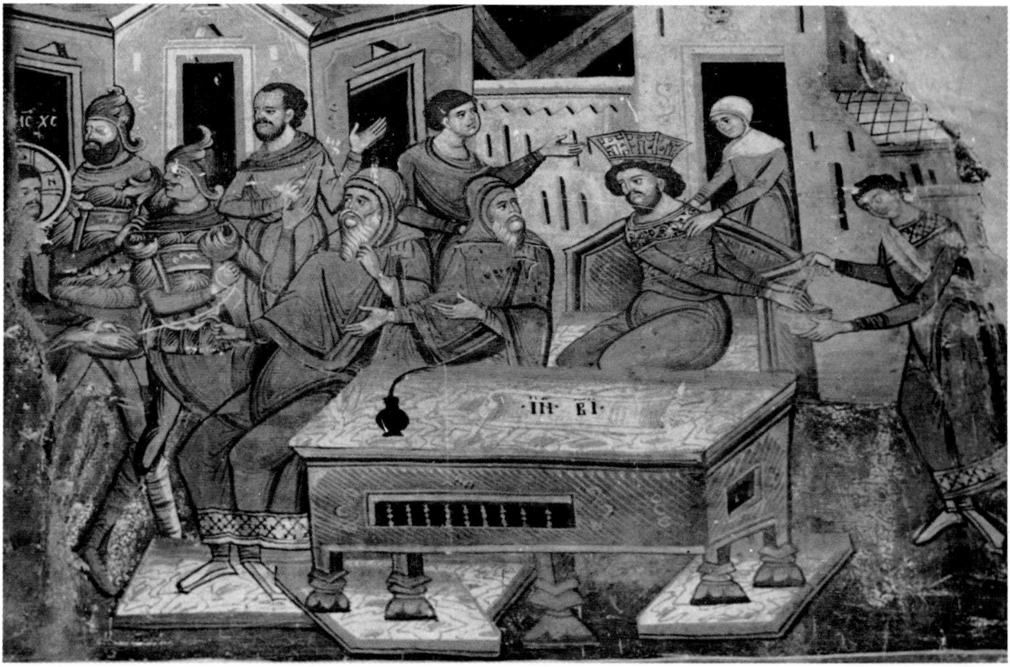

72 CURTEA DE ARGEŞ Biserica Domnească, die Fürstenkirche, 14. Jh.

73 CURTEA DE ARGEŞ Fresko in der Fürstenkirche, 14. Jh.

die zwölf Apostel zu beiden Seiten der Deesis (Fürbitte) und darüber die Propheten. Den Abschluß bildet das Kreuz mit Christus, Maria und Johannes.

Unter den Arkaden liegen die ehemaligen Wohnräume der Wojwoden-Familie, eine Kapelle, das Refektorium, die Küchen. Die vielgerühmte, 1753 hinzugefügte Dionysos-Loggia ist eine Art Altan mit verzierten Säulen (Abb. 68). Daneben gibt es Mönchs-zellen, als Gästezimmer eingerichtet, im Winter angenehm beheizt durch Kachelöfen, die in Rumänien immer noch weit verbreitet sind und sogar in modernen Häusern an die Gasleitung angeschlossen werden.

Die heute in Hurez lebenden Nonnen begleiten den Besucher in die Gärten und zu den verfallenen Eremitenklausen.

Culen von Măldărești

Empfehlenswert ist ein Ausflug zu dem 4 km entfernten Măldărești, weil man nur hier die Culen (türkisch: Türme) genannten Bojarenhäuser sieht (Farbt. 16; Abb. 75). Diese übriggebliebenen Häuser, teils Wehr-, teils Repräsentativbauten, erinnern mich an die

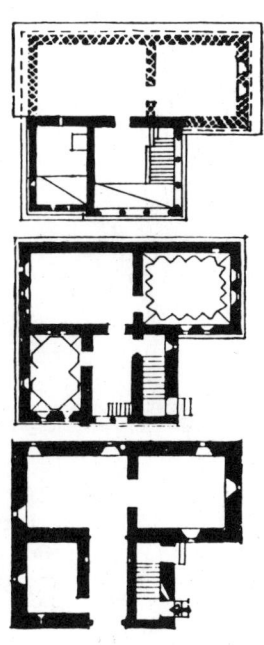

Die Cula Greceanu in Măldărești; rechts: Grundriß von Erdgeschoß, erstem und zweitem Stock

◁ 74 CURTEA DE ARGEȘ Die Bischofskirche

hohen Taubenhäuser auf vielen griechischen Inseln. In Măldăreşti stützen Eichenholz-balken das massive Erdgeschoß, durch dessen schmale Schießscharten das Tageslicht spärlich eindringt. Über eine steile Innentreppe steigt man zu den breiteren oberen Stockwerken mit unregelmäßig verteilten Fenstern, die ebenfalls als Schießscharten dienten. Direkt unter dem Dach ist eine Loggia mit niedrigen Säulen eingebaut.

Von der Cula Greceanu (18. Jahrhundert) überblickt man das Tal, und von der Cula Duca (19. Jahrhundert) sieht man das großartige Panorama der Berge.

Diese beiden Culen sind als historische Denkmäler in einem Freilichtmuseum zu-sammengefaßt mit Brunnen, Troiţes (Holzkreuzen, die an Wegrändern standen; vgl. Abb. 103) und einer von Bojaren errichteten Kirche. Ihre Außenwände sind im oberen Drittel von Medaillons mit Heiligenfiguren umzogen, die ähnlich wie provinzielle Grundbesitzer und ihre Frauen gekleidet sind.

Curtea de Argeş

Nach Curtea de Argeş, heute eine kleine Provinzstadt am Argeş-Fluß, kommt man, um die Fürsten- und die Bischofskirche zu sehen, die in jeder Beziehung Antipoden sind (Abb. 72; Umschlagvorderseite u. Abb. 74).

Die nach 1330 gebaute und dem heiligen Nikolaus geweihte Fürstenkirche, *Biserica Domnească*, ist die einzige auf rumänischem Boden, die unmittelbar von Konstanti-nopel an diesen Platz hätte versetzt sein können (Abb. 72). Der äußere Eindruck ist auffallend schlicht: die Fassaden gewinnen nur dadurch Farbe, daß Reihen von asch-

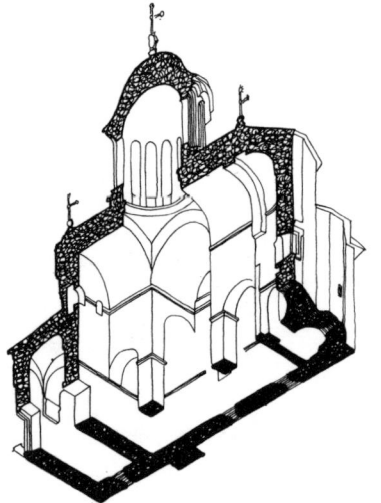

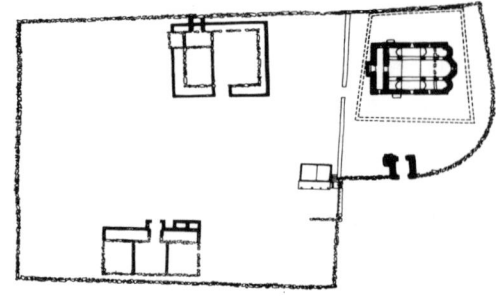

Die Biserica Domnească, daneben Plan der Fürstenresi-denz von Curtea de Argeş

grauen Steinen mit roten Tonziegeln abwechseln. Das Innere der Kreuzkuppelkirche wirkt insofern harmonisch, als ein schmaler Pronaos, ein weiträumiger Naos, die zentrale Apsis und zwei Seitenapsiden zu einer architektonischen Einheit verbunden werden. Die Reise wert ist der wahrscheinlich von griechischen Meistern geschaffene Freskenzyklus. Er beweist, daß die Künstler mit dem Paläologen-Stil – der letzten byzantinischen ›Renaissance‹ – vertraut waren. Die Figuren sind plastischer und lebensnäher dargestellt als in früheren Jahrhunderten. Mitleid, Trauer, Hoffnung, Schmerz drücken sich in den edlen Gesichtern aus. Zu den interessantesten Wandmalereien gehören: Die Gottesmutter mit dem Jesuskind, die Fußwaschung, das Zelt der Märtyrer, der Tod Mariä und schließlich das Abendmahl, wo die Apostel sich Christus mit graziösen Tanzschritten nähern (Abb. 73). Einige Fresken in der Kuppel und mehrere Fresken im Naos sind übermalt.

Tritt man durch die niedrige Kirchentür ins Freie, hat man vor sich die Ruinen des alten Fürstenhofes, der bei den Kämpfen von 1330 gegen das ungarische Königreich zerstört wurde. Ein historisch bedeutender Fund lag unter einer mit Sonnenrad und Lebensbaum geschmückten Grabplatte: das fast vollständig erhaltene Skelett eines in Seide gekleideten Mannes mit perlenbesetztem Diadem, Ringen und einer wertvollen goldenen Gürtelschnalle. (Die Gürtelschnalle in Form einer Orgel und mit sehr kleinem Mittelstück aus Bronze, blau emailliert, wo sich eine Seejungfrau, in Flachrelief, aufzurichten scheint, ist im Kunstmuseum von Bukarest ausgestellt.)

An der Hauptstraße stehende, üppig belaubte Platanen verdecken den Blick auf die *Bischofskirche*, die um so lichter vor Augen hat, wer den Park durchschreitet und geradewegs auf sie zukommt. Man möchte dem geistlichen Würdenträger Paul von Aleppo zustimmen, der sie als Achtes Weltwunder bezeichnete. Zu ihrer Einweihung kamen der ökumenische Patriarch, vier Metropoliten, alle Heghoumenen (Äbte) vom

Die Episcopala (Bischofskirche) in Curtea de Argeş. Holzschnitt nach A. Lancelot, 1868 ▷

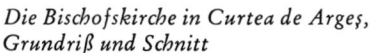

Die Bischofskirche in Curtea de Argeş, Grundriß und Schnitt

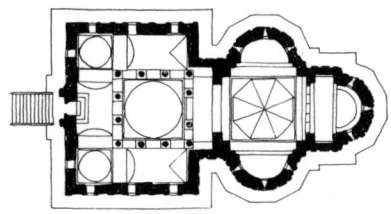

83

D. LANCELOT

Steinmetzarbeiten an der Bischofskirche in Curtea de Argeş

Athosberg und über tausend Priester. Damals verglichen die Gäste den Bau mit dem Tempel von Sion und der Haghia Sophia (Abb. 74).

Die Episcopala wirkt wie eine Illustration aus Tausendundeine Nacht, christliche Kirche, orientalischer Prachtbau und dennoch keines von allem. Die blau-gold-grün-bemalten Steinmetzarbeiten lassen die Dekoration plastisch hervortreten, zumal wenn Licht oder Schatten auf die Fassaden fällt. Die von Neagoe Basarab gestiftete Kirche (1512–1517) mit kleeblattförmigem Grundriß, ist auf den Außenwänden mit über hundertfünfzig verschiedenen Motiven geschmückt, darunter Quadrate, Dreiecke, Kreise, gedrehte Taue, Blüten und Blätter verschiedener Pflanzen. Ein ähnliches steinernes Spitzengewebe findet sich hundert Jahre später bei der Trei Ierarhi-Kirche in Iaşi (Abb. 128).

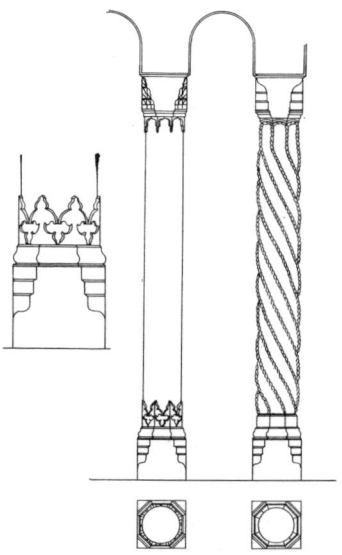

Bischofskirche in Curtea de Argeş, Steinsäulen im Pronaos

Bauernhaus in Corneşti

Außergewöhnlich an der Episcopala sind zwei von drei Narthextürmen mit schmalen, langen Rillen, die schräg aus der Vertikale wegstreben, während der mittlere Turm senkrecht gerillt ist. Diese Anordnung bewirkt eine optische Täuschung: Zwei Türme sehen aus, als würden sie im nächsten Augenblick umfallen.

Im 19. Jahrhundert wurde die Kirche leider von dem französischen Architekten Lecomte du Nouy restauriert. Dabei blieben nur zwölf Säulen im Narthex und mehrere Grabplatten im ursprünglichen Zustand erhalten. Von den schönen Fresken des Malers Dobromir wurden nur Bruchstücke gerettet, die in das Bukarester Kunstmuseum kamen.

In der Nähe der Bischofskirche wird die *Fintina lui Manole,* der Brunnen des Manole, gezeigt, wo der unglückliche Baumeister der Kirche, wie ein zweiter Ikarus, mit Flügeln aus Dachschindeln abgestürzt sein soll. Er versuchte zu fliehen, als der Fürst ihn für immer auf dem Dach festhalten wollte, um zu verhindern, daß er je wieder ein so schönes Bauwerk gestalten werde. Eine Variante dieser weitverbreiteten Legende erzählt, Manole hätte sich das Leben genommen aus Verzweiflung darüber, daß er seine Frau opfern mußte, um den Bau vollenden zu können, der bis dahin nachts immer wieder zusammenstürzte. Erst nachdem er geschworen hatte, das erste Wesen einzumauern, dem er am folgenden Tag begegnen würde, hielt das Gebäude. Dieses erste Wesen war grausamerweise die eigene Frau.

Als Neagoe Basarab die Episcopala einweihte, hatte sie ihre ursprüngliche Bestimmung bereits verloren, da der Fürsten- und Bischofssitz zu diesem Zeitpunkt von Curtea de Argeş nach *Tîrgovişte* verlegt worden war. Ein Ausflug nach Tîrgovişte ist nicht von Sonne oder Regen abhängig, während man für Curtea des Argeş trockenes Frühlings- oder Herbstwetter braucht, weil dann der Straßenzustand besser und auch Helligkeit notwendig ist, damit man die Episcopala im richtigen Licht sieht. Eine Route, die durch die Berge führt (Piteşti, Cîmpulung/Langenau, Bran/Törzburg,

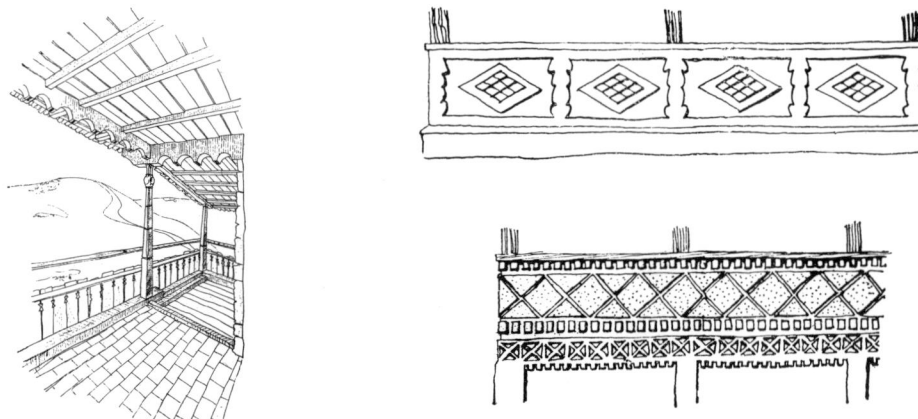

Veranda eines Bauernhauses in Bărbăteşti, daneben Stuckdekorationen an Veranda-Geländern eines Hauses in Davideşti

Braşov/Kronstadt: 155 km auf der DN 73) kann man benutzen, um der hochsommerlichen Hitze und dem Staub in der walachischen Ebene zu entgehen. Wer diesen Umweg wählt, erreicht Bukarest statt in zwei, in sechs bis sieben Stunden.

Bei der Fahrt durch die von Bauern kultivierte Ebene kann man in *Tîrgovişte* Station machen, und an der Straße durchs Gebirge liegt *Cîmpulung,* wo im 14. Jahrhundert die ersten walachischen Fürsten wohnten.

Hier gibt es ein orthodoxes, ursprünglich von Nicolae Alexandru (1352–1364) gestiftetes, im 18. und 19. Jahrhundert umgebautes *Kloster Negru Vodǎ,* in dessen Hof ein unauffälliges Fürstenhaus (17. Jahrhundert) steht, und die katholische *Bǎrǎtia-Kirche,* deren Glockenturm durch Blumenbeete vom Schiff getrennt wird. Diese Kirche war ursprünglich den zahlreichen Siebenbürger Sachsen zugedacht, die wegen ihrer handwerklichen Geschicklichkeit von der katholischen Fürstin Clara, verheiratet mit Nicolae Alexandru, begünstigt wurden.

Tîrgovişte

Tîrgovişte, im 17. Jahrhundert mit Damaskus verglichen, hat seinen alten Glanz verloren. Sehenswürdigkeiten sind auch hier, wie überall, ein Fürstenhof und Kirchen, die sorgfältig restauriert wurden.

Der *Fürstenhof,* wo auch Vlad Ţepeş (der Pfähler) (1456–1462) residierte, wurde 1660 auf Befehl der Türken geschleift und vom Wojwoden Brîncoveanu (1688–1714) wiederhergestellt. Aus seiner Zeit stammen die einladende *Hofkirche* mit offener Vorhalle (Abb. 70) und Fresken in fröhlichen Farben (Abb. 71).

Anlage der Hofkirche in Tîrgoviște,
Rekonstruktion

Einer der Türme, die zu der ursprünglich befestigten Gesamtanlage gehörten, der *Turnul Chindiei*, ist größtenteils noch im Original vorhanden (zweite Hälfte des 15. Jahrhunderts).

Unter einem halben Dutzend alter Kirchen sollte man die römisch-katholische *Sfînta Maria Gratiarum* und vor allem die *Stelea* (Abb. 69) aufsuchen, die der moldauische Fürst Vasile Lupu errichten ließ. Seine Versöhnung mit dem Walachenfürsten Matei Basarab drückte sich auch darin aus, daß die von jenem geplante Kirche von moldauischen und walachischen Meistern gemeinsam gebaut wurde. Moldauisch sind die

Die Hofkirche (Curtea Dom-
nescă) in Tîrgoviște

Holzkirche in Grămeşti-Costeşti

sternförmigen Sockel der Türme und der keramische Schmuck an den Außenwänden; walachisch ist ein Ornament, das um die Kirche herumläuft und drei gewundene in den Stein geschnittene Taue nachbildet. Im halbdunklen Innenraum, unmittelbar unter der Kuppel, sitzen die vier Evangelisten mit einer Schriftrolle auf den Knien (in Freskotechnik).

Johannes Schiltberger, ein Bayer, der die Schlacht von Nikopolis (1396) miterlebt hat, beschreibt als erster Tîrgovişte und bezeichnet es als Fürstensitz ebenso wie Curtea de Argeş.

In Curtea de Argeş und in Tîrgovişte wird deutlich, daß die rumänischen Städte aus einer anderen Konzeption als die griechischen und römischen entstanden sind: breite, parallele Straßen münden nicht in Plätze, wo man Menschen trifft oder treffen möchte, sie führen vielmehr geradewegs in die weiten Ebenen oder steigen aufwärts in die Berge und Wälder. »Der Wald ist der Bruder des Rumänen«, lautet eine Redensart. In den Wäldern haben die Rumänen ihre großen Siege erfochten.

In Friedenszeiten lieferten die Bäume das Material für ihre Holzschnitzereien, vom Kochlöffel bis zum Thronsessel, und für den Bau ihrer einzigartigen Holzkirchen (vgl. Farbt. 8). Aus Bäumen wurden auch die monumentalen Portale der Bauernhöfe geschnitzt (Abb. 102) und die Troiţes, Kreuze, die überall im Land stehen, als Memento Mori gedacht oder als Votivgabe (Abb. 103). Troiţes wurden auch bei Quellen aufgestellt, zu denen die Bauern gemeinsam mit ihren Priestern in Dürrezeiten pilgerten und um Regen baten.

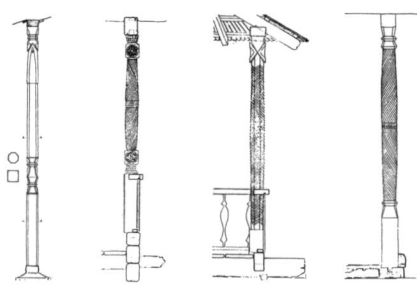

Holzsäulen-Formen der Walachei

Dorfmuseum Bukarest: Holzkirche aus Răpciuni, Moldau. Unten links: Wassermühle aus Izvorul Muntelui, Moldau; unten rechts: Windmühle aus Sarichioi, Dobrudja

Zurück zum Kilometerstein Null, nach *Bukarest* und zum *Dorfmuseum*, Eingang: Kisseleff Bd. 20 (Farbt. 10; Abb. 39). Will man die Dörfer, durch die man unterwegs allzu schnell gefahren ist, genauer sehen, dann hat man die Möglichkeit, im Norden der Hauptstadt am Ufer des Herăstrău-Sees auf neun Hektar konzentriert, alle typischen Hausformen, auch solche, die es in situ nicht mehr gibt, kennenzulernen. Im Jahre 1936 begann man in den verschiedenen Provinzen ländliche Wohnhäuser und Kirchen, Wasser- und Windmühlen, Brunnen, Traubenpressen, Troiţes, Hofportale und Dorfschmieden abzutragen und im Museumsgelände wieder aufzustellen. Aus den ersten viertausend Objekten sind inzwischen sechstausend geworden, ca. zweihundert Häuser stehen im Freilichtmuseum, von den Lehmhütten der Deltafischer bis zu den großzügigen Höfen aus dem Argeş-Tal und dem Banat, mit Einrichtungsgegenständen und Werkzeugen vom Tisch bis zum Melkschemel, vom Webstuhl bis zum Schafwollteppich, vom glasierten Tonkrug bis zur Lampe. Wer nicht in die Maramureş gereist ist, kann die repräsentative Holzkirche von Dragomireşti (1722) hier betrachten. Man wandert zwischen niedrigen Gartenzäunen über die Dorfstraßen, geht gelegentlich durch Holzportale in die einzelnen Häuser oder setzt sich nur auf eine Bank, um das Ensemble zu bewundern – für mich das schönste Dorf aller Dörfer.

Transsilvanien (Siebenbürgen)

Der meist von Besuchern eingeschlagene Weg führt von *Bukarest* nach *Braşov* (175 km), von dort über *Făgăraş*, wo man im Frühling beim Eichenwald *Dumbrava Vadului* blühende Narzissenfelder bewundern kann, nach *Sibiu* (Hermannstadt). Zurück in die Landeshauptstadt fährt man in jedem Fall durch das landschaftlich herrliche *Olt-Tal*.

Siebenbürgen umfaßte das *Hatzeger-, Fogarascher-* und das *Burzenland* im Zentrum, das *Szeklerland* und die *Maramureş* im Osten, das *Oascherland* im Nordwesten und das *Motzenland* im Westen. Die Provinz heißt rumänisch Transsilvania, ein Name, der, vom Lateinischen abgeleitet, auf ihren Waldreichtum anspielt: Pappeln, Eschen, Buchen, Bergahorn und vor allem Tannen, die die Karpaten bedecken, sind uralt und eindrucksvoll. In flachen Ebenen zwischen Höhenzügen werden Getreide, Zuckerrüben und Gemüse angebaut. Vulkanische Seen, romantische Höhlen, Silberminen und Heilquellen sind charakteristisch für das abwechslungsreiche Landschaftsbild.

In den achtziger Jahren dieses Jahrhunderts wanderten viele deutschstämmige Rumänen (Siebenbürger Sachsen) aus dieser Gegend ab, zogen in die Bundesrepublik Deutschland. Sie hinterließen Häuser und Höfe, Burgen und Kirchen, während 700 Jahren mit Geschmack und Ausdauer errichtet, die heute veröden.

Sinaia – Schloß Peleş

Das 700 m hoch gelegene Sinaia, mit altmodischen Hotels, war im 19. Jahrhundert ein beliebter Kurort, von dem aus man zum gleichnamigen, von Mihai Kantakuzino 1695 gestifteten Kloster gelangt (vgl. S. 56).

Als die von König Carol I. am Ende des 19. Jahrhunderts errichtete Sommerresidenz, das *Schloß Peleş* (Farbt. 6), dem Publikum offen stand, ließ niemand sich diese Attraktion entgehen: ein pompöses Schweizer Chalet, das den Besucher mit einem Sammelsurium von Stilelementen überfiel, wenn er durch Säle mit florentinischen, französischen, englischen und türkischen Möbeln, durch Spiegel- und Musikkabinette geführt wurde. Dabei gingen zwei vermutlich echte Tiepolos, flämische Gobelins, die alten vielfarbigen Glasfenster Schweizer Herkunft, Delfter Vasen und ein in die Wand des Waffensaales eingebautes türkisches Tor fast unter. Wirklich schön ist der gepflegte englische Garten, der das Schloß umgibt.

Braşov (Kronstadt)

Wie einst Griechen und Römer, so haben die Siebenbürger Sachsen ihre befestigten Städte um einen Marktplatz herum angelegt (Abb. 93). Frei auf dem dreieckigen Platz von Braşov steht ein Rathaus, das 1420 von der Kürschnerzunft gestiftet wurde. Auf dem 60 m hohen Rathausturm, unmittelbar unter dem Dach, standen in der guten alten Zeit Trompeter und bliesen Alarm bei Feuer-, Wasser- und Kriegsgefahr. Heute beherbergt das Rathaus Sammlungen archäologischer Funde, alte Waffen, Karten und Urkunden, ferner Gemälde rumänischer Maler aus dem 19. und 20. Jahrhundert.

Der Marktplatz verwandelte sich noch in den siebziger Jahren während der Weihnachtszeit in eine Art Lunapark mit Riesenrad, Schießbuden und allerlei Marktständen. Um das Jahr 1550 erinnerten die hiesigen Wochenmärkte an Jahrmärkte, so liest man bei dem Diplomaten Georg Reichestorffer[8], wegen ihrer Fülle von feilgebotenen Waren, die die Kronstädter, Szekler, Walachen, Armenier und Griechen hier kauften und verkauften.

Eines der ältesten Häuser am Marktplatz, das Restaurant ›Karpatenhirsch‹ (Cerbul Carpatin) spricht für das Standesbewußtsein der sächsischen Kaufleute. Darauf spielt die Redensart an, »Ein Siebenpflaumenbäumler unter den Szeklern ist bereits ein Adeliger«. Der Ernst des Deutschritterordens (Hospites teutonici), dem die ersten Einwohner Kronstadts angehörten, scheint diese Bergstadt im Mittelalter geprägt zu haben. Die sächsischen Bauern, Handwerker und Kaufleute waren privilegierte Einwanderer. Gewerbe und Handel blühten infolge ihrer Initiative auf. Während in Sibiu (Hermannstadt) die geadelten Beamten tonangebend waren und der Charakter ihrer Stadt leichter und beschwingter wurde, so daß man sie ›Klein-Wien‹ nannte, haben die Kronstädter Bürger ihrer schwerfälligen Mentalität entsprechend auch den Bauten einen ernsteren Ausdruck gegeben.

Die älteste Kronstädter Urkunde stammt vom 20. Januar 1386 und bestätigte der Stadt »ihre alten Freiheiten«[7]. Kronstadt, eine Schlüsselposition an den großen Handelsstraßen, zählte im 15. Jahrhundert über dreißig Zünfte. Sie ließen mit ihrem Vermögen auch eigene Basteien bauen, die den Namen ihrer Stifter erhielten. Das *Bollwerk der Weber* ist heute noch eine Sehenswürdigkeit. Reste der *Tuchmacherbastei* liegen am Fuß des Tîmpa-Berges (Tîmpa bedeutet Zinne). Von hier oben aus kann man an den alten Befestigungsmauern entlangwandern, und durch das barocke Muresenilor-Tor (Waisenhausgassentor) oder durch das schlichte Katharinentor in die Stadt gehen.

Der Wohlstand der Bürger wird besonders deutlich angesichts des gewaltigen Gotteshauses, der sogenannten *Schwarzen Kirche* (Abb. 94), die man Ende des 14. Jahrhunderts zu Ehren der heiligen Jungfrau Maria zu bauen begann, obwohl es die repräsentative Bartholomäuskirche aus dem Jahre 1223 am Rande der Altstadt schon gab. Fürsten und Päpste halfen mit ihren Stiftungen, die immer wieder zerstörte und beraubte Marienkirche zu vollenden. Die in der Nähe des Marktplatzes stehende Schwarze Kirche bekam ihren Namen nach einem großen Brand, der am 21. April 1689 ausbrach und von Augenzeugen als »Feuer des Zornes, der Strafe und der Rache« bezeichnet wurde. Gemeint war die Vergeltung für einen Aufstand der Kronstädter gegen den sogenannten väterlichen Schutz der Habsburger Monarchie. Nachdem der Aufstand niedergeschlagen war, wurden die Rädelsführer streng bestraft, unter ihnen der fünf-

TRANSSILVANIEN (SIEBENBÜRGEN)

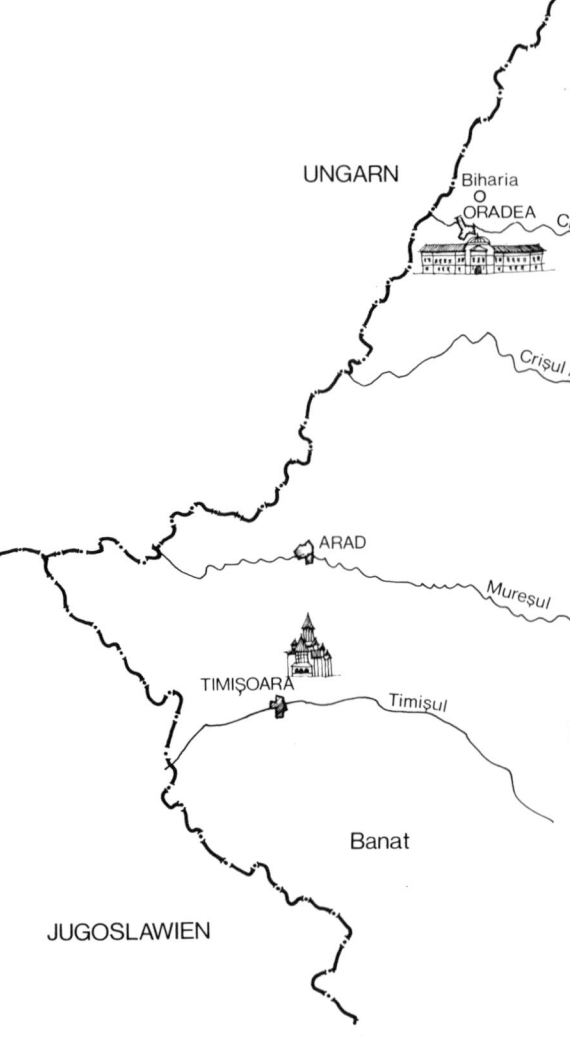

UNGARN

Biharia
O
ORADEA

Cr

Crişul

ARAD

Mureşul

TIMIŞOARA

Timişul

Banat

JUGOSLAWIEN

UDSSR

Maramureş

SATU MARE

Onceşti

Someşul

Baia Mare

Ieud

Cuhea

Remetea

Surdeşti

Moldau

Bistriţa

Someşul Mic

CLUJ

TÎRGU MUREŞ

Mureşul

Iernut

Tirnava Mică

Tirnava Mare

Sighişoara

Mediaş

Biertan

Apold

Homorod

Criş

Rupea

ALBA IULIA

Vinţul de Jos

Sebeş

DEVA

Cilnic

Hendorf

Olt

Feldioara

Hunedoara

Cristian

SIBIU

Făgăraş

Codlea

Hărman

Cisnădie

Prejmer

Cisnădioara

BRAŞOV

Densuş

Rîsnov

Bran

Walachei

Die Schwarze Kirche in Brașov
(Kronstadt), Westfassade

undachtzigjährige weißhaarige Hutmacher Stephan Steiner und der Goldschmied Kaspar Kreisch. Beide wurden zum Tode verurteilt und hingerichtet. Ob der große Brand wirklich eine Vergeltungsaktion der Habsburger war, ließ sich nicht nachweisen. Adolf Menschendörfer hat ihn ausführlich beschrieben: »... Die Flammen erfaßten den Prunkbau der Reichen, wie das Schindeldach der Armen, die Lager der Zünfte, die Vorratskammern für den halben Orient. Da flammten köstliche Gewänder und Spezereien, da brannten lichterloh Pfarrhof, Stadtwaage und das Gymnasium mit der von dem Reformator Honterius angelegten weltberühmten Bibliothek ..., da saß der rote Hahn auch auf dem kostbarsten Schatz, der großen Stadtpfarrkirche, und schlug die Flügel; Turm und Dach brannten, das Gewölbe barst, die fünf harmonisch gestimmten Glocken fielen halb zerschmolzen herunter, die berühmte Orgel aus der Reformation, die kostbaren Teppiche, deren einen der Apostel Paulus verfertigt haben soll, die Kanzel des Honterus, der goldene Altar, die schimmernden Epitaphien und hundert andere Kostbarkeiten waren in einigen Stunden vernichtet ...«

Nur ein bronzenes Taufbecken hat die Feuersbrunst heil überstanden. Es ist wie ein Abendmahlkelch geformt und von einem achtteiligen Gitterwerk umgeben. Außerdem sind die Wappen des ungarischen Königs siebenbürgischer Abstammung, Matthias Corvinus, und seiner Gemahlin, Beatrix von Aragon, den Flammen entgangen. Man sieht sie an einem Pfeiler gegenüber der Kanzel, neben dem Wappen von Kronstadt (die Krone auf dem Baumstumpf) und zu seiten eines Freskos, das die Verehrung der Gottesmutter durch die Heiligen Katharina und Barbara darstellt (über dem östlichen Portal der Südseite).

In dieser Kirche kann der Besucher einen Vormittag verbringen, wenn er interessante Details genauer betrachten will: zum Beispiel eine Barock-Kanzel aus dem 17. Jahrhundert, Stiftung eines Metzgermeisters, der den Erlös von hundert Ochsen dafür zahlte; einige der im Erdgeschoß des Nordturms eingemauerten Grabplatten aus derselben Zeit, mit Reliefbildern von Ratsherren und Pfarrern. Besondere Aufmerksamkeit verdienen die in protestantischen Kirchen anderswo selten aufgehängten zahlreichen Wandteppiche aus dem Orient. Die meisten stammen aus dem 18. Jahrhundert; sie sind in verschiedenen anatolischen Knüpftechniken gearbeitet. Aus den Abrechnungen der Stadt geht hervor, daß die Zölle gelegentlich auch in Form von Waren entrichtet wurden. Seit dem 16. Jahrhundert haben die städtischen Beamten Orientteppiche besonders gern in Zahlung genommen, weil man sie u. a. durchreisenden Fürsten überreichen oder als kostbares Hochzeitsgeschenk verwenden konnte. Aus dieser Vorliebe für Teppiche erklärt sich die reichhaltige Sammlung in der Kirche.

In der Schwarzen Kirche spielen Organisten einmal wöchentlich auf einer gewaltigen Orgel mit viertausend Pfeifen, vierundsiebzig Registern und vier Klaviaturen, wie es seit dem 16. Jahrhundert Tradition ist. Der erste bekannte Organist, Hieronymus Ostermayer, gab auch am walachischen Hof Konzerte, schrieb eine Chronik der zeitgenössischen Geschichte und wurde mit folgendem Spruch zu Grabe getragen:

Anno MDLXI ist gestorben Herr Hieronymus Ostermayer
Geboren zu Markt Groß-Scheyer
War Organist in der Stadt allhier
Hat nie getrunken Wein und Bier,
War gelehrt, fromb und gut
Nun er im Himmel singen thut.

An der Südseite der Kirche steht das *Denkmal für den Humanisten Johannes Honterus,* der 1498 in Kronstadt geboren wurde, in Krakau, Wien, Wittenberg und Basel studierte und die Reformation im Sinne Luthers nach Siebenbürgen brachte, das bis dahin der katholischen Konfession angehört hatte. Im Gegensatz zu dem dunklen Bau, den wir eben besichtigt haben, ist die orthodoxe *Sf. Treime-Kirche,* ihre Nachbarin, hell und zierlich; hinter ihr, an der Stadtmauer, gibt es einen kleinen griechischen Friedhof mit alten Grabplatten und Kreuzen.

Die ersten Bücher in rumänischer Sprache wurden 1570 in einem Stadtviertel gedruckt, in dem früher ausschließlich Rumänen lebten. Kurze enge Gassen führen durch dieses ›Schei‹ genannte Quartier zur orthodoxen *Sfîntul Nicolai-Kirche,* die gemeinsam mit der ältesten Schule zu Beginn des 16. Jahrhunderts errichtet und seither mehrmals umgebaut wurde (Abb. 84). Die Schule, wo der erste rumänische Unterricht erteilt wurde, dient heute als Museum. Es enthält das Archiv, die Bibliothek und eine kleine kostbare Sammlung griechischer Ikonen (16.–18. Jahrhundert), einige wertvolle, mit Miniaturen geschmückte Evangelien und sakrale Gegenstände aus dem 16. Jahrhundert, darunter Kelche aus vergoldetem Silber, die beim Abendmahl Verwendung fanden.

Die Wehrkirchen der Siebenbürger Sachsen

Das imposante *Kastell Bran* (die Törzburg), 30 km von Braşov entfernt, liegt auf einem Gipfel der Karpatenvorberge, am Anfang des gleichnamigen Passes, durch den im Mittelalter eine Handelsstraße von Siebenbürgen über die Balkanländer in den Orient lief. Um den sicheren Transport der kostbaren Waren, Stoffe aus Flandern und der Lombardei, Waffen aus der Steiermark, Silber aus Augsburg und Nürnberg, zu gewährleisten, gab der ungarische König Ludwig von Anjou den Kronstädtern die Erlaubnis, eine steinerne Burg zu bauen, die 1382 vollendet wurde. Bran, mit seinen Wällen und Türmen, wirkt aus der Ferne wie die Illustration zu einem Ritterroman, aber es unterscheidet sich kaum von österreichischen, böhmischen und deutschen Burgen.

Ganz anders, unverwechselbar, eindeutig siebenbürgisch, sind die von den Siebenbürger Sachsen zur Abwehr von Tataren und vor allem von Türken zwischen dem 15. und 17. Jahrhundert befestigten Wehrkirchen, die sich als widerstandsfähige geistliche und weltliche Bollwerke erwiesen (Abb. 90–92). Siebenbürgen war damals ungarisches Kronland, und die ungarischen Könige, z. B. Matthias Corvinus, erließen gelegentlich bestimmten Dörfern die Verpflichtung, Soldaten zu stellen als Gegenleistung dafür, daß sie ihre Kirchen befestigten oder verteidigten.

Nirgends sonst habe ich Bauten gesehen, in denen die Verteidigung des Glaubens gegenüber Feinden der Christenheit und die Verteidigung weltlichen Besitzes so eng miteinander verbunden sind. Für diese Menschen war offensichtlich die Kirche der eigentliche Halt, sonst hätten sie wohl nur ihre Städte und nicht ihre Gotteshäuser mit Mauern umgeben. Andererseits drückt sich auch in den kräftigen, an die Erde gebundenen Befestigungsanlagen das Bedürfnis aus, sich am eigenen Grund und Boden festzuhalten. Jedes architektonische Detail ist genau geplant für das Überleben im Krieg. Zum Schutz vor Angriffen sieht man hier Vorhalle oder Seitenschiff, dort Chor oder Hauptschiff doppelt und dreifach gesichert; man entdeckt Verkehrswege in den Mauern, sogar Gänge und Treppen, die bei unmittelbar drohender Gefahr rasch abgerissen werden konnten und wurden. Die Türme haben Löcher, aus denen kochendes Wasser oder siedendes Pech gegossen wurde. Unter dem Chor gab es häufig Wasserreservoire oder Brunnen. Zur Aufrechterhaltung der Moral arbeiteten die Handwerker weiter, soweit der Feind ihnen Zeit dafür ließ, und die Lehrer gaben den Kindern ihren gewohnten

Unterricht. Unwillkürlich denkt man hier an Luthers Vers: »Ein' feste Burg ist unser Gott, Ein' gute Wehr und Waffen.«

Die *Kirchenburg Hărman* (Honigberg), aus dem 15. Jahrhundert, steht 8 km nördlich von Brașov, inmitten eines Dorfes. Man geht auf einer Zugbrücke über den tiefen Graben, der vor dem dicken Mauerring mit seinen sechs Türmen liegt, durch schmale Torgewölbe in den Hof (s. Umschlagrückseite). In den gewaltigen Ringmauern sind drei Wehrgeschosse eingerichtet: im obersten gibt es Schießscharten unter flachen Blendbögen, im mittleren Schießscharten und Pechnasen unter einem Ziegeldach, am untersten Pechnasen. Der innere Mauerring ist fast kreisrund, und, dem Hof zugewandt, sind vier Reihen von Wohnkammern neben- und übereinander gebaut. Hier wohnte die Dorfbevölkerung in Zeiten der Gefahr. Sie brachte Sack und Pack mit. Was an Eßbarem aufzutreiben war, wurde gehamstert. Es fehlte an nichts, um einer längeren Belagerung standhalten zu können.

Der Stil der Kirche ist von den Zisterziensern beeinflußt. Das Licht dringt in den Chorraum durch die für diesen Stil typischen runden Fenster ein und fällt auf romanische Kapitelle. Die Fresken in der Seitenkapelle wurden während der Reformationszeit mit Kalk übertüncht. Bis zu ihrer Freilegung haben die Bauern ihren Speck in diesem Raum geräuchert. Das Wandbild im Chor stellt eine Kreuzigung dar. Ein Ritter zu Füßen Christi trägt eine Rüstung, wie sie um 1400 allgemein üblich war; an der Südwand sieht man Petrus im Meßgewand, als ersten Bischof von Rom; in der Nähe leuchtet ein naiv geschildertes Paradies, und ihm gegenüber das Jüngste Gericht. Bei diesen Fresken spürt man deutlich den westeuropäischen Einfluß des Mittelalters.

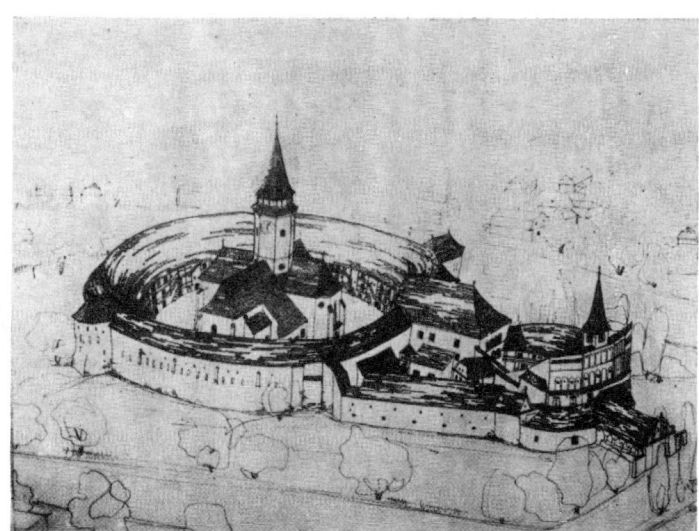

Die Kirchenburg Prejmer (Tartlau), perspektivische Ansicht

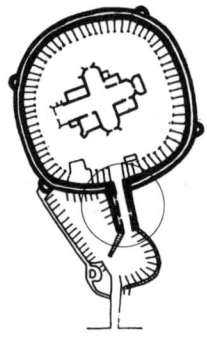

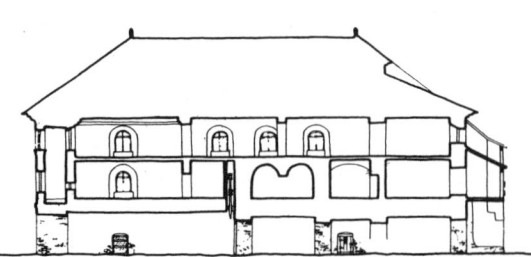

Kirchenburg Prejmer, Grundriß der Anlage und Eingangsbau

Einige Kilometer weiter nördlich erhebt sich aus einer fruchtbaren Ebene die gewaltige *Kirchenburg Prejmer* (Tartlau), seit 1240 Besitz der Zisterzienser-Abtei *Cîrta* (Kerz), die wie Kerz von den Mongolen niedergebrannt wurde (Abb. 92). Tartlau ist im 15. Jahrhundert neu befestigt worden, gleichzeitig hat man überall Wohnkammern, insgesamt zweihundertfünfundsiebzig, an- und eingebaut: im Innenhof, in den Außenhöfen, an den Außenmauern der Kirche, oberhalb und unterhalb der Treppen. Zahlreiche kleine Tore verbinden die Wohnkammern mit dem Innenraum der Kirche. An einer Seitenwand hängt ein Altar mit Bildern aus der Leidensgeschichte Christi, darunter drei Marien am Grabe mit Kopftüchern, die nach Art sächsischer Bäuerinnen gebunden sind.

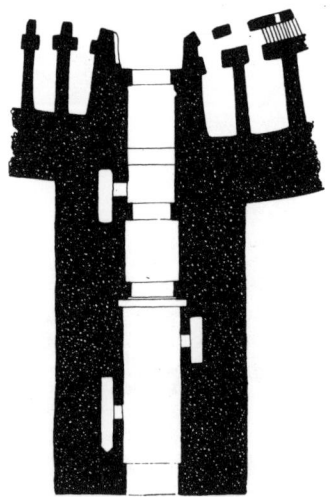

Kirchenburg Prejmer, Grundriß des Zugangs und Eingangstor

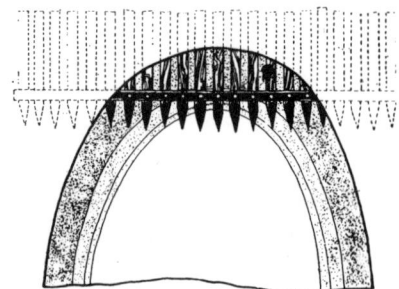

Die *Bauernburg Rîşnov* (Rosenau), 12 km im Südwesten von Braşov, kann man nur zu Fuß erreichen, indem man von der DN 73 bergauf steigt. In der halbzerstörten Burg gibt es wenig Sehenswertes, außer einem von türkischen Gefangenen im 17. Jahrhundert gegrabenen 150 m tiefen Brunnen und Ruinen von Speichern, in denen Lebensmittel aufbewahrt wurden.

Wie bei Kronstadt, so bezeugen auch bei Sibiu (Hermannstadt) (vgl. S. 139 ff.) zahlreiche Wehrkirchen, daß die Siebenbürger Sachsen, eine vorwiegend städtische Bevölkerung, ungefähr zweihundertfünfzig Jahre lang ihre Kirchen befestigten.

Die Straße DN 13 von Braşov über Sighişoara (Schäßburg) nach Sibiu, schlägt einen weiten Bogen durch die Tîrnave-Hochebene (Kokelland) und zieht an einer Reihe von Wehrkirchen vorüber.

Feldioara (Marienburg), 24 km hinter Braşov, war ursprünglich ein römisches Kastell. Der Moldauische Wojwode Petru Rareş besiegte hier 1529 Ferdinand I. von Habsburg. Die im 13. Jahrhundert errichtete Burg liegt in Ruinen.

Nach *Homorod* (Hamruden), einer der größten Kirchenburgen der Gegend, fährt man zunächst durch den ›Geisterwald‹, trifft dann auf den Olt bei *Hoghiz,* biegt hier rechts ab und ist in wenigen Minuten am Ziel. Die Wehrkirche stammt aus dem Jahre 1270 und wurde im 15. Jahrhundert mit zwei Reihen von Wällen umgeben. Im Innern der Kirche befinden sich Chor und Altar nicht im Osten, sondern im Süden, weil der Ostchor der altromanischen Basilika in einen Wehrturm umgewandelt werden mußte. In diesem alten Chor finden wir teilweise gut erhaltene Fresken, vermutlich die ältesten in Siebenbürgen. Ein Fresko stellt Christus dar, umgeben von dem sogenannten Tetramorphos, was die vier Evangelisten in einer Gestalt bedeutet. Diese Auffassung ist für die romanische Malerei typisch. Darunter ist ein Frauenkopf mit Heiligenschein neben einem kreuzförmigen Turm zu sehen.

In *Rupea* (Reps), von Braşov 66 km entfernt, mit Spuren menschlicher Besiedlung aus dem Neolithikum, wurde die Kirchenburg im 12. Jahrhundert auf einem Basaltberg errichtet. Nachdem die Türken sie zerstörten, hat man sie im 15. Jahrhundert wieder aufgebaut, im 17. Jahrhundert mit polygonalen Basteien verstärkt und eine Kapelle hinzugefügt.

In *Saschiz* (Keisd), wo die Kirche im 15. Jahrhundert in eine Festung verwandelt wurde, bilden Langhaus und Chor, durch ein Wehrgeschoß überhöht, einen gewaltigen Block. Die Außenwände erhielten dreiundzwanzig Strebepfeiler, die ihrerseits durch Blendbögen zusammengefaßt sind und das Wehrgeschoß tragen. Insgesamt zählen wir vierzig Blendbögen, die wie ein Gürtel das Bauwerk zusammenhalten. Schießscharten, Gußlöcher und ein Wehrgang vervollständigen die Anlage. Aus romanischer Zeit stammen Skulpturen und Kapitelle. Bei *Albeşti* (Weißkirch) hat die Habsburgische Armee im Jahre 1849 die transsilvanischen revolutionären Truppen besiegt. Eine kleine Gedenkstätte ehrt hier den großen ungarischen Dichter Sandor Petöfi, der auf Seiten der Revolutionäre kämpfte und ums Leben kam.

Nach Sighişoara (Schäßburg) (vgl. S. 129 ff.) verläßt man die DN 13, die nach Tîrgu Mureş führt, und schlägt die DN 14 ein, die in Sibiu (Hermannstadt) endet.

Biertan (Birthälm), in der Nähe von *Dumbrăveni* (Elisabethstadt), war bis 1867 Bischofssitz, zu dem eine der großartigsten Wehrkirchen gehört (Farbt. 5). Drei ringförmige Mauern liegen in Abständen voneinander am Hügel; sie sind durch geheime Quergänge verbunden; Wachttürme und Bollwerke bieten zusätzlich Schutz. Hinter dem letzten Mauerring steht eine spätgotische Hallenkirche aus dem Jahre 1522. Besonders auffallend ist die meisterhaft gearbeitete Tür zur Sakristei, mit ihren Intarsien und Beschlägen in gotischen Mustern. Der Stolz der Kirche ist ein berühmter Hochaltar, der die ganze Chorwand ausfüllt. Im Mittelfeld ist eine bemerkenswerte Kreuzigung zu sehen, bei der die Balken des Kreuzes in Weinranken mit Trauben übergehen, während der Fuß, wie ein Baumstamm im Boden verwurzelt ist. Maria begießt den Stamm des Kreuzes und Johannes lockert den Boden. Hier sind Christi Worte gemeint: »Ich bin der wahre Weinstock, ihr seid die Reben« (Joh. 15, 1–8). Der Weinstock wird zum Gleichnis für Christus, die Reben bedeuten seine Gemeinde, die ihren Glauben und ihre Kraft – wie Zweige und Trauben aus dem lebendigen Stamm – aus dem gekreuzigten und wiederauferstandenen Christus schöpft.

Auf den Altarflügeln sind Kaiser Augustus und der Prophet Hesekiel dargestellt. Es ist deutlich, daß hier der strenge Freskostil verlassen wird: die Gestalten sind bereits perspektivisch in die Landschaft oder in ein Interieur gestellt, ein Beispiel siebenbürgischer Renaissance. An der steinernen Kanzel findet man das Reliefbild eines knienden Stifters. Im Turm vor der Westfassade gibt es in einer Kapelle aus dem frühen 15. Jahrhundert teilweise erhaltene Fresken, deren helle Farben einen freundlichen Gegensatz bilden zu den ernsten, dunklen Mauern: rechts, neben einer blaugrünen Wiese, die Anbetung der Drei Könige, links eine Verkündigung; über dem Fenster an der Ostwand tragen zwei Engel das Schweißtuch der Heiligen Veronika; im Tonnengewölbe hält der verklärte Christus ein aufgeschlagenes Evangelium.

Im nahen *Valea Viilor* (Wurmloch) steht eine mächtige Wehrkirche, deren Innenraum sehr eindrucksvoll ist. Der Chor wurde zu einem Wehrturm ausgebaut, der mit seinen hohen Strebepfeilern, Schießscharten, Gußlöchern und übereinanderliegenden Galerien aussieht, als sei er für jeden Angriff gerüstet.

Mediaş (Mediasch), die römische Siedlung ›beim Kreuzweg‹ (per medias vias, woraus der heutige Name entstand) bewahrt noch einige mittelalterliche Häuser und Mauerreste.

Die Pfarrkirche, eine Basilika, wurde Ende des 15. Jahrhunderts auf den Fundamenten eines Benediktinerklosters errichtet. Sie blieb im Besitz der Benediktiner, bis diese sie, während der Reformationszeit, an die Lutheraner abgeben mußten. Reste von Fresken sind im Pfarrhaus und in den Amtsräumen neben der Kirche zu sehen, und in einer kleinen Kapelle, wo die vier Evangelisten im Kreis um Christus stehen.

Das schöne Netzgewölbe im Innern ist mit Schlußsteinen verziert, dort wo sich die Rippen schneiden, bemalt mit Häuptern von Heiligen und Aposteln. Neben jedem

Kopf sind der Name des Dargestellten und ein beschreibender Satz zu lesen. Anderen Schlußsteinen wurde die Form der Familienwappen (Matthias Corvinus' und Bathorys) gegeben.

Sehenswert ist der spätgotische, teilweise erhaltene Flügelaltar mit acht Bildtafeln aus den Jahren 1480–1500, mit Darstellungen aus der Passion Christi. In der Kreuzigungsszene erscheinen im Hintergrund Stephansdom und Wiener Burg.

Wenn man die Kirche verläßt, geht man durch einen Obstgarten, und kommt zum Mauerring, der mit seinen Türmen als mächtiger Schutzwall wirkt. Die Mauer wird teilweise verdeckt durch Bauten aus verschiedenen Zeitaltern, zum Beispiel durch die Häuser des Bürgermeisters, des Pfarrers (1513), der Kaplane (barock). An der Nordseite des sogenannten Speckturms wurde 1713 eine Schule gebaut, und an der Westseite das kleine Haus, in dem Stephan Ludwig Roth geboren wurde. Er war ein Schüler Pestalozzis, hatte sich als Geistlicher stets für die rumänischen Leibeigenen Siebenbürgens eingesetzt, und wurde zur Strafe dafür 1848 von den Ungarn hingerichtet.

Die Wehrkirche Cisnädie (Heltau)

Wer von Mediaş auf der DN 14 weitere 55 km nach Hermannstadt fährt, begegnet weiteren Wehrkirchen, und zwar in *Axente Sever* (Frauendorf; Abb. 91), in *Agîrbiciu* (Arbegen), in *Seica Mare* (Marktschelken), in *Ruşi* (Reussen), in *Şlimnic* (Stolzenburg), in *Şura Mare* (Großscheuern).

Im Süden von Sibiu (Hermannstadt) liegen Wehrkirchen in *Cisnădie* und *Cisnă-dioara,* das für seine zahllos im Frühling blühenden Kirschbäume berühmt ist. Viele Kunstwerke aus diesen reichen Kirchen wurden in ungarische Museen oder nach Hermannstadt gebracht. Der Westturm der gewaltigen *Wehrkirche von Cisnădie* (Heltau) mit romanischem Portal stammt noch von dem ursprünglichen Bau, der im 15. Jahrhundert im gotischen Stil erneuert wurde. An der Südseite bildet ein schönes gotisches Sandstein-Portal den Eingang zur Kirche. Links vom Chor, in der Sakristei, hängt ein kleines primitives, in Kupferblech getriebenes Kruzifix, das die ersten Einwanderer aus ihrer Heimat mitgebracht haben sollen.

Die *Burgkirche Cisnădioara (Michelsberg),* auf einem steilen Hügel gelegen, wurde im Jahre 1223 von dem Magister Gozelinus der Zisterzienser-Abtei in Kerz geschenkt, wie aus einer Urkunde hervorgeht. Das heute noch erhaltene Westportal gilt als eine der ältesten Steinmetzarbeiten in Siebenbürgen. Im Hof liegt noch ein Vorrat mächtiger Steinblöcke, die die Belagerten von der Burgmauer auf den Feind hinabzurollen pflegten.

Außer während der empfohlenen Rundreise kann man natürlich auch an anderen Orten Siebenbürgens Wehrkirchen finden. Die Kirche von *Cîlnic* (Kelling) gehörte den Grafen

Die Wehrkirche Cristian (Grossau)

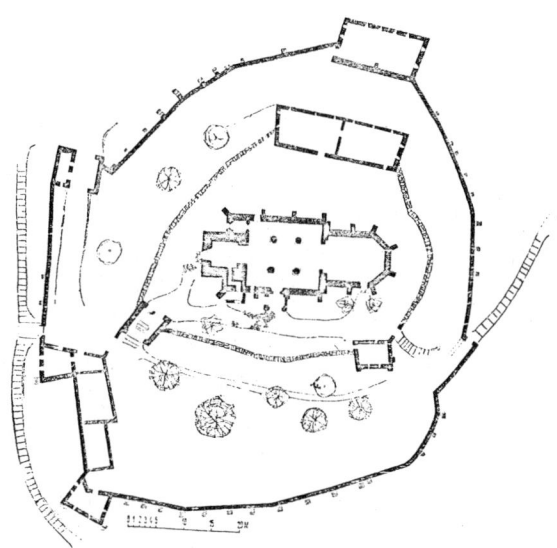

Die Anlage der Wehrkirche Apold (Trappold)

von Kelling, die in den ungarischen Erbfolgekriegen eine Rolle spielten, und wurde im Jahre 1430 an die Siebenbürger Sachsen verkauft. Während der Türkenüberfälle haben die Bauern sie mit Feld- und Bruchsteinen, Mörtel und Lehm befestigt und mit drei Mauerringen umgeben. Der Turm hieß im Volksmund ›Siegfried‹.

Es lohnt sich, einige der hier nicht erwähnten Kirchenburgen wegen eines interessanten Details zu besuchen: zum Beispiel in *Şeica Mică* (Klein Schelken) die alten hölzernen Wehrgänge, in *Cristian* (Grossau; Abb. 90) das ›Pesthäuschen‹, einen Erker mit winzigem Fenster, von dem aus der Pastor während einer Pestepedemie predigte, oder in *Apold (Trappold)* den für eine Dorfkirche ungewöhnlich eleganten Louis XVI.-Altar. Nicht vergessen sei ferner die kolossale Wehranlage in *Mojna* (Meschen) mit ihrer dreischiffigen, spätgotischen Hallenkirche, Werk des Siebenbürger Baumeisters Lapicida. An den Torturm, der fünf Geschosse hoch ist, wurde das Rathaus angebaut.

Jede einzelne dieser etwa hundertfünfzig Wehrkirchen hat ihren spezifischen Charakter, jede ist der Landschaft und dem Gelände angepaßt. Wer sie betrachtet hat, versteht auch den Charakter der Siebenbürger Sachsen besser, den Ausdauer, Stolz, Beharrlichkeit und Gefühl für Tradition geprägt haben.

Alba Iulia (Weißenburg; Karlsburg)

Alba Iulia ist am schönsten im Herbst, wenn sich die Blätter der Kastanienbäume goldbraun färben, so daß sie den rostroten Gesamteindruck der Festung verstärken. Fort

*Das Dritte Portal der Zitadelle in Alba
Iulia (Weißenburg; Karlsburg)*

und Residenz zugleich, überragt sie mit Türmen, Kuppeln und Bastionen die Unterstadt, durch die der Mureş fließt und beherrscht die mit Weinreben bewachsenen Ab-
hänge ebenso wie das offene Tal bis zu den Südkarpaten. Bei ihrem Anblick wundert
man sich, daß sie von altersher die »Weiße Stadt« genannt wird.

Die bereits im 2. vorchristlichen Jahrhundert von Thrakern bewohnte Siedlung *Apou-
lon*, aus der im 2. und 3. Jahrhundert n. Chr. das bedeutende römische Municipium
Apulum, Verwaltungszentrum der Goldminen in den Apuseni-Bergen, wurde, hieß seit
dem ausgehenden 9. Jahrhundert in allen Sprachen die »Weiße Stadt«: die Slawen
nannten sie *Bălgrad*, bei den Ungarn hieß die erste transsilvanische Hauptstadt (1584
bis 1680) »die Weiße Burg des Gyula« = *Gyulaféhérvar*, bei den Rumänen *Alba Iulia*
und bei den Siebenbürger Sachsen *Weißenburg*. Im 18. Jahrhundert wurde sie nach dem
österreichischen Kaiser Karl VI., Maria Theresias Vater, in *Karlsburg*, rumänisch *Alba
Karolina*, umgetauft.

Ein steinernes Reiterdenkmal Karls VI. krönt das monumentale sogenannte Dritte
Portal der Zitadelle: Kopf und Arme des Reiters sind beschädigt; das frontal auf den
Besucher zukommende Pferd tritt türkische Gefangene nieder, eine Anspielung auf den
Sieg des Kaisers über die Türken. Das Basrelief zeigt rechts, wie Karl VI. Banner und
Schwert dem Prinzen Eugen von Savoyen überreicht, und daneben liest man »In hoc
signo vincis«. Von innen betrachtet, ist dieses Eingangstor eine barocke Glanzleistung.

Alle drei Portale, die größtenteils mit Bildern der griechischen Sagenwelt geschmückt
sind, wurden gleichzeitig mit der Zitadelle von Steinmetzen geschaffen, denen der Wiener Meister Johannes König vorstand.

Auf einer hohen Terrasse erhebt sich die sternförmige Festung, die unter Aufsicht
Prinz Eugens nach dem Vauban'schen System 1715–1738 gebaut wurde: ein Festungs-
werk mit sieben Basteien, zusätzlich gesichert durch eine Umfassungsmauer, in der es
zahlreiche Kasematten, Tunnel und andere Zugänge gab.

Alba Iulias Sehenswürdigkeiten liegen auf diesem Plateau, an breiten, stillen Straßen, in einem altmodischen Gartenviertel, dessen Wahrzeichen der Campanile der Kathedrale und die Kuppel der orthodoxen Kirche sind.

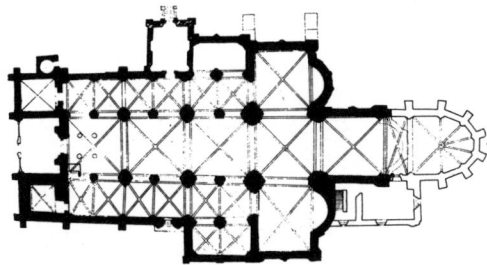

Grundriß der Römisch-Katholischen
Kathedrale in Alba Iulia

Die *Römisch-Katholische Kathedrale* (Abb. 83) halte ich für die architektonisch interessanteste in ganz Siebenbürgen, weil sich hier die verschiedensten Stilelemente harmonisch miteinander verbinden. Der Bau wurde als romanisches Gotteshaus im 13. Jahrhundert begonnen (man beachte das schöne Portal an der Südseite, mit Christus zwischen den Aposteln Petrus und Johannes im Tympanon); später kamen gotische Wölbungen im Chor und Spitzbogenfenster hinzu, die von den Bauhütten in Bamberg, Naumburg und Magdeburg beeinflußt wurden. Eine über und über dekorierte Kapelle, die Bischof Lazonyus (Lazo) 1512 am Nordeingang im Stil der Renaissance anfügen ließ, ist die älteste ihrer Art in dieser Gegend. Skulpturenfragmente aus allen Epochen schmücken Innen- und Außenwände. Innerhalb der Apsis des südlichen Seitenschiffes stellt ein männlicher Kopf wahrscheinlich den Baumeister dar. Der *Turm*, an dem vier Jahrhunderte lang gearbeitet wurde, ist erst unter dem Fürsten Gabriel Bethlen fertig geworden. Damals gaben italienische Meister ihm die Form eines Campanile. Barocke Türen und Altäre, ferner eine Barock-Kanzel schmücken den Innenraum der Kirche, in dem rechts vom Eingang die Sarkophage der Hunyadi-Familie stehen. An der Basis des Sarkophags von Janos Hunyadi (Jancu de Hunedoara), sieht man gut erhaltene Reitergruppen, während das 1456 gemeißelte Haupt des berühmten Rumänen sich kaum identifizieren läßt.

Jancu de Hunedoara oder Hunyadi, ein großer südeuropäischer Feldherr, Nachkomme einer in Siebenbürgen eingewanderten Bojarenfamilie, konnte, in ungarischen Diensten stehend, mehr als fünfzehn Jahre lang den Vormarsch der Türken aufhalten. Er stieg zum höchsten General von Belgrad und Wojwoden von Siebenbürgen auf, galt nach dem jungen König Ulázló (Wladislaw III. von Polen) als einflußreichste Persönlichkeit in Ungarn und wurde nach dessen Tod bei Varna 1444 im Kampf gegen die Türken Reichsverweser, der den unmündigen Laszlo (Ladislaus Postumus) vertrat. Hunedoara machte sich um ganz Europa verdient, als er 1456 eine türkische Armee bei Belgrad so vernichtend schlug, daß der Westen siebzig Jahre lang vor der osmanischen Gefahr Ruhe hatte. Für die Befreiung Belgrads hatte der Papst das tägliche Mittagsgeläut sämtlicher europäischer Kirchenglocken und ein gemeinsames Gebet aller Gläubigen angeordnet. Der Feldherr starb bald nach seinem bedeutendsten Sieg (1456) an der Pest, die er sich im Feldlager zugezogen hatte. Als ›Weißer Ritter‹ ging er in die Legende ein.

In unmittelbarer Nähe der Kathedrale von Alba Iulia liegt das häufig umgebaute *Bischofspalais*, ehemalige Residenz siebenbürgischer Fürsten. Hier zog Michael der Tapfere im Jahre 1600 triumphierend ein, als Herrscher über die drei Fürstentümer Moldau, Walachei und Siebenbürgen, hier hielt der prachtliebende ungarische Fürst Gabriel Bethlen (1613–1629) Hof.

An der gleichen Straße findet man das reichhaltige *Archäologische Museum*, und im gegenüberliegenden Gebäude kann man den ›Saal der Vereinigung‹, in dem 1918 die Vereinigung Siebenbürgens mit Rumänien schriftlich bestätigt wurde, besichtigen.

Die berühmte Urkundenbibliothek, das *Battyanäum*, ließ Bischof Ignaţ Batthyani in einer großen barocken Kirche einrichten, in der er auch für das älteste Observatorium Rumäniens entsprechende Räume schuf. Von den ca. 55000 Büchern, darunter 1230 Manuskripte und 580 Incunabeln, seien besonders erwähnt: der ›Codex Aureus‹ aus dem 9. Jahrhundert, der mit Goldbuchstaben auf Pergament geschrieben und mit Miniaturen in leuchtenden Farben geschmückt ist, Ovids ›Epistulae ex Ponto‹, ein Manuskript aus dem 13. Jahrhundert, und ein Unikat der 1494 in Mailand gedruckten ›Heroidum Epistolarum‹ des gleichen Dichters. Unter den alten rumänischen Büchern sehen wir die ›Palia‹ genannte älteste Übersetzung der Bibel ins Rumänische, 1582.

In der Nähe des Battyanäums sind zwei *Patrizierhäuser* aus dem 17. Jahrhundert beachtenswert, die sich die Grafen Nikolas Bethlen und Apor im Renaissancestil bauen ließen.

Im Süden des Battyanäums kommt man zu dem sogenannten *Dealul Furcilor,* wo die Führer des Bauernaufstandes, 1784, Horia und Cloşca, gerädert wurden. Vasile Nicolae Ursus, genannt Horia, ist zur Legende geworden, die Dichter und bildende Künstler bis heute inspiriert.

Cluj (Klausenburg)

Cluj, heute die zweitgrößte Stadt Rumäniens, ist aus der dakisch-römischen Kolonie *Napoca* hervorgegangen. Als *Castrum Clus* wurde sie 1213 in den Urkunden erwähnt, und 1690 hat sie Alba Iulia als erste siebenbürgische Hauptstadt abgelöst. Damals haben die Ungarn sie *Koloszvar*, die Siebenbürger Sachsen *Klausenburg* genannt.

Cluj reichte von den Ausläufern waldreicher Hügel über den Someşul Mic (kleiner Somesch-Fluß) hinweg bis an sein rechtes Ufer. Im Zentrum der Altstadt steht das nach deutsch-gotischem Vorbild gebaute *St. Michael-Münster,* das größte siebenbürgische Gotteshaus. Auf dem geräumigen, von schönen Häusern umrahmten Platz vor dem Münster begegnen wir dem bronzenen Reiterdenkmal, mit dem Matthias Corvinus

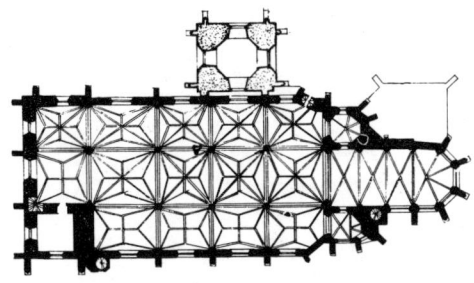

Grundriß des St. Michael-Münsters in Cluj

(1458–1490), der berühmte Sohn eines ebenso berühmten Vaters, Jancu de Hunedoara, von seinen Landsleuten geehrt wurde (Abb. 100, 101).

Matthias, der den Beinamen Corvinus von dem Raben in seinem Wappen bekam, war neben Janos Zapolya der einzige ›Volkskönig‹, der nach dem Aussterben der alten Dynastie die Stephans- oder Heilige Krone getragen hat. Während die Großen des Landes am 24. Januar 1458 sich nicht einigen konnten, weil keiner der Thronanwärter seinen Anspruch auf königliche Abstammung zu stützen vermochte, versammelte sich der niedere Adel auf dem Eis der zugefrorenen Donau und rief Matthias zum König aus. In jeder Beziehung hochbegabt, war er ein ausgezeichneter Feldherr und erstklassiger Verwaltungsfachmann, ein gelehrter Astronom, Kenner und Mäzen der bildenden Künste; außerdem beherrschte er ein halbes Dutzend Sprachen. Seine Bewunderer nennen ihn einen echten Renaissancefürsten. Seine Bibliothek, die ›Corvina‹, war in ganz Europa bekannt und berühmt. Beatrice von Aragon, eine Tochter des

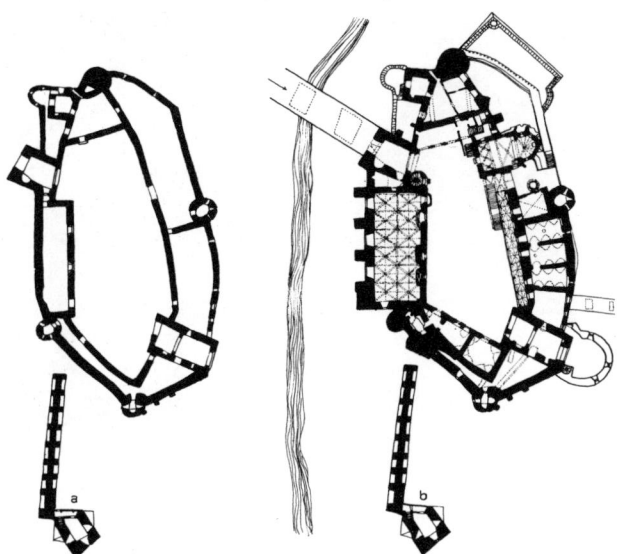

Schloß Hunedoara, links: Grundriß der Festung bis 1450; rechts: Grundriß des befestigten Schlosses

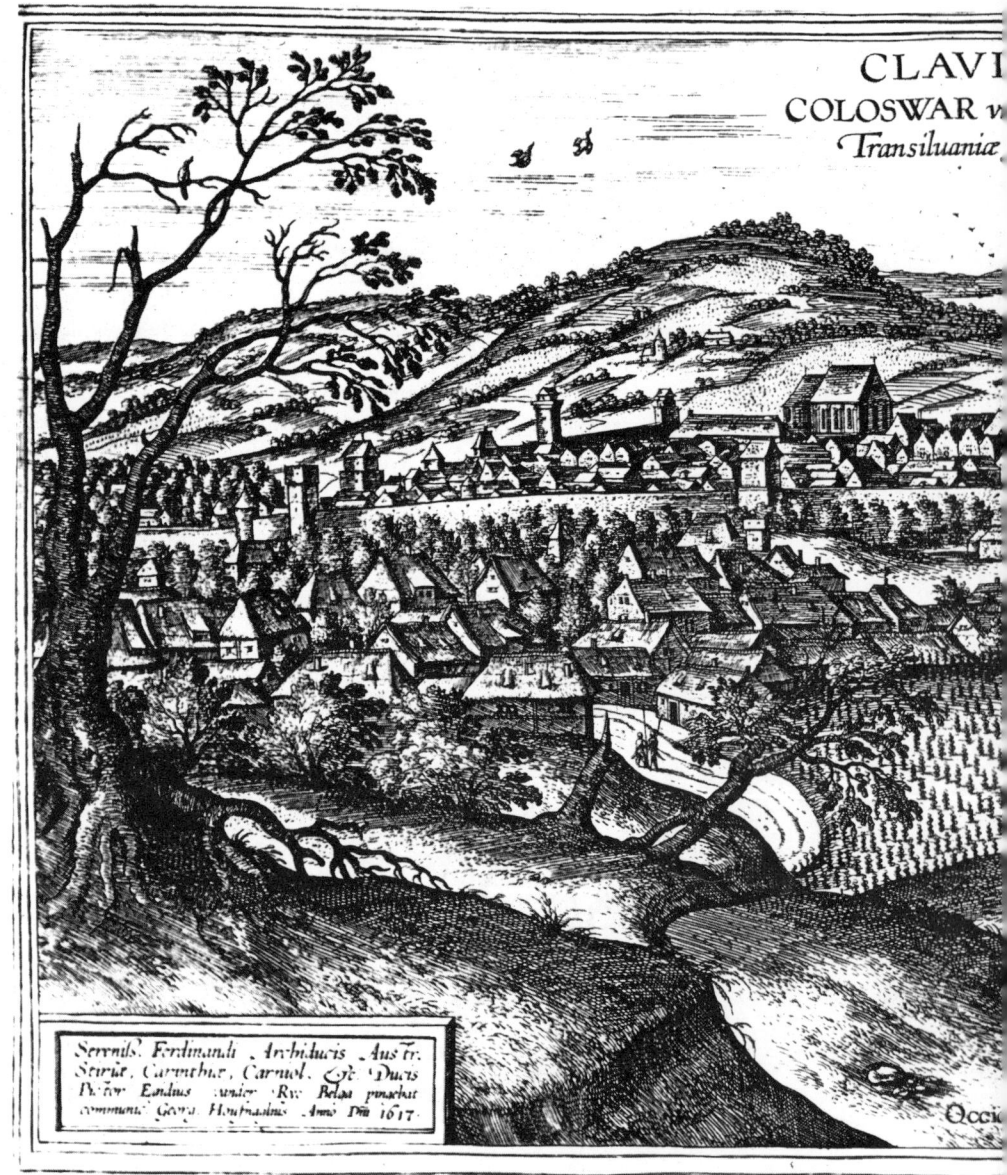

Cluj (Klausenburg). Kupferstich nach einem Gemälde von Aegid de Rye, 1617

OLIS
AVSENBVRG
primaria.

Nobiles nuptæ Transiluanæ   Nobilis virgo Trasiluana

*Geburtshaus des Matthias Corvinus in Cluj.
Nach einem Stich des 18. Jh.*

Königs von Neapel, die er in zweiter Ehe geheiratet hatte, trug viel dazu bei, daß der Einfluß der italienischen Frührenaissance am Hof von Matthias sich zunehmend bemerkbar machte.

An Jancu de Hunedoara erinnert das 18 km südlich von *Deva* gelegene gleichnamige Schloß, ursprünglich eine Festung, aus der sich allmählich ein prächtiges Palais entwickelte. *Schloß Hunedoara* (Eisenmarkt) ist auch heute noch, trotz zahlreicher Restaurierungen, ein außergewöhnlicher gotischer Profanbau mit Prachtsälen, Kapelle, gotischem Erker, jetzt durch Gänge, Innenhof und über Treppen zu erwandern (Abb. 78, 79). Dagegen wirkt das zweistöckige *Geburtshaus des Matthias Corvinus* in Cluj bescheiden und schlicht. Es liegt an der gleichnamigen Straße (Nr. 6), nahe beim St. Michael-Münster. Auf dem kleinen, von Linden umgebenen Platz, zwei Schritte von der Kogălniceanu-Straße entfernt, an der die spätgotische Kirche und der langgestreckte Bau des ehemaligen Kollegs liegen, steht ein bronzenes Standbild, das den heiligen Georg als Drachentöter darstellt. Das Original beim Prager Hradjin und diese Kopie wurden 1373 von den Brüdern Martin und Georg von Klausenburg geschaffen. Geht man in Klausenburg spazieren, so kehrt man immer wieder gern zum Münsterplatz zurück.

An der Südseite des Münsterplatzes finden wir das schöne barocke *Bannfy-Haus*, in dem heute das Kunstmuseum untergebracht ist. Die Atmosphäre mancher Patrizierhäuser vermittelt immer noch einen Hauch der glanzvollen Lebensweise magyarischer Adelsgeschlechter, zu denen auch die Familien Bathory und Rakoczy zählten, die so bedeutende Männer hervorbrachten wie Stephan Bathory, von 1571 bis 1583 Fürst von Siebenbürgen, später König von Polen, der sich als geschickter Staatsmann auszeichnete; ferner Stephan Bocskay, der Rudolf II. von Habsburg zwang, 1606 die konfessionelle Freiheit der Siebenbürgener zu respektieren und der deshalb am Reformationsdenkmal in Genf plastisch dargestellt ist; Gabriel Bethlen, Siebenbürgens mächtigster Fürst, der von 1613 bis 1629 seinen Untertanen ein mehr oder weniger goldenes Zeitalter bescherte; und schließlich Georg Rakoczy I., der von 1630 bis 1644 regierte und sich im Dreißigjährigen Krieg als Vorkämpfer der Reformation bewährte.

1   ŞIGHIŞOARA/SCHÄSSBURG   Straßenbild mit dem Stundenturm ▷

2 SIBIU/HERMANNSTADT Evangelische Kirche

3 Kirchenburg KLEIN-SCHENK

4 Dorfstraße in BRATEIN

5   Dorfburg BIERTAN/BIRTHÄLM, 16. Jh.

6   Schloß PELEŞ bei Sinaia

7   Der Predeal-Paß in den Südkarpaten

8   IEUD   Holzkirche der Maramureş, 18. Jh.

9   Kirche mit Schindeldach in Transsilvanien (Siebenbürgen)

10   BUKAREST   Im Dorfmuseum

11, 12   BUKAREST   Das Athenäum und die Creţulescu-Kirche

13   BUKAREST   Die Universitätsbibliothek

14 MAMAIA Ferienort am Schwarzen Meer

15 Im Donaudelta

16 MĂLDĂREŞTI   Befestigtes Bauernhaus, sog. Cula Greceanu, 16. Jh.

17 VORONEŢ   Die Klosterkirche, Westfassade mit den Außenfresken des Jüngsten Gerichts ▷

18 MOLDOVIŢA   Detail vom Fresko des Jüngsten Gerichts an der Westfassade der Klosterkirche, vor 1537
▷ ▷

19 SUCEVIŢA   Die ›Tugendleiter‹ des Johannes Klimakos, Fresko an der Nordfassade der Klosterkirche
▷ ▷ ▷

20 SUCEVIȚA Die Wurzel Jesse, Fresko an der Südfassade der Klosterkirche, um 1600

21 SUCEVIȚA Der brennende Dornbusch, Fresko an der Klosterkirche

22 SUCEVIŢA Philosophen des Altertums, Fresko an der Südfassade der Klosterkirche

23 TÎRGOVIŞTE Votivbild des Constantin Brîncoveanu an der Westwand des Exonarthex der Hofkirche, 17. Jh.

24

25

26

27

28

31

32

29

30

24　Dorf bei Baia-Mare, Maramureş

5/26　Löffelsammlung im Museum von CÎMPULUNG MOLDOVENESC, Maramureş, und Haus aus der Maramureş im Dorfmuseum BUKAREST

27　Typische Fenstergestaltung eines Hauses in Siebenbürgen

28　Volkstümliche Stickerei. Florica Vasilescu fertigte daraus eine Festtracht zum 50. Jahrestag der Kommunistischen Partei Rumäniens

33   34   35

29   Haus bei Suceava, Moldau

30   Im Dorfmuseum BUKAREST Haus aus dem Kreis Buzău

31   CÎMPULUNG MOLDOVENESC Fest in der Moldau

32   Straßenkreuz der Moldau

33   Haus in der Moldau

34   SĂPÎNŢA Geschnitztes Kreuz vom ›Heiteren Friedhof‹ des Stan Ion Pătraş

35   Im Dorfmuseum BUKAREST Inneres eines Hauses aus dem Kreis Tulcea, Dobrudja

Die breite Öffentlichkeit interessiert sich leider weniger für diese historischen Gestalten als für ein Geschöpf der Phantasie aus dem 19. Jahrhundert, den Grafen Drakula, der in siebenbürgischen Städten und Burgen seine Opfer terrorisierte. Dieser blutlechzende Vampir soll identisch sein mit Vlad Ţepeş, dem Pfähler (1456–1462), einem Enkel Mirceas des Alten. Der Schriftsteller Bram Stocker hat den Stoff für seinen Vampir in den mittelalterlichen Erzählungen der Siebenbürger Sachsen gefunden[10]. Dreizehn dieser in Nürnberg, Augsburg, Lübeck, Leipzig, Bamberg und Straßburg erschienenen Broschüren sind im Historischen Museum (1. Stock) von Bukarest ausgestellt. Dort ist »Ein wunderliche und erschröckenliche hystor von einem grossen Wüttrich genannt Dracole Wayda«, zu lesen, »der so gar von kristliche Martter hat angelegt die mensche als mit spissen . . . und gepraten und mit den Häuptern yn einen Kessel gesoten . . wie er die Leut geschunden hat und zerhacken lassen als ein Kraut . . . Er hat auch den Müttern ire Kind geprate und sy habes müssen selber essen.« Vlad Ţepeş hat tatsächlich zahllose Türken außerordentlich grausam, dafür aber so wirkungsvoll vernichtet, daß der Eroberer Konstantinopels, Sultan Mohammed II., sich gezwungen sah, persönlich gegen ihn einen Feldzug zu unternehmen. Zwar konnte der Sultan im Jahre 1462 ungestört die Donau überschreiten, »aber bald hier, bald dort, in dunklen Nächten, an schwer zugänglichen Pässen, an Flüssen, wo dem Kenner der Örtlichkeit der Sieg winkt, erschien der unermüdliche Vlad mit seinen Reiterbanden, erschreckend, metzelnd und blitzartig verschwindend. Der grausame Anblick erst vor kurzem gepfählter Muselmanen bot sich dem stolzen Mohammed dar . . .«[11]

Jetzt kommen Touristen mit Vorliebe in die freundliche kleine Stadt Sighişoara (Schäßburg), um das Familienhaus der Draculeşti, so nannte sich Vlads Familie, zu besichtigen.

Sighişoara (Schäßburg)

Man tut Sighişoara allerdings mehr als unrecht, wenn man es allein zu Ehren Drakulas besucht. Das sandfarbene Haus der Draculeşti-Familie, mit seinen drei Stöcken und der Gedenktafel, ist nur eines unter etwa hundertfünfzig gut erhaltenen weinfarbenen, laubgrünen und ockergelben Häusern aus dem 16. und 17. Jahrhundert (Farbt. 1; Abb. 97–99), die eine romantische Kleinstadt bilden, zu der ihre beiden Kirchen gehören, vor allem die berühmte *Bergkirche*, mit einem holzgedeckten Treppengang aus dem Jahre 1654. Ferner gibt es den *Stundenturm* (Abb. 99), aus dessen Uhrgehäuse seit dem 17. Jahrhundert um Mitternacht eine sieben Meter hohe Figur hervorgleitet; imposante Tore, Zunfttürme und Mauern, die den mittelalterlich-verträumten Lebenshintergrund Schäßburgs bestimmen. Vierzehn Türme verstärken die Mauer des Burgberges, an dem dichte Wälder hinaufsteigen. Von der zwischen hellgrünen, im Herbst goldbraunen Laubbäumen verborgenen Bergkirche blickt man hinunter auf die ineinander geschachtelten Häuser mit Blumenfenstern und auf kleine Gärten. Auch im Innern der Berg-

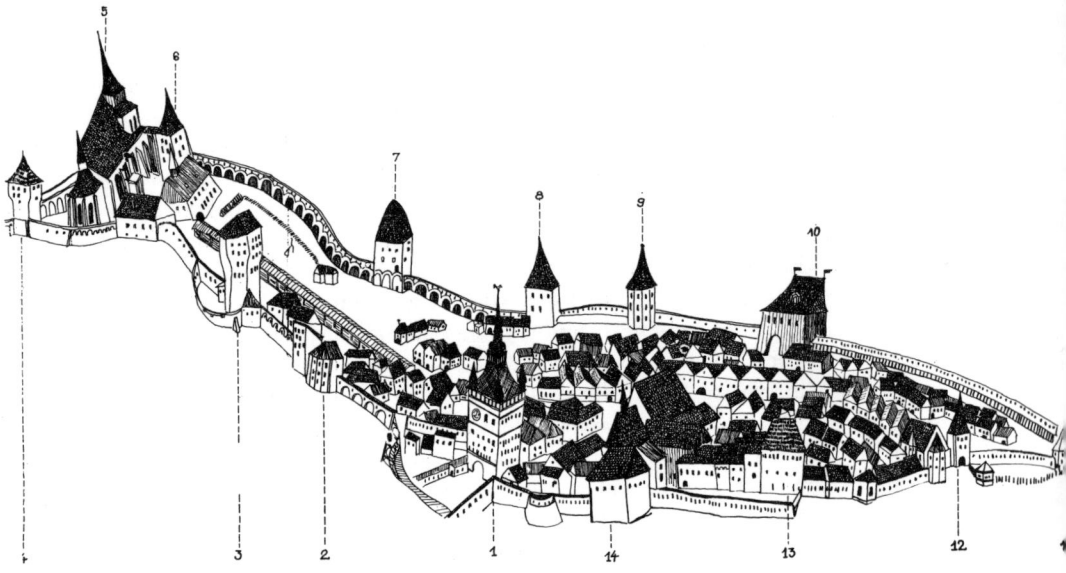

Sighişoara (Schäßburg). Nach einer Zeichnung aus dem 18. Jh. von Andreas Blasius
1 Stundenturm   2 Gerber-Turm   3 Zinnarbeiter-Turm   4 Goldschmiede-Turm   5 Bergkirche
6 Befestigungsturm   7 Fleischer-Turm   8 und 10 Schneider-Türme   9 Weber-Turm
11 Schuster-Turm   12 Schlosser-Turm   13 Böttcher-Turm   14 Schmiede-Turm

kirche werden wir ins Mittelalter versetzt: Auf einem Wandbild (zweite Hälfte des 15. Jahrhunderts) hält ein Engel in der einen Hand das Kreuz und in der anderen Folterwerkzeuge. Die benachbarte *Bergschule* unterrichtete seit dem 16. Jahrhundert nicht nur sächsisch, sondern auch rumänisch, ungarisch, armenisch und hebräisch sprechende Kinder, die auf dem oben erwähnten gedeckten Treppengang zur Schule kletterten.

In der Umgebung von Schäßburg wohnen viele Szekler (vgl. das Kapitel Geschichte des Mittelalters). Fährt man durch ihre Dörfer, fallen die hohen, buntbemalten Hoftore der Bauernhäuser auf. Dagegen sind die meist römisch-katholischen Kirchen einfach. Männer in weißen Wollhosen und kurzen Stiefeln, Frauen mit weißer Haube antworten auf Ungarisch, wenn man sie anspricht.

Bistriţa (Bistritz)

Von weitem sichtbar, liegt es im Schutz der Borgoer Berge, im Schatten von Hügeln, die mit Obstbäumen und Weinreben bestanden sind, am gleichnamigen Fluß (slawisch

»die Reißende«). Es entstand während der Besiedlung des gesamten Gebietes durch die Siebenbürger Sachsen. Im Jahr 1353 erhielt die Stadt vom Ungarnkönig Ludwig von Anjou die Erlaubnis, jährlich im August einen fünfzehntägigen Jahrmarkt, den Bartholomäusmarkt, abzuhalten. Aus der gleichen Zeit stammt das städtische Siegel: ein Straußenkopf mit dem Hufeisen im Schnabel, das als Symbol für die kaufmännische Begabung der Bistriţer gedacht war. Bistriţa spielte im 15. und 16. Jahrhundert als Handelsstadt eine wichtige Rolle, was an den vielen alten Bauten abzulesen ist, die bis heute gut erhalten sind: so der *Kornmarkt*, eine Gruppe von dreizehn Arkaden-Häusern, die den Nordteil des Hauptplatzes einnehmen. Sehenswert sind das *Goldschmiedehaus* (Casa Argintarului) in der Dornei-Straße Nr. 5, der *Faßbinderturm*, die *Evangelische Kirche* (1560 bis 1563), die ehemalige *Domus consistorialis,* Sitz des Bistritzer Volksrates, der mit hundert hohen Beamten und zwölf Geschworenen das Gebiet verwaltete, ferner Überreste von Befestigungsmauern an den Straßen Kogalniceanu, Ekaterina Theodoroiu und am Petru-Rareş-Platz; schließlich schöne steinerne Toreinrahmungen aus dem Mittelalter, die man überall finden kann. Das älteste Baudenkmal steht im Osten der Stadt, die schöne ehemalige *Minoriten-*(heute orthodoxe)*Kirche* im Zisterzienser-Stil.

Oradea (Großwardein)

Oradea, 152 km von Cluj entfernt und zu erreichen auf der DN 1, liegt in der Nähe der rumänisch-ungarischen Grenze. Mitten durch Oradea fließt der Crişul Repede, der schnelle Criş, von einer Brücke überspannt, zentraler Blickpunkt der Stadt. Sie macht einen durchaus westeuropäischen Eindruck. Ihre gelblichen Barockhäuser mit zahlreichen Blumengärten und die Backsteinbastionen vor grünbepflanzten Hügeln wirken freundlich. Die *Römisch-katholische Kathedrale* (1750–1780) ist ein gewaltiger konventioneller Barockbau. Das ehemalige *Erzbischöfliche Palais,* auch «Palais der 365 Fenster» genannt, am rechten Flußufer, wird von den Rumänen für das wertvollste barocke Gebäude im ganzen Staatsgebiet gehalten. Ein mit Fresken geschmückter Festsaal, die Kapelle, ein ›Schönbrunn‹ genannter Saal, weite Zimmerfluchten, die teilweise städtische Sammlungen aufbewahren, weisen darauf hin, daß der Architekt F. A. Hillebrandt dieses nach dem Vorbild des Wiener Belvedere errichtete Schloß für die Kaiserin von Österreich und nicht für Kirchenfürsten geplant hatte. Nach einer Überlieferung stammt der Vater Albrecht Dürers aus Großwardein.

Eine sensationelle Sehenswürdigkeit erwartet den Naturfreund in der Umgebung von Oradea, beim Heilbad *Băile 1 Mai,* wo der im Winter nicht vereisende Peta-Bach entspringt. In seinem Oberlauf, der sich zu einem See ausweitet, schwimmen zahllose weiße Blütensterne auf dem dunklen, stillen Wasser. Seerosen, die in der stets 28° warmen Peta-Quelle seit der Tertiärzeit wachsen und gedeihen. Diese Seerosen-Spezies (Nymphaea lotus, var. thermalis) gibt es nur sehr selten in Südosteuropa, so daß man fast von einem Naturwunder sprechen könnte. Daß die Pflanze schon im Tertiär hier heimisch war, schließt man aus Versteinerungen, die Botaniker identifizierten.

Timişoara – Banat

Da ich auf meinen Reisen durch das Land stets das spezifisch Rumänische gesucht habe, sind das Banat als westliches und die Dobrudja als östliches Grenzgebiet in diesen Notizen zu kurz gekommen. In der Dobrudja habe ich so viel gesehen und erlebt, daß ich ein ganzes Buch hätte füllen können, und das Banat kenne ich zu wenig, um es eingehend zu beschreiben.

Die Eisenbahnstrecke und die Fahrstraße laufen von Oradea, am Rande der wasserreichen Theiss-Ebene entlang über Salonta und Arad zur Banater Hauptstadt Timişoara (178 km mit dem Zug, 168 km mit dem Auto).

Die kleine Stadt *Salonta* soll im Jahre 1630 von dreihundert Heiducken gegründet worden sein, die den sogenannten *Stumpfen Turm*, Turnul ciuntit, hinterlassen haben, in dem sich heute ein Museum befindet, das den ungarischen Dichter Janos Arany ehren möchte, der die Revolution von 1848 in seinen Gedichten gefeiert hat.

Am Bogen einer Flußschleife des Mureş liegt *Arad*, dessen sternförmige *Festung* 1783 nach dem Vauban'schen Verteidigungssystem angelegt wurde und die einen Gebäudekomplex im österreichischen Barockstil umschließt.

Kurz vor Timişoara kann man mit dem Auto nach Westen abbiegen und die Geburtsorte von zwei bekannten Künstlern besuchen: *Sînnicolaul Mare*, Groß Sankt Nikolaus von den Schwaben genannt, wo der ungarische Komponist Béla Bartòk, und *Lenauheim*, wo der österreichische Dichter Nikolaus Lenau geboren wurde.

Timişoara (Temesvar), damals unter Österreich-Ungarischer Herrschaft, gefiel dem Franzosen A. Lancelot, der 1860 von Paris nach Bukarest fuhr[12] (Abb. 77). Die Gebäude fand er pompös und das internationale Getümmel auf dem Markt erstaunlich, unterhielten sich doch hier Rumänen, Ungarn, Deutsche, Serben, Ukrainer und Bulgaren friedlich miteinander.

Der älteste – lateinische – Name der Stadt, *Castrum Temensiensis*, Burg am Timiş (Temesch), wurde zu *Timişoara* (rumänisch), *Temesvar* (ungarisch) und *Temeschburg* (deutsch). Die 75 000 deutschen Einwanderer, die sogenannten Schwaben, waren in drei Etappen gekommen: unter Karl VI. (1711–1740), Maria Theresia (1740–1780) und schließlich unter Joseph II. (1780–1790). Timişoara erhielt im 19. Jahrhundert als erste Stadt Südosteuropas Leuchtgas, Eisenbahn und Telefon. Auf seinen Bühnen wurde in rumänischer, deutscher und ungarischer Sprache Theater gespielt; und im 20. Jahrhundert, 1989, begann hier der von Ungarn und Rumänen gemeinsam vorbereitete Aufstand gegen Ceauşescu.

Das Stadtbild prägen noch heute ausgedehnte Parkanlagen. Am Domplatz (Piaţa Unirii) steht ein von Fischer von Erlach dem Jüngeren im österreichischen Barockstil (1736–1773) errichteter *Dom*. Die ebenfalls barocke *Pestsäule* in seiner Nähe erinnert an jene am Wiener Graben. Die hiesige wurde von einem gebürtigen Bayern, Gustav Major, aus Sandstein geschaffen, der an ihr die Heiligen Sebastian, Rochus, Borromäus,

Nepomuk und Johannes, ferner eine Komposition der Heiligen Dreifaltigkeit und die Gottesmutter plastisch dargestellt hat.

Das barocke *Rathaus* (1731–1734) steht an der Stelle ehemaliger türkischer Bäder. Obwohl die Osmanenherrschaft über 200 Jahre dauerte, hat sie keine architektonischen Zeugnisse in der Stadt hinterlassen.

Das Kastell, heute als *Banater Museum* eingerichtet, wurde Mitte des 15. Jahrhunderts von Jancu de Hunedoara befestigt, 1522 von den Türken und 1718 von den Österreichern erobert.

Als Sehenswürdigkeiten werden gezeigt: die *Serbisch-orthodoxe Kathedrale* (1734), das *Franziskanerkloster* (1733–1736), ferner ein dicker Baumstamm-Veteran, in den wandernde Handwerksgesellen im Mittelalter Nägel einzuschlagen pflegten; schließlich auf der anderen Seite des Bega-Kanals, am Boulevard 6 Marţie, ein gotischer Kerker, wo der Bauernführer Dozsa auf Befehl des Ungarnkönigs Zapolya grausam gequält wurde.

Etwa in der Mitte der Strecke zwischen Timişoara und Orşova, südlich des Zusammenflusses von Bistra und Timiş, liegt *Caranşebeş*. Von hier aus ist es nicht weit bis zum Palast der Augustalen mit Forum und Amphitheater in Sarmizegetusa *(Ulpia Traiana)*. Dagegen lag die alte dakische Hauptstadt *Sarmizegetusa Regia*, Decebals Fluchtburg, südlich Oraştie (deutsch: Broos) in 1200 m Höhe im Gebirge 8 km östlich von Grădistea Muncelui (vgl. hierzu Pippidi, Die alte Geschichte Rumäniens, S. 186). Wer sich in der Gegend befindet, dem sei ein Aufstieg ins Retezat-Massiv empfohlen, das mit seinen über 2000 m hohen Gipfeln und indigoblauen Seen – der schönste ist der Bucura-See – an eine Mondlandschaft denken läßt. In diesem Gebirge liegt auch einer der größten und bedeutendsten rumänischen *Naturschutzparks*, der über 10 000 ha umfaßt und in dem seltene Tiere und Pflanzen gehegt werden. Bevor man zu diesem Unternehmen auf-

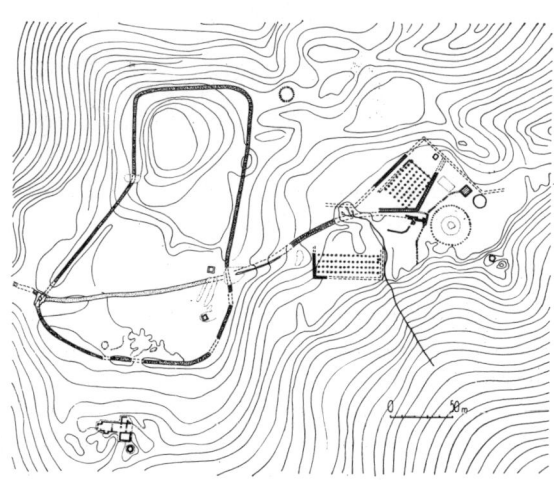

Plan der alten dakischen Hauptstadt
Sarmizegetusa Regia

bricht, muß man sich beim Staatlichen Touristenbüro (O. N. T.) nach den verschiedenen Zufahrtsstraßen, Passierscheinen und Berghütten erkundigen.

Zurück nach Caranşebeş, von wo man zu beiden Seiten der Straße nach *Orşova* den Spuren der Römer folgt, die, aus entgegengesetzter Richtung kommend, diesen Weg entlangmarschierten, als sie Dakien eroberten. In *Jupa* trafen sich zwei Truppenteile des Kaisers Trajan, bevor sie Decebal in der Schlacht bei *Tapae* unterwarfen; *Plugova*, ein römisches Soldatenlager, wurde später zum Kastell ausgebaut; Ruinen eines weiteren Kastells sieht man von der Straße aus bei *Mehadia*.

Die Heilquellen in *Băile Herculane* (Herkulesbad) wurden ebenfalls von den Römern entdeckt und von ihnen »ad aquas Herculi sacras« genannt. In den Thermen stellten sie Statuen des Aesculap, der Hygieia und des Hercules auf. Die Jahrhunderte lang verlassenen Badeanlagen am Fuß der Hügel, die mit Buschwerk und niedrigen Sträuchern bewachsen sind, sehen heute aus wie ein romantischer österreichischer Kurort.

Die Donaustadt *Turnu Severin*, einst die dakische Siedlung *Drobeta*, wurde unter Kaiser Hadrian ein Municipium und unter Septimius Severus eine Kolonie. Mehrere heute noch deutlich erkennbare Ruinen aus römischer Zeit sind zum Beispiel Reste der bereits erwähnten Apollodoros-Brücke, die Trajan bauen ließ, und in der Stadt Mauerteile eines Kastells.

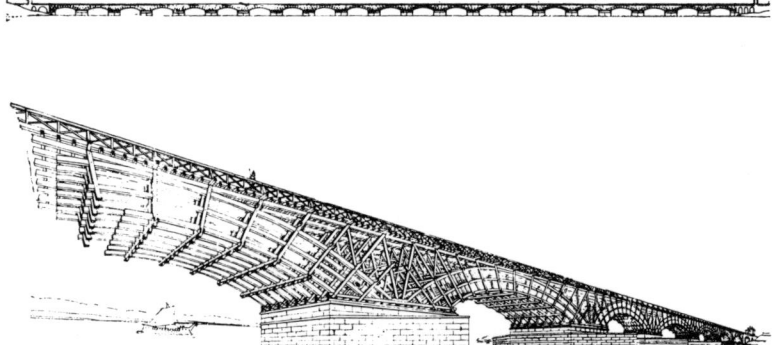

Die Donau-Brücke bei Turnu Severin, von Apollodoros von Damaskus für Kaiser Trajan errichtet, Rekonstruktion

Bei Orşova und Turnu Severin erreicht man die Donau. Die Fahrt zu Schiff auf der Donau, oder streckenweise an ihren Ufern entlang mit dem Auto, vermittelt überwältigende Eindrücke, besonders bei *Porţile de Fier*, dem Eisernen Tor, und beim Kazan-Paß, obwohl sich das Bild geändert hat, nachdem ein 17 000 ha großer Stausee und riesige Kraftwerke gebaut wurden, die seit 1972 von Rumänen und Jugoslawen gemeinsam betrieben werden.

Maramureş (Maramuresch)

Wer durch die Maramureş gereist ist, versteht, daß die Rumänen sie als den ursprünglichsten Teil des Landes preisen, wo die Einheimischen an ihrer traditionellen Lebensweise und volkstümlichen Kunst festhalten konnten. Und immer wieder wird man aufgefordert, das Schönste, was die Rumänen zu bieten haben, in jedem Fall wahrzunehmen. Zum Schönsten gehören die Meisterleistungen der Holzarchitektur: schmale, mit Schindeln gedeckte, in den Himmel steigende Kirchtürme, die in eine lange Metallnadel auslaufen, und die berühmten Hoftore (Abb. 102), von denen bereits die Rede war.

Aus welcher Himmelsrichtung auch immer man sich der Maramureş nähert, die Fahrt erlebt man in jedem Fall als landschaftlich schöne Reise. Der unbequemste Weg, der vom moldauischen *Vatra Dornei* über den *Prislop-Paß* am *Rodna-Massiv,* mit den Gipfeln *Pietroşul* (2305 m) und *Ineul* (2280 m), zum *Vişeu-Tal* führt, zeichnet sich besonders aus durch die Dimensionen baumreicher Gebirge, in denen man sich geradezu heroisch fühlt. Die ebenfalls von Vatra Dornei ausgehende Route ist auf andere Weise abwechslungsreich: Man kommt über den 1200 m hohen *Tihuta-Paß,* in der Literatur Graf Drakulas unheimlicher *Borgo-Paß,* der in Wirklichkeit nichts Unheimliches an sich hat, sondern ein breites, sonniges Hochplateau mit herrlicher Aussicht ist, durch fruchtbare Täler nach *Bistriţa* (Bistritz); jetzt fährt man weiter nach Nordosten, zwischen *Someş-* und *Mureş-Tal,* an den *Rodna-* und *Tibleş-Bergen* entlang, bevor man das *Iza-Tal* erreicht.

Wer in Bukarest startet, folgt am besten der Straße über Sibiu (Hermannstadt), Cluj (Klausenburg) bis nach *Baia Mare,* am Fuß der erzreichen Gutin-Berge gelegen, und weiter nach *Baia Sprie,* das im 14. Jahrhundert eine bekannte Bergwerkssiedlung war. Bald darauf beginnt das Paradies der Holzarchitektur, bei der Eiche, Tanne, Ulme und Buche verwendet wurden und werden. Wir fahren durch Dörfer, die den Freund der bildenden Künste oder der volkstümlichen Kunst begeistern: *Surdeşti,* dessen Kirche den höchsten Turm (54 m) von allen hat; auf der serpentinenreichen DN 18 steigt man am Südhang des Gutin-Gebirges aufwärts nach *Crăceşti,* wo schön und sorgfältig geschnitzte hölzerne Tore, die zu Bauernhäusern führen, die Straße säumen, weiter nach *Deseşti* und *Hărniceşti* mit Holzkirchen aus dem 18. Jahrhundert und dann nach *Giuleşti* und *Berbeşti,* wo seit altersher Teppiche gewebt werden, deren traditionelle Muster auffallen und die man auch als Bett- oder Tischdecken zu gebrauchen pflegt.

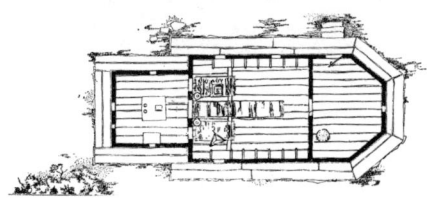

Grundriß der Holzkirche in Surdeşti

Die Holzkirche in Surdeşti, Maramureş

Kurze Abstecher auf holprigen Landwegen führen nach *Breb,* mit einer Kirche aus dem 16. Jahrhundert, nach *Călineşti* mit einer Kirche aus dem Jahre 1748, nach *Sîrbi* mit einer restaurierten Kirche aus dem Jahre 1665, nach *Budeşti* mit einer Kirche aus dem Jahre 1856, in der das Schwert des legendären Pintea gezeigt wird.

Bei dem 73 km von Baia Mare entfernten *Sighetul Marmaţiei,* einem malerischen Ort, mündet die Iza, vereint mit der Mara, in die Tisa (Theiss). Das Volkskundemuseum versammelt groteske Masken aus bemaltem Holz, die Stadtschreiber, Steuereinnehmer, etc. karikieren, ferner geschnitzte Holztore, Keramik, Teppiche und Trachten. Man kann sie auch in der Natur erleben, wenn man das Glück hat, an Volksfesten teilzunehmen, oder wenn gerade der Markt in *Negreşti* stattfindet, wo die Bauern ihre alten bunten Trachten tragen. Die schönsten Kirchen in gotischer Holzarchitektur liegen am Iza-Fluß. Wer aus der Moldau kommt, begegnet ihnen zuerst, und wer von Baia Mare aus kommt, begegnet ihnen zum Schluß als Höhepunkt der Rundfahrt: *Onceşti* (kleine Kirche aus dem Jahre 1795), *Strîmtura* (Kirche aus dem Jahre 1661), *Rozavlea* (restaurierte Kirche aus dem Jahre 1717), *Sieu* (Kirche aus dem Jahre 1760), schließlich *Ieud* (die Bergkirche aus dem Jahre 1364 und eine zweite Kirche aus dem Jahre 1717; Farbt. 8) und *Cuhea* (Kirche aus dem Jahre 1718).

Als ich nach *Cuhea* kam, hatte nicht die Glocke, sondern der dumpfe Schlag des Stundenholzes zum abendlichen Gottesdienst gerufen. Ins Innere der Kirche gehen interessanterweise nur die Männer, während die Frauen draußen auf dem Rasen knien, um die Liturgie zu hören.

Ob man am Anfang oder am Ende der Reise die seit dem 14. Jahrhundert lebendige Bergkirche, *Biserica din Deal,* sieht, zu der man von ihrer Verwandten aus dem 18. Jahrhundert einige Minuten durch die Felder wandert, ist gleichgültig: sie ist in jedem Fall

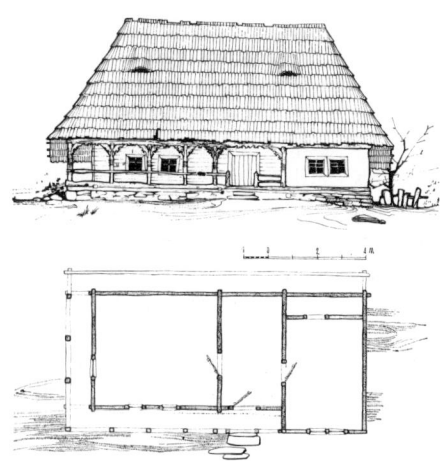

Haus in Cuhea, Ansicht und Grundriß

unvergleichlich, die älteste Miniaturausgabe eines gotischen Domes, mit nadelspitzem, zum Himmel strebendem Turm, ein würdiges Denkmal meisterhafter bäuerlicher Architektur. Die überschlanken Türme und schmalen Kirchenschiffe, hier aus Stein, finden wir in *Dragomirna* (Abb. 108) und *Trei Ierarhi von Iaşi* (Abb. 128), vierhundert Jahre später, wieder. Ob es sich dabei wirklich um einen »spezifisch rumänischen Überhöhungsdrang, der der Neigung zur erdflüchtigen Mystik entsprungen ist«, handelt, wie behauptet wurde, bleibe dahingestellt.

Die meisten Kirchen, wie wir sie heute in der Maramureş vor Augen haben, sind ihren älteren Vorgängern erst im 18. Jahrhundert nachgebaut worden, da das Holz, aus dem sie bestehen, dem zerstörenden Einfluß der Witterung nicht allzu lange Widerstand leistet. Die *Bergkirche von Ieud* zeigt, daß man sich an die ursprüngliche Bauform genauestens gehalten hat.

Form und Ausschmückung der kirchlichen Innenräume folgen dem orthodoxen Muster: Die Fresken, auf mit Leinen überzogenem Holzgrund gemalt, bilden bunte Flächen mit Szenen aus dem Alten Testament und aus der Biographie verschiedener Heiliger. Die Farben haben fast die gleiche leuchtende Kraft, wie sie die Hinterglasikonen ausstrahlen.

Stilisierte Menschen, der Lebensbaum, Tiere und Pflanzen, Sonnen oder Rhomben-Muster schmücken die monumentalen Tore der Bauernhöfe, die sich durch ihre beinah archaisch wirkende Strenge von denen in anderen Landesteilen unterscheiden. Die Hoftore entsprechen nicht unbedingt der Größe oder Kleinheit der hinter ihnen liegenden Bauernhäuser; sie sind fast ein selbständiger Bau.

Eine halbe Autofahrstunde von Sighetul Marmaţiei entfernt, inmitten des Oascher Landes, liegt der sogenannte Heitere Friedhof von *Săpînţa*. Der Ausländer wird in Săpînţa sozusagen automatisch zu dieser sehenswerten Begräbnisstätte und zu Stan Ion Pătraş' kleiner Werkstatt geführt. Der Bauernkünstler Pătraş hat auf Bestellung der Angehörigen etwa dreihundert Grabkreuze für verstorbene Dorfbewohner geschnitzt, mit naiven Figuren in knallbunten Farben bemalt und Verse dazu gedichtet (Farbt. 34). Fragt man ihn, warum so viele Leute zu diesem Friedhof kämen, dann antwortet er, »den Menschen gefällt es, wenn der Tod verurteilt wird«. Im Bild und im Vers werden ›Werke und Tage‹ dargestellt: der Bäcker mit seinen Broten, der Friseur mit seinem Rasiermesser, der Wirt mit seinem Tablett, der Hirte mit Flöte und Schafen. Auf anderen Grabkreuzen ist ein bestimmtes Ereignis aus dem Leben des Verstorbenen festgehalten: die Untreue einer verheirateten Frau, die Ermordung eines jungen Mannes, der Trinker, der bei einem Saufgelage gestorben ist, mit seinem Glas.

Mir scheint, als wollte man hier dem Tod den Stachel nehmen, indem die Verstorbenen rücksichtsloser als anderswo behandelt werden. Man zeigt nicht nur ihre guten Eigenschaften, sondern auch ihre Schwächen, als weilten sie noch unter den Lebenden.

Sebeş (Mühlbach)

Die Hauptstraße führt von Cluj (Klausenburg) durch Sebeş nach Sibiu (Hermannstadt), vorüber an der gewaltigen Evangelischen Kirche, die man sich unbedingt ansehen sollte (Abb. 81).

Die *Basilika,* im 12. Jahrhundert romanisch gebaut, wurde nach dem Mongoleneinfall im gotischen Stil der Zeit repariert und umgestaltet und später nach den Türkenkriegen erneuert, so daß ein Turm und das Westportal, romanisch, und das gotische Schiff nebeneinander existieren. Der prachtvolle gotische Chor im Innern wird den Schülern Peter Parlers, der große Flügelaltar (16. Jahrhundert) den Siebenbürger Brüdern Johannes und Veit Stoß zugeschrieben (Abb. 82). Vom Gewölbe blicken in Stein gemeißelte Fabeltiere herab.

Von den Befestigungen, die Handwerker und Kaufleute im 15. Jahrhundert anlegen ließen, steht u. a. noch der Studententurm, nach einem jungen Siebenbürger Sachsen genannt, der sich unter großen Schwierigkeiten aus der türkischen Gefangenschaft befreien konnte und hier ein Buch über die Sitten der Türken geschrieben hat, das 1481 in Urach (Schwaben) erschien.

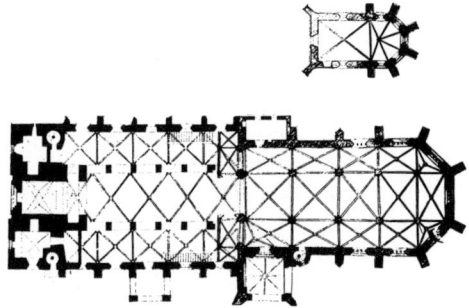

Grundriß der Evangelischen Basilika in Sebeş (Mühlbach)

Sibiu (Hermannstadt)

In Sibiu fühlt man sich zurückversetzt in die romantische Atmosphäre einer seit Habsburger Zeiten nicht mehr zerstörten siebenbürgisch-sächsischen Stadt. Ihr mittelalterlicher Kern besteht im wesentlichen aus drei Plätzen mit gotischen und barocken Haus- und Kirchenfassaden, auf dem Areal einer ehemaligen Festungsanlage, von der noch Mauerteile und Türme (Haller- u. Soldischbastei, Pulver- u. Ledererturm) erhalten sind.

Wer im *Împăratul Romanilor-Hotel* (Str. Nicolae Balcescu 3) abgestiegen ist, erfährt, daß auch der Sohn der Kaiserin Maria Theresia, Joseph II., hier gewohnt hat und daß das Hotel deshalb diesen Namen trägt. Joseph II. richtete sein besonderes Interesse auf das Schicksal »der armen walachischen Untertanen«, die, wie er sagte, »die ältesten und

Das Haller-Haus in Sibiu (Hermannstadt)

zahlreichsten Inwohner Siebenbürgens waren und massenweise Unrecht von den Magyaren und Sachsen erlitten«. Die rumänischen Leibeigenen in Siebenbürgen nannten ihn in der Hoffnung, er werde ihnen helfen, »unseren Kaiser«. Die leibeigenen Bauern, auf Unterstützung Josephs II. zählend, organisierten unter Horia, Cloşca und Crişan im Jahre 1784, einen Aufstand, der brutal niedergeschlagen wurde.

Vom Bahnhof geht man am einfachsten am Împăratul-Romanilor-Hotel vorüber zur *Piaţa Republicii,* dem ehemaligen Großen Ring, um den Mittelpunkt der alten Oberstadt zu erreichen (Abb. 84). Hier wurden im 15. Jahrhundert Hexen verbrannt, und im 16. Jahrhundert ließen die Patrizier, unter ihnen Petrus Haller, der Bürgermeister und Sachsengraf, hier ihre Häuser bauen. Auf diesem weiträumigen Platz wurden alle Festversammlungen abgehalten und andererseits Verschwörer hingerichtet, die zu Recht oder Unrecht beschuldigt wurden, Aufstände gegen die ungarischen Könige vorbereitet zu haben. Am Platz Nr. 10 beachte man das Haus mit dem schönen Renaissanceportal, in dem Petrus Haller wohnte, dessen Einfluß ausschlaggebend dazu beitrug, daß die Hermannstädter Lutheraner wurden. Von allen Häusern, deren gotische und barocke Portale den Platz schmücken, macht das 1785 errichtete *Brukenthal-Palais* den stärksten Eindruck. Es sieht aus, als hätte man es aus Wien nach Siebenbürgen versetzt. Die Verbindung zwischen Wien und Hermannstadt war zu jener Zeit ungetrübt, weil Kaiserin Maria Theresia ihren Gouverneur, Samuel von Brukenthal (1721–1803), einen berühmt schönen Mann, außerordentlich schätzte. Dieser gebürtige Siebenbürger Sachse war unter anderem ein hervorragender Kunstkenner, der seine bedeutenden Sammlungen Hermannstadt vermachte.

Das Brukenthal-Museum

Dieses älteste von allen rumänischen Museen wurde 1817 der Öffentlichkeit zugänglich gemacht, und einige Räume hat man so gelassen, wie Baron von Brukenthal sie bemalen, tapezieren und möblieren ließ.

Archäologische, numismatische und mineralogische Funde sind im Erdgeschoß ausgestellt. Die Kunstgalerie beherbergt Gemälde niederländischer, deutscher und italienischer Maler, Lucas Cranach d. Ä., Frans Hals, Dierick Bouts, Frans Snyders, David Teniers, P. P. Rubens, A. v. Dyck, Jordaens, Jacopo Palma; zahlreich vertreten sind österreichische und siebenbürgische, schließlich rumänische Maler des 19. und 20. Jahrhunderts.

In fünfzehn Sälen für Kunstgewerbe lohnt es sich, die ausgezeichneten Arbeiten der siebenbürgischen Gold- und Silberschmiede zu betrachten.

In der Abteilung für Volkskunst sind die Ikonen in Hinterglasmalerei sehenswert, vor allem eine Mater Dolorosa und ein heiliger Elias. Seit dem 17. Jahrhundert ist es üblich, Heiligenbilder auf eine Glasunterlage zu malen. Die Farben werden direkt aufgetragen, zunächst die hellen, dann die dunklen – Retuschen sind bei dieser Technik nicht möglich –, und am Schluß wird das Bild in einen Tannenholzrahmen montiert. Hausierer verbreiteten die ursprünglich in Wallfahrtsorten angefertigten Bilder, die dem Käufer Glück und Segen bringen sollten. Themen sind zum Beispiel Szenen aus dem Leben Marias und Jesu Christi, aus der Apokalypse, aus orientalischen Legenden und Ereignisse aus der lokalen Geschichte.

Die Bibliothek enthält ca. 250 000 Bücher und zahlreiche Manuskripte aus dem 15. und 16. Jahrhundert. Ein Manuskript stammt von dem Österreicher Conrad Has, der zwischen 1529 und 1559 in Hermannstadt wohnte, und zeigt Pläne für eine Art von ›Rakete‹.

Der stattlichste Barockbau ist eine *Katholische Kirche* aus dem 18. Jahrhundert, die zusammen mit dem mittelalterlichen *Turm* (Abb. 84), in dem das *Stadtmuseum* untergebracht ist, den ehemaligen Großen und den ehemaligen Kleinen Ring, heute Piaţa 6 Martie, trennt. Angenehm ist es, vor Wind und Wetter geschützt, unter den *Arkaden* spazieren zu gehen, die an zwei Seiten des hübschen Platzes den Häusern vorgebaut sind und die immer wieder einen Durchblick auf gotische Fassaden gewähren. Unter den Arkaden hatten die Zünfte der Kürschner, Metzger, Schneider etc. ihre Verkaufsstände, und die Häuser (Nr. 21, 24, 25 und 28) stehen unter Denkmalschutz.

Ein paar Schritte weiter kommt man zu der mächtigen, dreischiffigen, spätgotischen *Evangelischen Kirche* an der Piaţa Griviţa (Abb. 85). Deutschsprechende Führer und deutschsprachige Broschüren erklären interessante Details im Kircheninnern, darunter: Skulpturen und Fresken, Altäre und gemeißelte Gewölbeschlußsteine, Epitaphien, Taufbecken, Steinreliefs, Sakristeipforte und Grabplatten.

Eine Kreuzigung, die Johannes von Rosenau im Jahre 1445 als Fresko (48 m²) auf die Nordwand des Chors gemalt hat, gilt als eines der bedeutendsten Kunstwerke Siebenbürgens (Abb. 86). Das Bild des Gekreuzigten gewinnt an Perspektive durch die wie ein Rahmen gemalte Scheinarchitektur mit Dach und durchbrochenen schmalen Türmen. Das Ganze wirkt wie ein geschnitztes Kirchenportal, durch das man auf die Kreuzigung blickt, auf eine Gruppe von Rittern und Frauen in sächsischer Tracht, zu beiden Seiten des Kreuzes.

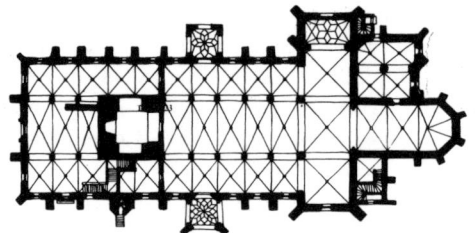

Grundriß der Evangelischen Kirche in Sibiu (Hermannstadt)

Vom *Grivița-Platz*, der im 13. Jahrhundert Zentrum des ersten Mauerringes war, der Hermannstadt umzog, gelangt man durch die Pempflinger Gasse, Pasajul Scărilor, an der Kirche rechts vorbei, unter den Stützbogen hindurch in die Unterstadt. Man steigt zu ihr herunter durch einen romanischen Torbogen, gegenüber der Kirche, auf der sogenannten Sagstiege (Abb. 89). An ihrem oberen Ende steht das alte Rathaus, in dessen kleinem Turm einst das Armsünderglöcklein läutete, wenn die verurteilten Verbrecher zum Tode geführt wurden (Abb. 88).

Straßen und Gassen der Unterstadt tragen die Namen der Gewerbetreibenden, die hier gewohnt haben: Croitorilor (Schneider), Rotarilor (Wagner), Vopsitorilor (Färber). Hinter alten Häusern, die an westfälische oder fränkische Bauformen erinnern, liegen ruhige Innenhöfe mit vielen Blumentöpfen. Hier hört man häufig den altertümlichen siebenbürgisch-sächsischen Dialekt, den jeder dritte oder vierte Einwohner beherrscht, und das sind weit mehr als im übrigen Siebenbürgen.

In den Ostkarpaten entspringt der *Olt*, drittgrößter Fluß Rumäniens, der nach 700 km bei *Turnu Măgurele* (Turm auf dem Hügel) in die Donau mündet. Nachdem er die Wildbäche aus dem *Făgăraș-Massiv*, die Flüsse Harbach, Cibin und Lotru aufgenommen hat, durchbricht er die Südkarpaten – ein großartiges Naturschauspiel. Am schönsten und mannigfaltigsten ist das Olt-Tal zwischen Turnu Roșu und Rîmnicu-Vîlcea. Beim *Turnu Roșu*, dem Roten Turm, genannt nach dem Türkenblut, das hier geflossen sein soll. 25 km von Sibiu und ca. 250 von Bukarest entfernt, beginnt der Olt-Engpaß, eigentlich nur hier im Norden ein Tal. Weiter flußabwärts kommt man zum *Turnul Spart* (Halber Turm), auch Turm der Römer genannt, vermutlich weil die Römer, an ihm vorüberziehend, den Weg durch das Olt-Tal als Verbindungsstraße zwischen Transsilvanien und der Donau benutzten.

Bei der alten dakischen Siedlung *Citineni* verlassen wir Transsilvanien. Hier lag im Mittelalter die Zollgrenze zwischen Transsilvanien und der Walachei.

Das erste Beispiel walachischer Kunst, dem wir gleich nach dem Grenzübergang begegnen, ist die kleine *Klosterkirche Cornetu* (Abb. 63) mit ihrem kleeblattförmigen Grundriß, dem massiven Turm über dem Schiff und den Blendnischen mit farbigen, gebrannten Ziegeln. Hier trifft man einstweilen noch wenige Touristen, im Gegensatz zu dem bereits erwähnten Kloster Cozia, das 20 km weiter südlich liegt (Abb. 58).

Moldau

Am schnellsten und einfachsten ist es, von Bukarest nach *Suceava* zu fliegen, so daß man die Möglichkeit hat, an einem Tag die im Umkreis von etwa 150 km liegenden fünf prachtvollen Klosterkirchen zu besichtigen. Mit der Eisenbahn oder mit dem Auto kann man in sieben Stunden Suceava erreichen und übers Wochenende Farbenpracht und Glanz dieser Sakralbauten bewundernd genießen, die seit langem weit über die rumänischen Grenzen hinaus berühmt sind.

Doch finde ich es schade, wenn man sich nicht genügend Zeit dafür nimmt, langsam durch die Moldau zu reisen.

Beim Industriezentrum Bacău kann man die bequeme Fernstraße Bukarest–Suceava verlassen, die am Bistriţa-Fluß entlangziehende DN 15 in westlicher Richtung bis *Piatra Neamţ* fahren, oder man wählt von Bukarest aus den längeren Weg über Braşov (Kronstadt), Miercurea Ciuc nach *Gheorghieni*. Von diesem siebenbürgischen Ort bis zum moldauischen Piatra Neamţ geht die Fahrt durch den landschaftlich schönsten Paß der Ost-Karpaten, die sogenannte Bicazklamm. Die Straße steigt nach Gheorghieni in Serpentinen durch dichte Nadelwälder zum 1175 m hohen Pîngaraţi-Paß, von dem aus man nach 9 km den *Lacul Roşu* erreicht. Der ›Rote See‹ entstand in einer Nacht des Jahres 1838, als ein gewaltiger Sturm eine Bergnase aus über 1000 m Höhe in den Fluß warf. Der Fels wirkte wie ein Staudamm, und die alten Tannen ertranken in den Gewässern, so daß sie jetzt nur noch mit ihren kahlen Spitzen aus dem Wasser ragen. Eisenhaltige Tonerde verleiht dem See einen rostroten Schimmer. Im Sommer werden am Ufer Ruderboote, im Winter Schlittschuhe vermietet. Von hier aus geht es durch eine Schlucht, den sogenannten ›Höllenschlund‹, dann 64 km weiter durch die *Bicazklamm*, deren hohe Felsmauern sich streckenweise erweitern und wieder verengen, und nach einer weiteren Autostunde hat man die in einem grünen Gebirgstal liegende Stadt Piatra Neamţ erreicht. Ihr Name bedeutet ›Fels des Deutschen‹. Neamţ kommt vom slawischen Nemetz. Man nimmt an, daß die Rumänen die Deutschen durch die Slawen kennengelernt haben.

Piatra Neamţ

Piatra Neamţ eignet sich aus verschiedenen Gründen am besten als Ausgangspunkt zur Entdeckung der Moldau. Hier und im Kloster Neamţ findet die erste Begegnung mit den schlichten, dennoch architektonisch interessanten Gebäuden statt, die Stephan der Große in der zweiten Hälfte des 15. Jahrhunderts errichten ließ. Ferner hört man hier und in der Umgebung von jedermann, der etwas französisch, deutsch oder englisch spricht, Legenden, Geschichten und historische Anekdoten. Ein Beispiel: Als Dragoş von Maramureş im 14. Jahrhundert, gefolgt von seinen Getreuen, nach Süden vordrang,

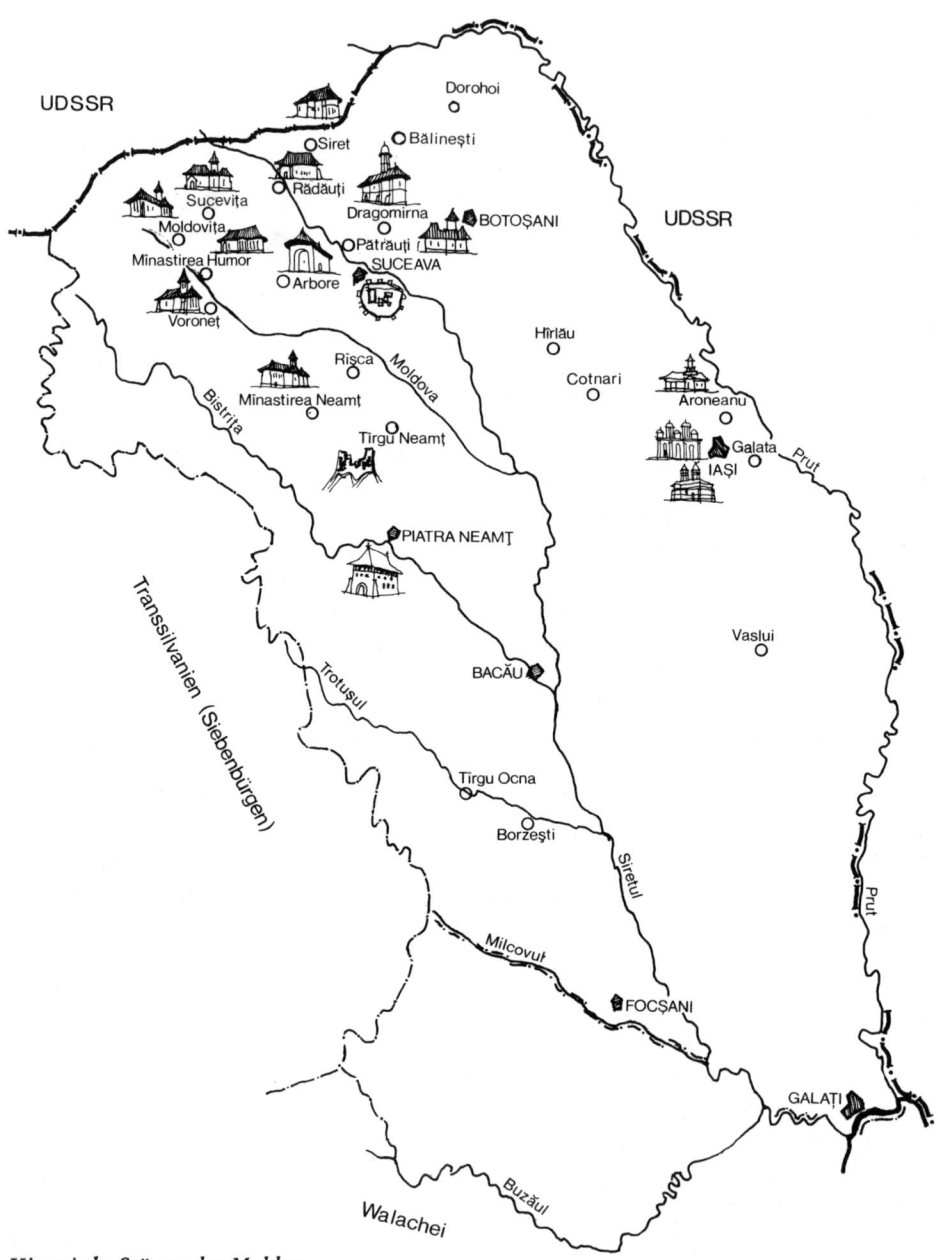

Historische Stätten der Moldau

*Die Klosterkirche des Hl. Johannes des
Täufers in Piatra Neamţ*

erkrankte seine Hündin Molda. Sie starb und wurde am Ufer des Flusses begraben, der
seitdem *Moldau* heißt. Ferner wird erzählt, daß die schöne Iloaia eine Zugbrücke
herunterließ, damit Stephan trockenen Fußes über den kleinen Fluß schreiten konnte,
jedes Mal wenn er sie besuchen wollte. Daher heißt der Ort zwischen Iaşi und Tîrgu
Frumos *Podul Iloaia.* Wer wenig über Stephan cel Mare, den Großen, weiß, erfährt
hier von seinen Heldentaten. Eine Legende will, daß er jeden Sieg mit der Stiftung eines
Klosters feierte; eine andere erzählt, daß immer, wenn er von seinem Bogen einen Pfeil
abschoß, eine Kirche entstand, dort, wo die Pfeilspitze im Boden steckenblieb – An-
spielungen auf seine zahlreichen Klosterstiftungen.

Die Klosterkirche des ›Heiligen Johannes des Täufers‹ im Zentrum von *Piatra Neamţ*
wurde in seinem Auftrag 1497 in der Nähe des heute in Ruinen liegenden Fürstenhofes
erbaut. Sie steht frei auf der Piaţa Libertăţii, getrennt von ihrem Glockenturm und
gleicht eher einem fensterlosen Patrizierhaus. Ihre schlichte graue Bruchsteinfassade ist
mit Blendnischen an den Außenwänden versehen und mit den für den moldauischen
Stil charakteristischen gelb- und grünglasierten Keramikscheiben geschmückt.

Das *Kloster Neamţ,* die imponierendste Stiftung Stephans des Großen (neben Putna),
muß man unbedingt gesehen haben (Abb. 105). Es gibt zwei Anfahrtswege: von
Piatra Neamţ nach Westen, dann am Ufer des 3000 ha umfassenden Stausees Bicaz
entlang, links im Hintergrund das Ceahlăul-Massiv, bis Poiana Teiului und weiter in
nordöstlicher Richtung; oder von Piatra Neamţ nach Norden bis Tîrgu Neamţ und
weiter nach Nordwesten bis zum Kloster.

Die Klosterkirche Neamţ, darge-
stellt auf einem der Stifterporträts,
daneben Anlage des Klosters Neamţ

Die Moldau macht es niemandem leicht, zielbewußt auf der Straße zu bleiben. Man gerät immer wieder in Versuchung, nach rechts oder links abzubiegen, um zu diesem oder jenem Kloster zu gelangen.

Einige Vorschläge: In *Pîngăraţi* findet man eine ungewöhnliche Kapelle im Keller der Klosteranlage. In *Bistriţa* die Grabstätte Alexanders des Guten (1400–1432), des ersten bedeutenden moldauischen Fürsten (seine Gemahlin, die katholische Fürstin Margarethe, ist nicht hier, sondern in Baia begraben, wo die einzige katholische Kirche im Moldaugebiet steht). Unter uralten Bäumen neben den Klostermauern von *Văratec* liegt das Grab der Dichterin Veronica Micle, für die Mihail Eminescu die zartesten Liebesgedichte schrieb. Văratec, im 16. Jahrhundert gegründet und im 19. Jahrhundert umgebaut, besitzt wertvolle Ikonen, unter ihnen einen asketischen Heiligen Nikolaus aus dem 15. Jahrhundert und eine etwas spätere Gottesmutter, das Jesuskind im Arm haltend, deren rechte Hand der Maler mit juwelenbesetzten Ringen und Armbändern geschmückt hat. Seltene Ikonen, Manuskripte und Evangeliare sieht man auch im Klostermuseum von *Agapia*. Weißgekalkte Gebäude mit Arkadengängen umrahmen Kirche und Gärten, die von Nonnen vorbildlich gepflegt werden. Hier kann man auch übernachten. Vom Eingangsportal der Klosteranlage aus erblickt man das Bronzedenkmal der Safta Brîncoveanu, die sich hierher zurückzog und hier starb. Ein eisernes Gerüst bewahrt die alte Klosterkirche vor dem Einsturz. Die im 19. Jahrhundert restaurierte neuere Klosterkirche ist ein Beispiel rustikaler Architektur. Nic. Grigorescu hat den Innenraum in warmen Farbtönen ausgemalt. Die Gottesmutter mit dem Kind, eine romantisch wirkende Flachrelief-Ikone, und ein an antike Epheben erinnernder Heiliger Georg, beide an der Chorwand, gelten als Meisterwerke rumänischer Malerei aus dem 19. Jahrhundert.

Man muß schlechte Fahrstraßen, die durch Wälder führen, in Kauf nehmen, um die interessanten mittelalterlichen Klöster *Secul, Sihăstria* und *Sihlea* zu erreichen, die, abgeschieden vom Lärm der Welt, einen überaus friedlichen Eindruck machen, obwohl sie eine unruhige, von kriegerischen Ereignissen geprägte Vergangenheit haben.

Das *Kloster Neamţ,* umgeben von hohen Mauern und Türmen, ist als Gesamtanlage ein Meisterwerk. Für die Klosterkirche wurden alle Stilelemente moldauischer Baukunst aus dem 15. Jahrhundert verwendet (Abb. 105). Man hat Gelegenheit, an den Außenwänden Blendnischen, feingemeißelte gotische Tür- und Fenstereinrahmungen und keramischen Schmuck zu studieren und im Inneren die Gewölbekonstruktionen zu bewundern, die so geschickt angeordnet sind, daß die Räume wesentlich höher erscheinen, als sie in Wirklichkeit sind.

Der Schädel der schönen Griechin Kalypso, die den russischen Dichter Puschkin zu seinem Werk der ›Schwarze Schal‹ inspirierte, ist ein Memento Mori, das den Besuchern im sogenannten Beinhaus gezeigt wird.

Das Neamţ-Kloster war ein Kulturzentrum der mittelalterlichen Moldau, in dem gelehrte Mönche, u. a. Gavril Uric, Teodor Mărişescu, Ghervasie und Makarie Chroniken und Manuskripte verfaßten, die sie mit wertvollen Miniaturen schmückten. Die meisten dieser Werke sind heute in der Bukarester Akademie, im Kloster Putna, in der Oxforder Bodleian-Bibliothek, in der Moskauer Lenin-Bibliothek und in der Münchener Staatsbibliothek zu finden. Einige Evangeliare, Ikonen, sakrale Gegenstände, Stickereien, Urkunden und ein hölzerner Druckstock sind in ehemaligen Mönchszellen ausgestellt.

In den befestigten, mit dicken Mauern umgebenen Klöstern von *Neamţ* oder *Putna* begegnet man den ersten sichtbaren Erinnerungen an die Verteidiger des Christentums, die sich gegen die mohammedanischen Türken gewehrt haben. Stephan der Große war einer der seltenen Heerführer von Rang, der ebenso mit dem Schwert umzugehen verstand wie mit Künstlern, die er für seine kulturellen Bestrebungen engagierte.

Stephan der Große, ein frommer, gläubiger Patriot, war durch den Fall Konstantinopels 1453, der sich kurz vor seinem Regierungsantritt ereignete, tief erschüttert. Sein ganzes Leben lang bemühte er sich darum, Ungarn, Polen, die Republik Venedig u. a. zur Bekämpfung der Türken aufzurufen, so daß Papst Pius IV. ihm, einem orthodoxen, nicht katholischen Christen, den Beinamen »Athlet Christi« verlieh. In dieser Zeit wurden die Beziehungen der Moldau zum Athos-Berg intensiver. So schickte Stephan dem Lavra-Kloster zwei Fahnen, die er in siegreichen Schlachten erbeutet hatte, und ließ das Refektorium im Zographu-Kloster wiederherstellen. Im Kloster Vatopedi hat man ihn (1494) zwischen Christus und der Gottesmutter plastisch dargestellt. Der Chronist

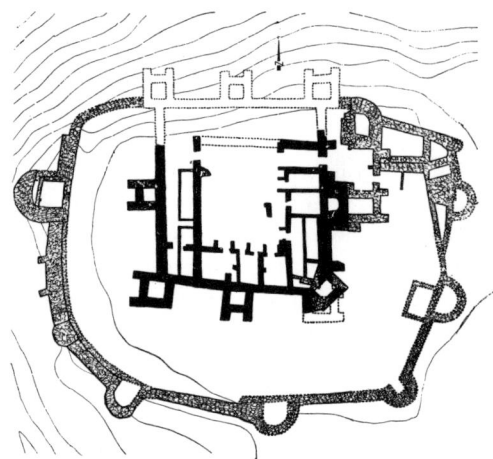

Anlage der Fürstenresidenz von Suceava

Ureche berichtet, daß Stephan der Große sich nach byzantinischem Ritual zum Herrscher ausrufen ließ, wobei er vor den Toren seiner Hauptstadt *Suceava* die Bojaren und den Klerus versammelte. »Herrsche viele Jahre nach Gottes Willen« (»eis polla etei«, der Ruf der Bevölkerung von Konstantinopel) wurde ihm zugejubelt.

Die *Festung »vor den Toren Suceavas«*, auf einem bewaldeten Hügel im Osten der heutigen Stadt, wurde mehrmals zerstört und teilweise wiederhergestellt. Im inneren Burghof sind noch Simse, Kapitelle, Ornamente, die gedrehten Seilen gleichen, und in der Burgkapelle Spuren von Fresken zu sehen. Man kann sich lebhaft vorstellen, daß die von Gräben und Wällen umgebene fürstliche Residenz Stephans des Großen »für den gepriesenen Sultan« uneinnehmbar war. Im Sommer 1476 sah sich Mohammed II., der gefürchtete Eroberer Konstantinopels, gezwungen, »sich schmachvoll zurückzuziehen«, wie der polnische Chronist Jan Dlugosz sagte. Auch als die Polen 1497 diese Burg einundzwanzig Tage lang belagerten, ergab sie sich nicht. Es soll damals viele geheime Kanäle und unterirdische Verbindungswege zwischen den Häusern der Stadt, den Klöstern und der Festung gegeben haben. Einer dieser Gänge führt bis in den Park, im heutigen Stadtzentrum.

Von der Festung aus blickt man über Bäume, Sträucher und über den Fluß hinweg auf bunte Kirchendächer, farbige Flecken zwischen Hochhäusern, und auf viele verschiedenartige Türme. Die *St. Georgs-Kirche* (Abb. 107), auch ›Heiliger Johannes der Neue‹ genannt (Alea Ioan Vodă 2), weil die Überreste dieses lokalen Heiligen hier bestattet sind, wurde im 19. Jahrhundert mit grünen und gelben glasierten Ziegeln bedeckt. An der Südwand sind Spuren von Wandmalereien aus dem Jahre 1534 zu sehen; innen, in der Vorhalle und im Hauptschiff wertvolle Fresken, ein schönes Votivbild und Inschriften – sie alle haben eine bräunliche Patina angenommen vom Kerzenrauch, dem sie ausgesetzt waren und sind.

Kloster Zamka bei Suceava, Westansicht

Die *Biserica Mirăuţilor,* die erste Bischofskirche der ̦Moldau, deren jetzige Gestalt aus dem 17. Jahrhundert stammt, die dem Heiligen Demetrius geweihte Kirche, die *Biserica Învierii,* eine Stiftung des Petru Rareş, mit gut erhaltenen Innenmalereien aus dem Jahre 1534, die *Biserica Cuconilor,* nach den Söhnen Stephans des Großen genannt (Cucon = kleiner Prinz), schließlich das imposante, befestigte armenische *Kloster Zamka* im Nordwesten der Stadt sind Zeugen moldauischen Baustils aus dem 16.–17. Jahrhundert.

Abgesehen von diesen sechs oder sieben sehenswerten Kirchen, gab es früher noch eine große Anzahl anderer Kirchen, wie man einer Bemerkung des gelehrten Fürsten Dimitrie Cantemir (Abb. 132) entnehmen kann, der am Ende des 17. Jahrhunderts schrieb, Suceava habe neben den Palästen der Bojaren vierzig Steinkirchen, zahlreiche Holzkirchen und sechzehntausend Häuser, die alle verfallen seien.

Suceava, nach Baia, Hauptstadt der Moldau vom Ende des 14. Jahrhunderts bis 1566, als die Fürsten Iaşi bevorzugten, ist heute auf dem Wege, eine kleine Fabrikstadt zu werden. Glücklicherweise blieben ihre schönen Gärten erhalten, in denen die Rosen dreimal jährlich blühen.

Dragomirna

Im Stadtviertel Iţcani beginnt eine Straße, die 12 km durch eine hügelige Landschaft zum befestigten Kloster Dragomirna führt. Die bezaubernde Klosterkirche wurde 1608 von dem gelehrten kunst- und prachtliebenden Metropoliten Anastasie Crimca gestiftet (Abb. 108). Sie wirkt, verglichen mit den anderen moldauischen Kirchen, hoch und schlank, zumal das Kirchenschiff ausgesprochen schmal ist. Der übermäßig reich

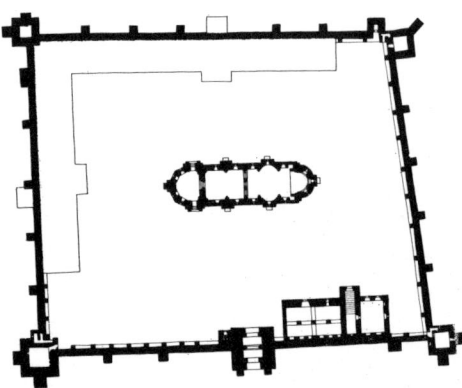

Grundriß der befestigten Klosteranlage Dragomirna

dekorierte steinerne Turm steht in auffallendem Gegensatz zu den schlichten Fassaden. Eine der Grabplatten, die man in der Vorhalle findet, stammt aus dem 2. vorchristlichen Jahrhundert und wurde vermutlich von griechischen, am Schwarzen Meer wohnenden Kolonisten hierher gebracht. Unbedingt sollte man den Klosterschatz besichtigen, vor allem wegen der bemerkenswerten, mit Miniaturen geschmückten Handschriften (Abb. 109, 110): In einem Evangeliar aus dem Jahre 1614 sieht man das mit Pastellfarben auf Goldgrund gemalte Porträt des Stifters Anastasie Crimca.

Klosterkirchen mit bemalten Fassaden

Von Suceava aus besucht man die berühmten *Klosterkirchen Humor, Voroneţ, Moldoviţa, Suceviţa, Arbore*. Ihre Außenwände wurden im 16. Jahrhundert bis unter die weit ausladenden Schieferdächer bemalt. Diese Kirchen beherrschen nicht das Landschaftsbild, sie passen sich ihm an.

Sie stehen in sanften, von Bergwäldern umrahmten Tälern, und ihre Fassaden strahlen von weitem, wenn die Sonne es will. Aus der Gesamtkonzeption der bemalten Außenwände lösen sich, sobald man näher hinzutritt, einzelne Gestalten. Sie schreiten, reiten oder kämpfen, beten, erzählen ihre Geschichte und ergänzen einander wie zu einer rustikalen Symphonie. Wer diese Bilder gesehen hat, weiß, daß sie in der Erinnerung leuchten werden: blau *Voroneţ;* grün *Arbore* und *Suceviţa;* rot *Humor* und gelb *Moldoviţa.* Sie wirken auf mich wie ein monumentales Gebet oder wie ein aufgeschlagenes Märchenbuch.

Fünf Themen sind Gegenstand der Darstellung: das Jüngste Gericht (Farbt. 17, 18; Abb. 121, 123), die Prozession der irdischen und himmlischen Heerscharen zu Christus und der Gottesmutter, der Akathistos Hymnos (Lobgesang zu Ehren der Got tesmutter), zu dem die Belagerung Konstantinopels gehört (Abb. 122), der Stammbaum der Gottesmutter, die sogenannte ›Wurzel Jesse‹ (Farbt. 20), und die Himmelsleiter des Johannes Klimax (Farbt. 19), auch ›Tugendleiter‹ genannt.

Mit der Bemalung von Sucevița (ca. 1600) geht diese Kunstform zu Ende, ohne daß man weiß weshalb, genauso wie man ihre Anfänge nicht kennt.

Es gibt keine eindeutige Erklärung dafür, daß in der Moldau eine Zeitlang die Außen- und nicht die Innenwände bemalt wurden. Man vermutet u. a., daß auch die Gläubigen, die keinen Platz in den überfüllten Kirchen fanden und außerhalb der Gotteshäuser dem Ritus folgten, in andächtige Stimmung versetzt oder aber, daß sie durch die Darstellung über den Glaubensinhalt belehrt werden sollten. Die Bilder in den Vorhallen byzantinischer Kirchen hatten bereits vom 12. bis zum 14. Jahrhundert eine pädagogische Aufgabe, indem sie den Gläubigen biblische Geschichten und Heiligenlegenden in erzählerischer Form zeigten. Dies leuchtet in den Donaufürstentümern um so mehr ein, als die Bauern die offizielle slawonische Kirchensprache nicht verstanden. Warum die gesamten Außenwände nur in einem Zipfel der Moldau bemalt wurden und zwar während einer kurzen Zeit, das kann, meiner Ansicht nach, nur durch die gemeinsame Initiative des Herrschers (Stephan der Große[13] oder Petru Rareș), einiger Metropoliten, Bojaren und der Maler erklärt werden. Maler jener Zeit waren u. a. Toma und Georg, ein Grieche aus Trikkala.[14]

Die Technik, die die Maler an den Fassaden anwandten, wird folgendermaßen beschrieben: »Zunächst tünchte man die Mauer mit einem Gemisch aus Kalk und Sand, dem auch Werg, Hanf oder Leinfasern beigemengt waren. Nachdem man die Mauer trocknen und ruhen ließ, wurde sie mit Wasser befeuchtet und der Grundriß der Komposition aufgetragen. Zum Binden der Pflanzen- und Mineralfarben nahm man Ochsengalle und fügte Ruß hinzu, um die schädliche Wirkung des Kalks auf die Farben zu unterbinden. Diesem Zwischenprodukt wurde nicht, wie es sonst für die weniger licht- und luftbeständigen Fresken üblich war, Wasser und Leim zugegeben, sondern Eigelb, so wurden die Farben wasserundurchlässig.«[15]

Humor

Humor ist die älteste Kirche, deren bemalte Außenwände (1535) beinahe unversehrt geblieben sind (Abb. 114). Auf dem hohen, aus Tannenholzschindeln angefertigten Dach stehen nur zwei Kreuze: Kuppel und Glockenturm fehlen.

Wer an Sonn- und Feiertagen die Klosterkirche Humor besucht, ist niemals allein, weil die Einwohner der 7 km entfernten kleinen Stadt *Gura Humorului* (Mündung des Humor-Flusses) in Scharen dorthin pilgern. Die alten Bauern erschienen mir wie biblische Gestalten, die als lebendige Figuren den endlosen Zug von Propheten, Aposteln und Märtyrern, der den ganzen Ostteil der Kirche und die drei Apsiden bedeckt, in der Landschaft fortsetzen und ergänzen. »Eine grandiose Entfaltung des byzantinischen Deesis-Themas« nennt der französische Byzantinologe André Grabar die größte Komposition der Fassadenmalerei von Humor, die in sechs Bildstreifen geteilt ist: den obersten füllen Engel mit weit ausgebreiteten Flügeln; den nächsten Propheten mit Schriftrollen, der Achse der Altarapsis zugewandt, wo die Gottesmutter mit dem Jesuskind thront, angebetet von den Erzengeln Michael und Gabriel; den dritten Streifen nehmen Apostel und Heilige ein, in deren Mitte man Christus als Weltenherrscher sieht, von der Gottesmutter und Johannes dem Täufer umgeben; der vierte Bildstreifen zeigt die Erzpriester, und der unterste Mönche mit Schriftrollen in der Hand. Die dynamisch-bewegten Propheten wechseln ab mit hieratisch stillstehenden Erzpriestern; dramatische Gesten folgen auf starre Haltung, und man sieht einerseits gerade fallende Gewänder, andererseits Mäntel, die im Wind zu flattern scheinen.

In der nach dem Griechischen ›Deesis‹ (Fürbitte) oder nach dem Slawischen ›Cin‹ (Rangordnung der himmlischen und irdischen Kirche) genannten Komposition wird die weitgehende Freiheit von dogmatischen Vorschriften sichtbar, wie sie die moldauischen Kirchen-Maler im 16. Jahrhundert für sich in Anspruch nahmen.

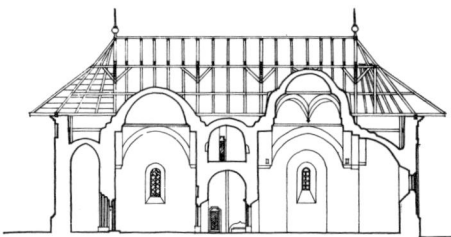

Die Klosterkirche Humor

Auch in Humor sind die Fresken der Südfassade am besten erhalten, weil diese vor Regen und Schneefällen geschützt ist. Auf der südlichen Fläche eines Pfeilers der Vorhalle sind vier Heilige, auf prächtig geschmückten Pferden sitzend, übereinander dargestellt: der Heilige Georg im Kampf mit dem Drachen, der Heilige Demetrius einen Kaiser erstechend, der Heilige Merkurie im Kampf mit einem Ungläubigen, der Heilige Nestor gegen ein Ungeheuer kämpfend.

Betrachten wir die Südfassade genauer, dann erkennen wir dort, wo die Apsiden beginnen, fünfzehn Szenen aus der Legende des Heiligen Nikolaus und anschließend aus der Legende vom Verlorenen Sohn: zum Beispiel rettet der Heilige Nikolaus einen Ertrinkenden und treibt Teufel aus, die sich in einen Baum eingenistet haben; der Verlorene Sohn hat sich in einer felsigen Gebirgslandschaft verirrt, zum Schluß nimmt er teil an dem Gastmahl, das der Vater zu Ehren seiner Heimkehr bereitet hat und bei dem Musiker die Tanzenden begleiten.

Die Westhälfte der Südfassade ist dem »Akathistos Hymnos« gewidmet, dessen vierundzwanzig Strophen ausführlich illustriert sind. Auf fünf parallel laufenden Bildstreifen sind neunundzwanzig Szenen dargestellt, von denen die ›Verherrlichung Mariä im Himmel und auf Erden‹ (rechts neben dem gotischen Fenster) am eindrucksvollsten ist. Im dritten Streifen, links über der ›Kreuzigung‹ galoppieren die Heiligen Drei Könige mit wallenden roten Mänteln auf gelben und grauen Pferden. Den größten Teil des untersten Streifens nimmt die zum ›Akathistos Hymnos‹ gehörende ›Belagerung Konstantinopels‹ ein. Dieses Fresko ist leider beschädigt, so daß man genauer hinsehen und den historischen Hintergrund kennen muß, um das Bild zu verstehen, das in der Moldau zum anti-ottomanischen Manifest geworden ist.

Im Jahre 626 belagerten die mit den Persern verbündeten Awaren Konstantinopel. Damals wurde eine Ikone der Gottesmutter in einer Prozession durch die Hauptstadt des byzantinischen Kaiserreiches getragen, und ein Wunder geschah, Steine fielen vom Himmel auf die Belagerer, feurige Blitze vernichteten das Heer und die feindliche Flotte. Die von Romanos Melodos verfaßte Lob- und Dankhymne, die nach der wunderbaren Rettung gesungen wurde, hat der Patriarch Serghios in Erinnerung an diesen Sieg ergänzt, so daß die Gottesmutter zur Vorkämpferin und der ›Akathistos Hymnos‹ zum Kampfgesang gegen die Ungläubigen wurde. In Humor wie auch in Moldovița (Abb. 122) hat man die ›Belagerung Konstantinopels‹, den Kriegsvorbereitungen von Petru Rareș entsprechend, aktualisiert, so daß die Kirchendächer von Suceava und nicht die von Konstantinopel zu sehen sind: die Angreifer sind weder Perser noch Awaren, sondern Türken, und ihre Kleidung entspricht der des 16. Jahrhunderts, ihre Waffen sind Kanonen. Toma, der wie Fachleute annehmen, die Fassaden von Humor bemalte, hat sich selbst auf dem Bild hoch zu Roß dargestellt, der türkischen Reiterei entgegenstürmend, während ein Steinregen vom Himmel fällt.

Der gleiche Meister hat die Bilder in der Vorhalle ausgeführt, die u. a. das ›Jüngste Gericht‹ und die ›Höllenqualen‹ darstellen: Die vor.schroffen Felsen hockende Frauengestalt mit einem Grab in der Hand, aus dem die in Leichentücher gehüllten Toten steigen, ist eine Allegorie der Erde; auffallend sind ferner ein weit ausschreitender Erzengel, der seine Lanze gegen die Teufel richtet, und die in ein burgunderrotes Gewand gehüllte Eva.

Ein anderer Künstler hat am Pronaos gearbeitet, und ihm verdanken wir zwei der schönsten moldauischen Bilder der Gottesmutter: Im Giebelfeld über dem Eingangsportal stützt die Gottesmutter den Kopf des Jesuskindes, das sich mit seinen Händen an ihren Schultern festhält. Dieser byzantinische Typus der ›Liebkosenden Gottesmutter‹ (Glykophilousa) ist hier wie auch über dem Eingangsportal von Moldovița besonders zart und feinfühlig gemalt. In der Kuppel des Pronaos entdeckt man vor einem himmelblauen Hintergrund die Gottesmutter mit zum Gebet erhobenen Händen; sie trägt ein Medaillon mit dem Jesuskind auf der Brust. Der Typus dieser Gottesmutter heißt ›Vlacherniotissa‹, nach dem Stadtviertel Vlachernes in Konstantinopel, wo man ihr zuerst in dieser Darstellungsweise begegnete.

Humor gab das Vorbild für die zwei Jahre später, 1537, ausgemalte Klosterkirche Moldovița. Themen und Anordnung der Szenen wurden mehr oder weniger präzise übernommen. Beide Kirchen haben außerdem die gleiche offene, auf Arkaden gestützte Vorhalle.

Im Innenraum von Humor sollte man die vier ungewöhnlich schönen tragbaren Ikonen mit Christus, der Gottesmutter (Abb. 115) und den Erzengeln betrachten. Im unteren Teil der geschnitzten, mit Pflanzenmotiven reich verzierten Ikonostase, sind ferner Ikonen aus dem 16. und 17. Jahrhundert eingearbeitet.

Das berühmte Tetra-Evangelium von Humor, das sich, wie bereits erwähnt, im Bukarester Historischen Museum (vgl. Seite 39) befindet, wurde 1473 im Auftrag Stephans des Großen für das Kloster Humor geschrieben. Es erhielt später einen Einband aus vergoldetem Silber. Auf dem Silberbeschlag steht: »Wir, Stephan, Wojwode, von Gottes Gnaden Landesherr der Moldau, Sohn des Wojwoden Bogdan, schlossen dies Evangelium in Metall ein, im Kloster zu Humor, im Jahre 6995 (1487), am 20. November.« Im Bukarester Museum ist die Seite des Buches aufgeschlagen, auf der wir ein Miniaturporträt Stephans des Großen sehen.

Voroneţ

An der Kirche von Voroneţ (Abb. 117) zieht die gewaltige Komposition des Jüngsten Gerichts über die ganze Westfassade, die von weitem aussieht wie eine große, flache Muschel (Farbt. 17). Auf blauem Grund stehen sich Himmel und Hölle gegenüber. In der Höhe rollen Engel das ›Lebenstuch‹ mit Sternbildern auf, die an pompejanische Wandmalereien denken lassen. Darunter thront Christus, Richter am Jüngsten Tag.

Ansicht und Grundriß der Klosterkirche Voroneţ

Die Klosterkirche Voroneț, dargestellt auf einem der Stifter-porträts

Rechts und links Engel, vor ihnen sitzen die Apostel auf reich verzierten Bänken. Im mittleren Streifen werden die Landes- und Glaubensfeinde, Türken und Tataren, zur letzten Abrechnung geführt.

Der burgunderrote Höllenschlund, der sich zu Füßen des Pantokrators öffnet und die Sünder verschlingt, nimmt die rechte untere Bildfläche ein; Teufelsfratzen, wilde Tiere und geflügelte Drachen speien ihre Opfer aus, die Toten erheben sich in ihren Gräbern, Engel kämpfen gegen Dämonen, die das Gewicht der Waage zu Gunsten der Hölle belasten wollen. Die Prozession der Auserwählten, deren Häupter der Heiligen-schein wie eine große goldene Scheibe umstrahlt, schreitet zur Paradiespforte. Rechts daneben sieht man König David mit der Laute (Abb. 121). (Die Bildkomposition des Jüngsten Gerichts kennt keine Raumperspektive, sondern nur ein Übereinander, d. h. statt Vorder- und Hintergrund, unten und oben). Ausländische und rumänische Kunst-historiker (A. Grabar, Paul Henri, Sorin Ulea) haben die moldauische Fassaden-malerei in Beziehung zu dem politischen Geschehen ihrer Entstehungszeit gebracht, in ihr einen gemalten Aufruf Gottes zur Rettung der Moldau gesehen, der das Volk in seinem Glauben an den Sieg über die Türken bestärken sollte. In diesem Zu-sammenhang ist ein Detail bemerkenswert: Der oder die Maler lassen ausgerechnet während einer Kriegszeit den Engel, der zum Jüngsten Gericht ruft, auf dem langen friedlichen Bucium (einer Art Alphorn), nicht auf der Kriegsposaune blasen.

Die Südfassade zeigt den Stammbaum Christi, die sogenannte ›Wurzel Jesse‹. Aus Jesse, Davids Vater, wächst das Geschlecht, das in Maria und Christus gipfelt.[16] Auf leuchtend blauem Hintergrund breitet ein üppiges Rankennetz seine blatt- und blütenreichen Zweige aus. Die einzelnen Blätter bilden Schalen, in denen Propheten und kleine Gruppen von Gestalten aus dem Alten Testament stehen. In einer dieser Blattschalen liegt das neugeborene Jesuskind.

Seltener sieht man die Wurzel Jesse in der westeuropäischen mittelalterlichen Malerei. Im hohen Norden, in Finnland, sah ich in der ältesten Steinkirche Hattula die ganze Westwand mit einer Darstellung der Wurzel Jesse bedeckt. Ich war erstaunt, daß hier nur männliche Vorfahren Jesu Christi den Stammbaum bilden und daß sogar die Gottesmutter fehlt. Häufiger dagegen sind plastische Darstellungen dieses Motivs. Das Steinrelief mit dem Stammbaum Christi am südlichen Portal der Lamberti-Kirche in Münster[17] ist nur eines der vielen Beispiele. In der katholischen Pfarrkirche St. Nikolaus zu Kalkar am Niederrhein gibt es am Altar der Sieben-Schmerzen-Maria eine in Eschenholz geschnitzte Darstellung, wo Jesse und seine Nachfahren hinter einem schleierartigen Geschlinge von Ranken, Blättern und Blüten sichtbar werden. Sie gehört zu den Meisterwerken des berühmten Holzschnitzers Henrick Douwermann aus dem Jahr 1522, der das gleiche Thema mehrfach verwendet hat, zum Beispiel bei einem hängenden Marienleuchter in derselben Kirche und an einem Altaraufsatz in der Stiftskirche von Kleve.

Zurück nach Voroneţ: Die Maler haben hier an der Südfassade neben der ›Wurzel Jesse‹ den gelehrten Metropoliten Grigore Roşca, dem die Kirche ihr heutiges Aussehen verdankt, und den Einsiedler Daniil, mit strahlendem Nimbus, dargestellt, jenen Daniil, der Stephan d. Gr. in Krieg und Frieden gestützt und beraten hat. Die Gebeine dieses sagenumwobenen Mönches ruhen unter einem palmettenverzierten Grabstein.

Die Fresken an den Innenwänden der Vorhalle wirken erheiternd, fast wie das Werk eines naiven Sonntagsmalers. Zum Beispiel ist der Heilige Elias in einen Nimbus gehüllt, ebenso groß wie sein Wagen, der von zwei roten Pferden gezogen wird, die ein ebenfalls roter Engel mit einer weißen Peitsche antreibt. Die ungemischten Farben sind fröhlich.

Am obersten Streifen der Nordfassade, unter dem Schindeldach, ist Eva, mit der Spindel in der Hand, einer rumänischen Bäuerin nachempfunden, während Adam das Feld pflügt wie ein einheimischer Landmann. Diese dörfliche Schilderung ist ganz anders als jene, die wir in Humor gesehen haben, wo Eva halb als Heilige, halb als Kaiserin auftritt.

Wenn wir uns die Fresken als Ganzes in der Erinnerung vergegenwärtigen, erkennen wir, daß uns viele Bilder deshalb vertraut sind, weil wir ihnen auf dem Weg von einer Klosterkirche zur anderen in der Natur wiederbegegnen: den Gesichtern der Bauern, den Trachten, die bei Dorffesten getragen werden, wo immer noch Dudelsackpfeifer die Tänzer begleiten, den Bauernwagen mit der charakteristischen doppelten Deichsel und dem sie verbindenden Bogen, von Pferden gezogen. Die saftigen Weiden, die bis zum Fuß der dicht bewaldeten Hügel ziehen: diese friedliche, paradiesische Landschaft finden wir allerdings selten auf den Wandbildern. Die Frage, weshalb die Landschaft für die Freskenmaler kaum eine Rolle spielt, läßt sich mit einer theologischen Erklärung beantworten: Auf dieser Erde hatte Christus gelitten, daher war sie verflucht. Also durfte die Konzentration auf das mächtige Pathos figürlicher Darstellungen in der byzantinischen Kunst nicht durch Zutaten aufgelöst werden.

Moldovița

Die Klosterkirche Moldovița überragt mit ihrem geschweiften Schindeldach die sie umgebenden Befestigungsmauern, an deren Südseite drei Wachttürme stehen (Abb. 118). Am Fuß der Berge zwischen Moldau und Siebenbürgen gelegen, im Tal des gleichnamigen Flusses, soll das Kloster ursprünglich dem Grenzschutz gedient haben. Durch eine Urkunde aus dem Jahre 1454 hatte es »das Recht zu kaufen und zu verkaufen« und trieb regen Handel mit Salz und Honig. Bei einem Erdrutsch wurde es vermutlich zu Beginn des 16. Jahrhunderts zerstört und 1532 mit Material aus dem Steinbruch des nahen Vama-Berges neugebaut. An den Außenwänden seiner Kirche finden wir die lebhaften Farbtöne beinahe unversehrt, und, wie bereits erwähnt, ist die Fassadenmalerei von Moldovița eine umfangreichere Ausgabe derer von Humor (Farbt. 18; Abb. 116, 122–124). Die Ikonostase von Moldovița ist die schönste aller Chorwände in diesem Landesteil. Als repräsentatives Beispiel moldauischer Holzschnitzerei gilt auch der Thronsessel von Petru Rareş, an dem man typische Stilelemente, wie Rad, Rosette, Windrose, Dreieck, Flechtornamente, Halbpalmetten, Tannenzapfen, Efeublätter, Akanthus und das moldauische Wappen studieren kann. Nonnen zeigen dem Besucher diesen Thron, einen Prozessionsschleier (1484) mit einem entschlafenen Christus, umgeben von weinenden, fliegenden Engeln, einen Epitaph (1494) mit einer Beweinung Christi, Manuskripte mit Miniaturen u. a. in der restaurierten Sakristei, der sogenannten ›Clisiarnița‹, an der Nordwestecke des Hofes. Sie wurde zu Beginn des 17. Jahrhunderts gebaut und diente den Fürsten und Metropoliten als Unterkunft, wenn sie hier zu Gast waren.

Grundriß der ›Clisiarnița‹ (Sakristei) der Klosterkirche Moldovița

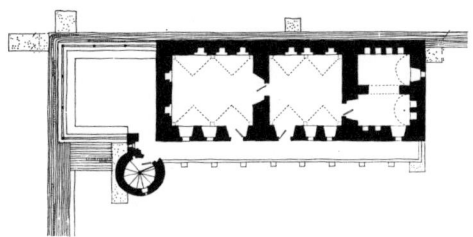

Sucevița

Die Klosterkirche Sucevița liegt in einem Hof, der 100 x 104 m umfaßt und von einer gewaltigen Mauer mit Wachttürmen eingerahmt ist (Abb. 119, 120). In einem der Klosterkeller soll Fürst Jeremia Movilă, so erzählt der Chronist Neculce, ein großes Vermögen versteckt haben, das die Fürstin nach seinem Tode dazu benutzte, in Polen ein Heer auszurüsten, mit dem sie in die Moldau einmarschierte. Man glaubt, daß heute noch Reste des Schatzes in den tiefen Kellern der Klosteranlage gefunden werden könnten.

Die prachtvolle Himmelsleiter des Johannes Klimax (Farbt. 19) erkennt man auf den ersten Blick, wenn man den Klosterhof betritt. Die sogenannte ›Tugendleiter‹ ist auf das Werk jenes Johannes zurückzuführen, der im 7. Jahrhundert Eremit, dann Abt des Sinai-Klosters war. Sein griechischer Beiname ›Klimax‹ bedeutet ›Treppe‹ oder ›Leiter‹. Die dreißig Stufen der von ihm konzipierten Treppe sollten den dreißig Lebensjahren Christi entsprechen. Andererseits war jede Stufe für die Menschen als Mahnung gedacht, Versuchungen Widerstand zu leisten, und als Aufforderung, den steilen Weg zum Paradies hinaufzusteigen. Jede Stufe dieser Leiter kennzeichnet eine bestimmte Sünde, und auf der Wandmalerei, die wir vor Augen haben, ziehen Teufel die Seelen der Bösen mit aller Gewalt in die Hölle hinunter. Im grüngrauen Chaos der Hölle winden sich entblößte Leiber, mit verrenkten Armen und Beinen. Auf der anderen Seite schweben Reihen von Engelscharen, mit weiß und blau gerahmten roten Flügeln, dicht nebeneinander zum Paradies empor. Auf den ersten Blick könnte man meinen, das Paradies habe Fra Angelico, und die Hölle Peter Brueghel oder Hieronymus Bosch gemalt.

Die Wurzel Jesse an der Südfassade erinnert an Miniaturen (Farbt. 20). Im unteren Feld beachte man eine Sibylle in rotem, mit Gold bestickten Mantel. Ferner sieht man in kräftigen Farben Platon und einen auffallend jugendlichen Aristoteles, deren Philosophie die christliche Theologie jahrhundertelang beeinflußt hat (Farbt. 22).

Auf dem Weg von Sucevița nach Rădăuți kann man in *Marginea* bei den Töpfern schwarzes unglasiertes Geschirr kaufen, das man nur hier und nicht auf dem Topfmarkt sieht, der jedes Jahr im Mai auf dem Bukarester Obor-Platz stattfindet.

Von *Rădăuți*, wo die älteste moldauische Kirche an der Hauptstraße steht (Abb. 104), führt ein Weg zum *Kloster Putna,* in dem Stephan der Große begraben liegt (Abb. 111–113).

Arbore

Die 11 km von der Straße Rădăuți–Suceava landeinwärts gelegene Klosterkirche Arbore sollte unbedingt im Reiseprogramm des Touristen Platz finden, weil ihre teilweise erhaltenen Fassadenmalereien großen künstlerischen Wert haben.

Es handelt sich um eine Deesis an der Südfassade mit auffallend schmalen, langgestreckten Gestalten. Die leicht nach innen gebogene Westfassade ist mit vierundsechzig Bildern über und über bedeckt. Der Maler Dragoș hat sie im Jahre 1541 geschaffen und eine Art von perspektivischer Wirkung dadurch erreicht, daß er Nuancen derselben Farbe neben- und übereinander gesetzt hat. Vor tintenblauem Hintergrund heben sich Frauen in olivgrünen Gewändern ab, auf violettem Fels stehen moosgrün gekleidete Ritter. Im Naos sind der Stifter und seine Gemahlin porträtiert. Für die Bemalung dieser zu den Besitzungen Luca Arbores gehörenden Kirche bekam

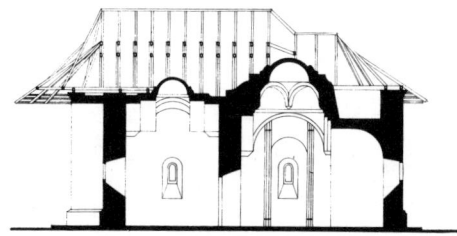

Die Klosterkirche Arbore

Dragoş, der Sohn des Popen Coman aus Iaşi, zwanzig tatarische Goldstücke.[18] Luca Arbore, Stadthauptmann von Suceava und Vormund des Enkels von Stephan dem Großen, galt als der mächtigste moldauische Bojar seiner Zeit. Arbore ließ diese Kirche zu Ehren Johannes des Täufers errichten; seltsamerweise starb er ebenso wie der von ihm geehrte Heilige: er wurde enthauptet.

Bei allen bisher genannten Kirchen sind nicht nur die Außen-, sondern auch die Innenwände mit Malereien bedeckt. Wer sich für Fresken interessiert, sollte den 1487 ausgemalten Innenraum der kleinen Kirche von *Pătrăuţi* (23 km von Suceava entfernt) aufsuchen. Die Kavalkade, mit Kaiser Konstantin dem Großen an der Spitze, ist rein byzantinisch, und alle Inschriften sind hier in griechischer Sprache geschrieben.

Iaşi

Nach Iaşi fährt man über *Roman*, wo der Dichter Vasile Alescandri 1859 den Baum der Einheit pflanzte, um die Vereinigung der Fürstentümer Moldau und Walachei zu feiern. Kurz vor Roman kommt man an einer geräumigen türkischen Karawanserei, Hanuel Ancuţei, vorüber. In der bemalten Vorhalle der Bischofskirche von Roman fällt unser erster Blick auf die im stürmisch bewegten Meer segelnden Schiffe, die in einer Heiligenlegende mitspielen.

Iaşi hat für mich immer noch etwas von der Atmosphäre der Hauptstadt eines kleinen Landes, die sie von der zweiten Hälfte des 16. bis zur Mitte des 19. Jahrhunderts gewesen ist. Wojwode Vasile Lupu (Abb. 131) hatte das moldauische Ver-

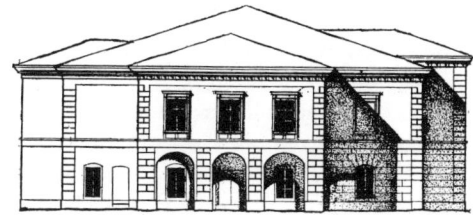

Das Haus von Vasile Rosetti, heute
Museum für Naturwissenschaften, in Iaşi

Haus in Iaşi

Wojwode Vasile Lupu (Abb. 131) hatte das moldauische Verwaltungszentrum von Suceava hierher verlegt; erst im Jahre 1862, unter der Herrschaft Alexander Ion Cuzas, entschied man sich für Bukarest als Hauptstadt Rumäniens (vgl. Abb. 42).

Das bronzene Denkmal Cuzas, des letzten moldauischen Fürsten – erstes Oberhaupt der Vereinigten Moldau und Walachei, 1859–1862, und des Nationalstaates Rumänien, 1862–1866 –, den die Bojaren wegen seiner fortschrittlichen Bodenreform stürzten, steht in der Mitte der Piaţa Unirii. Die Einwohner haben auf diesem Platz den Zusammenschluß der beiden Fürstentümer (1859) spontan und jubelnd begrüßt, so daß er seinen Namen Unirii (Vereinigung) mit besonderer Berechtigung trägt. Das zweistöckige, klassizistische Patrizierhaus an der Strada Lapusneanu Nr. 14, in dem Cuza mit seiner Familie wohnte, hat sich entsprechend zum ›Museum der Vereinigung‹ gewandelt, in dem Gemälde und Briefe von Cuza und Urkunden ausgestellt sind.

Vor und nach Cuza wurde in Iaşi der Kampf zwischen leidenschaftlichen Literaten und Politikern, Fortschrittlichen und Konservativen, wiederholt ausgetragen. Die noch erhaltene Weinstube ›Bolta rece‹ war Treffpunkt von Schriftstellern, Journalisten und Politikern.

Die Häuser, in denen Dichter gewohnt haben, stehen dem Publikum offen, und wer ihre Werke kennt, geht gern in die Bojdeca Ion Creangas, die Wohnungen von Vasile Alecsandri, Mihai Eminescu, Mihai Sadoveanu und auch in den Copou-Park, um sich die alte Linde zeigen zu lassen, unter deren Blätterdach Eminescu zu sitzen pflegte, Nationaldichter und Lyriker, der den Rumänen aus der Seele zu sprechen scheint.

In der Nähe der Piaţa Unirii steht das Reiterstandbild des berühmten Wojwoden Stephans des Großen, vor dem riesigen Kulturpalast, in dem vier verschiedene Museen Platz gefunden haben.

Stephan der Große, der überall in der Moldau Kirchen stiftete, hat der Stadt Iaşi nur eine einzige geschenkt: die *Biserica Sfîntul Nicolai*, in der Nähe des genannten Standbildes. An ihrer Stelle sehen wir heute eine Kopie der alten Kirche aus dem 19. Jahrhundert.

Von den vielgerühmten hundert Kirchen der Stadt sind über vierzig erhalten, ausnahmsweise alle noch in einer intakten Umgebung. Für mich ist es ein Genuß, durch Iaşis Alleen zu schlendern, wo die Architektur einem noblen Geschmack entspricht (Abb. 128–130), oder zu den mit Reben bewachsenen Hügeln im Süden der Stadt

75   Cula Brabova, befestigtes Bojarenhaus der Walachei

76   Innenraum eines Hauses wohlhabender walachischer Bauern. Holzschnitt nach A. Lancelot, 1868

77   Tîmişoara/Temeschburg im Banat. Holzschnitt nach A. Lancelot, 1868

Une place à Temesvar. — Dessin de Lancelot.

Roumains de Temesvar. — Dessin de Lancelot.

78 Blick auf Schloß HUNEDOARA. Lithographie des 19. Jh.

79 Schloß HUNEDOARA. Lithographie von Vincenz Katzler, 1867

80 Die Kirche von DENSUȘ bei Hunedoara, 13. Jh.

81 SEBEȘ/MÜHLBACH Evangelische Kirche, romanische Basilika, im 12. Jh. von sächsischen Einwohnern begonnen, gotischer Chor von 1383

82 SEBEȘ/MÜHLBACH Das Triptychon vom 13 m hohen, 6 m breiten Altar der Evangelischen Kirche, dem
größten Siebenbürgens, ca. 1518–26

VERBVM DOMINI MANET IN ÆTERNVM

83 ALBA IULIA/KARLSBURG Die Römisch-Katholische Kathedrale, 13. Jh.

85 SIBIU/HERMANNSTADT Die Evangelische Stadtpfarrkirche ▷

84 SIBIU/HERMANNSTADT Piaţa Republicii mit Brukenthal-Museum (links) und Katholischer Kirche (rechts)

87, 88   SIBIU/HERMANNSTADT   Verteidigungstürme der Zünfte und Rathausturm
◁ 86   SIBIU/HERMANNSTADT   Die Kreuzigung des Johannes von Rosenau in der Evangelischen Kirche, 1445,
Hauptteil des Freskos
89   SIBIU/HERMANNSTADT   Die Sagstiege

90 Die Kirchenburg CRISTIAN/GROSSAU

91 Die Kirchenburg AXENTE SEVER/FRAUENDORF bei Mediaş

92 Die Wehrkirche PREJMER/TARTLAU

93 BRAȘOV/KRONSTADT Stadtbild mit der Schwarzen Kirche im Hintergrund. Darstellung des 16. Jh.

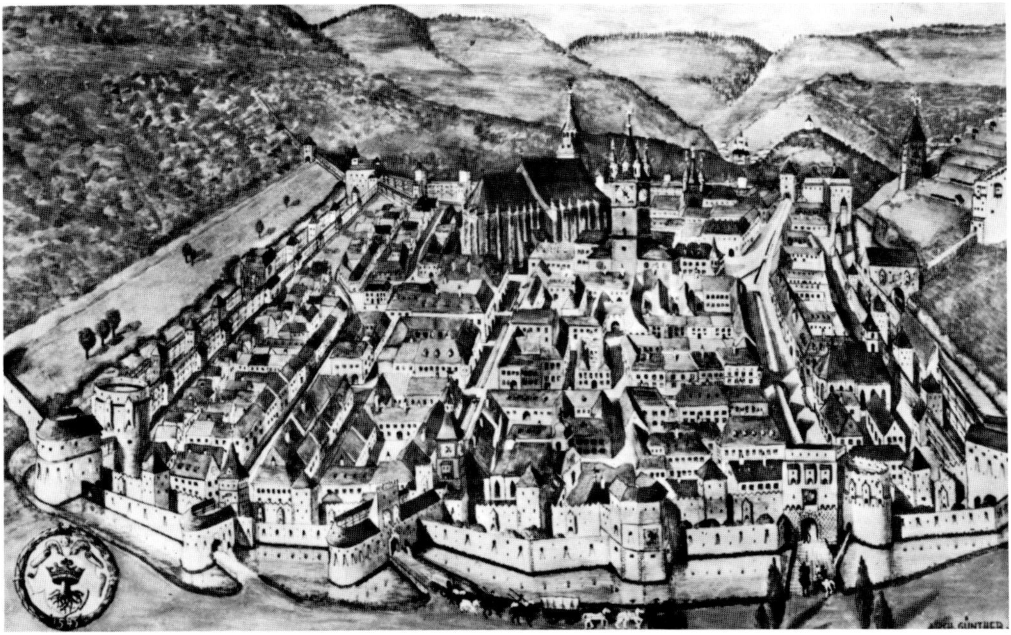

94 BRAŞOV/KRONSTADT Die Schwarze Kirche, 14./15. Jh.

95 BRAŞOV/KRONSTADT Westportal der Schwarzen Kirche

96 BRAŞOV/KRONSTADT Altes Rathaus

97 SIGHIŞOARA/SCHÄSSBURG Petöfi-Platz mit Patrizierhäusern des 17. u. 18. Jh.

98, 99 SIGHIŞOARA/SCHÄSSBURG Gasse und Blick auf den Stundenturm, das Wahrzeichen der Stadt, 4. Jh.

100 CLUJ/KLAUSENBURG   Prunkbauten am Münsterplatz
            102   Die Hoftore der Maramureş sind Meisterwerke rumänischer Holzbaukunst ▷
101 CLUJ/KLAUSENBURG   Denkmal des Matthias Corvinus vor dem St. Michael-Münster

103 Die ›Troiţes‹ wurden als Votivgabe, Grabkreuze oder als Erinnerungsmal an den Straßen aufgestellt

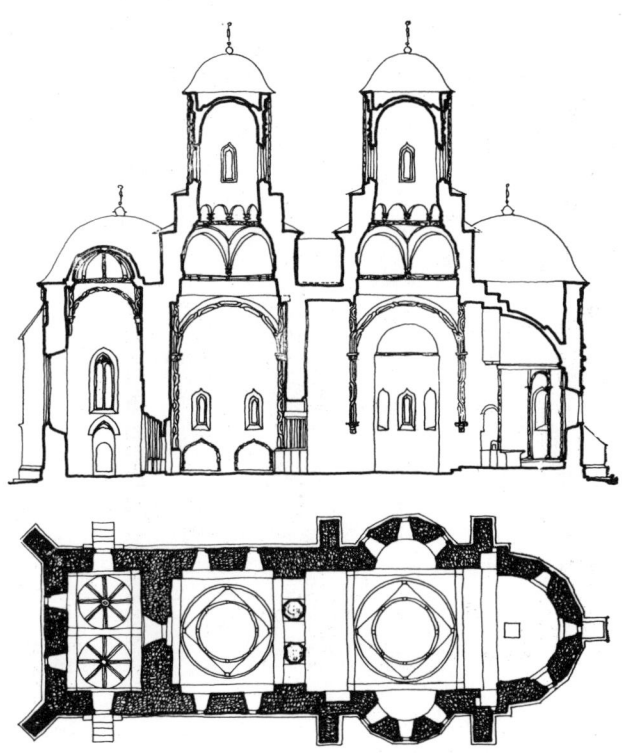

*Ansicht und Grundriß der
Kirche Trei Ierarhi in Iaşi*

hinaufzusteigen, zum Beispiel zum *Cetăţuia-Hügel,* von wo aus man einen freien
Blick hat auf die Dächer, Türme und Kuppeln der Stadt, immer wieder von grünen
Flächen unterbrochen. Das *Kloster Frumoasa,* die Schöne (18. Jahrhundert), liegt un-
mittelbar unter uns, das *Galata-Kloster* (1584) auf dem Nachbarhügel, und die
Stiftung Gheorghe Ducas, das befestigte *Kloster Cetăţuia* (1668–1672) auf dem
gleichnamigen Höhenzug (kleine Zitadelle). Seine Klosterkirche ist eine vereinfachte
Wiederholung der Trei Ierarhi. Es lohnt sich, im Pridvor die kühne Tugendleiter von
Johannes Klimax (vgl. Sucevita; Farbt. 19) und im Pronaos das faszinierende Stifter-
porträt der Duca-Familie zu betrachten.

In der Innenstadt sind mehrere Kirchen vom kunsthistorischen Standpunkt aus
wertvoll: Die *Heiligen Theodoren,* die *Barboi,* die dem *Heiligen Sava* geweihte Kirche
(Abb. 126), die Meister Enache aus Konstantinopel 1625 in nahezu orientalischem
Stil gebaut hat. Das von den Bojaren Golii gestiftete *Golia-Kloster* wurde 1650 vom
Wojwoden Vasile Lupu ausgebaut und zehn Jahre später von seinem Sohn zu Ende
geführt (Abb. 125). Zeitweise als Gefängnis oder Irrenanstalt mißbraucht, wurde es

*Trei Ierarhi, Detail der Dekoration
(vor der Restaurierung)*

später restauriert. Die prächtige grauweiße Klosterkirche wirkt fremdartig, nicht eigentlich rumänisch, mit ihren byzantinischen, gotischen und Renaissance-Teilen. Es lohnt sich, im Innern u. a. die ausdrucksvolle Ikone, die Johannes den Täufer darstellt, anzusehen.

Die *Trei Ierarhi,* an der Strada Stephan cel Mare, die bedeutendste Stiftung Vasile Lupus, ist nicht nur eine Sehenswürdigkeit von Iaşi, sondern auch einer der Höhepunkte für den an Sakralbauten interessierten Rumänien-Reisenden (Abb. 128). Alle Fassaden werden durch phantasievolle Ornamente belebt, die plastisch hervortreten und die man stundenlang studieren kann.

In dem gotischen Saal neben der Kirche sind einige Kostbarkeiten aufbewahrt, darunter Fresken, die man von der Kirchenwand abgenommen hat, und moldauische Stickereien mit Porträts des Wojwoden Vasile Lupu, seiner Gemahlin Tudosca, seines Sohnes Ion etc. (vgl. das Kapitel Stifterporträts).

Drei Fürstengräber (von Vasile Lupu, Dimitrie Cantemir und Alexander Ion Cuza) sind im Inneren der Kirche zu finden.

Der moldauische Fürst Dimitrie Cantemir (1673–1723; Abb. 132) war ein Universalgenie, dessen Persönlichkeit von Rußland bis Preußen bewundert wurde. Die Türken hielten ihn als Knaben jahrelang in Konstantinopel fest, um seinen Vater, den moldauischen Wojwoden, erpressen zu können. Der junge Cantemir benutzte die Gelegenheit, die Osmanen und den Islam zu studieren. Ein Detail, das ich in seinen Büchern las, klärte mich auf über gewisse Werturteile: Diejenigen ihrer Feinde, die die Türken am meisten achteten, haben sie mit Pfeilschüssen getötet; wer erniedrigt werden sollte, wurde enthauptet (vgl. Brîncoveanu und seine Söhne); nur die verachteten Diebe wurden gepfählt. Vlad der Pfähler hat also die Türken behandelt wie sie selbst ihre Diebe (vgl. Seite 129).

In seinem umfangreichen historischen Werk ›Die Geschichte des Osmanenreiches‹ hat Cantemir auf Grund seiner genauen Kenntnisse ein Jahrhundert zuvor den Zerfall des türkischen Reiches vorausgesehen.

Der moldauische Fürst hatte als Verbündeter Rußlands gegen den Sultan kein Glück. Cantemir verlor den moldauischen Thron, als die Türken 1711 beim Pruth die Russen besiegten. Er flüchtete als Emigrant nach Rußland, wo er Ratgeber und Vertrauter Peters des Großen wurde.

Wie Mihai Viteazul mit den Waffen die erste Zusammenfassung der drei rumänischen Länder erkämpfte, so hat Cantemir mit der Tendenz seiner Schriften dazu beigetragen, die Einheit von Moldau, Walachei und Transsilvanien zu fördern.

Die Alte Geschichte Rumäniens

Von Dionys M. Pippidi

Das archäologische Erbe Rumäniens ist unendlich reich und vielfältig. Vom Paläolithikum bis zum Ende des Metallzeitalters ist die Vorgeschichte in Rumänien mit mannigfaltigen kulturellen Zeugnissen vertreten, die alle interessant und häufig sehr schön sind. Die Keramik von *Cucuteni* (Moldau; Abb. 4) hält jedem Vergleich mit den entsprechenden Kunstwerken der Alten und Neuen Welt stand. Die Harmonie ihrer Farben und die Eleganz ihrer Motive (Spiralen, Mäander, Pfllanzen) kann mit den kretischen und ägäischen Keramiken konkurrieren.

In der Dobrudja und an der unteren Donau gibt es ungewöhnlich feingearbeitetes Tongeschirr, das ebenfalls aus dem Neolithikum stammt. Bei diesem herrscht die lineare Verzierung vor; geritzt und eingeschnitten oder als Graffito-Malerei. Auch die neolithische Plastik erreicht in Rumänien hohes Niveau. Ihr Hauptthema ist die weibliche Gestalt, teils naturalistisch gesehen (zahlreich sind Statuetten mit ausgesprochener Steatopygie), teils abstrakt, bis zur völligen Schematisierung. Ein in der vorgeschichtlichen Kunst einzigartiges Beispiel ist die vor kurzem in der Nekropole von Cernavodă gefundene Doppelstatuette ›Der Denker und seine Frau‹ (Abb. 2, 3).

Das Neolithikum beginnt in Rumänien etwa 6000 Jahre vor unserer Zeitrechnung. Bereits im 6. Jahrtausend konnte man Kupfer verarbeiten. Die schönsten Geräte aus diesem Metall stammen vom Ende des 4. und vom Beginn des 3. Jahrtausends. Es handelt sich vor allem um Äxte mit kreuzförmig angeordneter Schneide, die gegossen oder gehämmert sind. Das Zeitalter der geschliffenen Steine ging gegen 2500 v. Chr. zu Ende; – vielleicht, weil damals gewisse indogermanische Hirtenstämme aus dem Orient nach Westen vordrangen. Diese völkische Zuordnung mag stimmen oder nicht, jedenfalls war die Übergangsperiode gegen 2000 abgeschlossen, als auf dem Gebiet Rumäniens die Kulturen der Bronzezeit begannen. Sie haben uns viele Lager an Waffen und Gefäßen aus Bronze hinterlassen, die mit Spiralen und Mäandern verziert sind, bei denen man an Sonnensymbole denken könnte. Die rumänische Bronzezeit verrät den starken Einfluß der mykenischen Kultur, die gegen 1500 v. Chr. ihren Höhepunkt erreicht hatte. Damals kamen in den Karpaten-Donauraum nicht nur Arbeiten mykenischer Handwerker (bis jetzt wurden elf aus dem Süden eingeführte Schwerter gefunden), sondern es gab sogar architektonische Einflüsse, falls ein rechteckiger Bau, der in *Sălacea* gefunden wurde, so interpretiert werden kann. Er ist von einer Umfriedung umgeben, die, ebenso wie das Haupthaus, zwei feststehende Altäre enthält. Diese Epoche geht mit dem 2. Jahrtausend zu Ende, wobei zu berücksichtigen ist, daß man Eisen schon seit dem 12. Jahrhundert im Karpatenraum verwendete.

Von etwa 1200 bis 800 v. Chr., während der ersten rumänischen Eisenzeit, werden Bronze und Eisen nebeneinander gebraucht. Eisen überwiegt erst vom 7. Jahrhundert an. Aus dieser Übergangszeit stammen überraschend viele befestigte Anlagen, oft von erstaunlichen Ausmaßen. Wir finden ferner eine charakteristische Keramik (schwarz gefirnißt, mit Rillen verziert). Als Bestattungsart gibt es nur die Einäscherung. Man vermutet, daß dieser Brauch auf die Thraker zurückgeht, genauer gesagt, die Geto-Daker, die zu dieser Zeit endgültig den Schauplatz ihrer späteren Geschichte in Besitz nehmen.

Für die antiken Historiker, Griechen wie Römer, waren Geten und Daker Brudervölker, gesondert von der Masse der südlichen Thraker: die Geten an beiden Ufern der unteren Donau, die Daker im Inneren des Karpatenbogens. Der erste, der die Geten kennt, ist der ›Vater der Geschichte‹, Herodot, im 5. Jahrhundert v. Chr. Erst Strabon (1. Jh. v. – 1. Jh. n. Chr.) hat sie uns genauer beschrieben. Die Daker erscheinen später in den schriftlichen Quellen, was damit zusammenhängt, daß sie erst nach den Geten der Dobrudja mit der Mittelmeerwelt in Berührung kamen. Die Geten waren schon seit dem 7. Jh. v. Chr. Nachbarn der griechischen Kolonisten an der rumänischen Küste des Schwarzen Meeres, deren Städte sich bis zum Ende des Altertums behaupteten. Die Geten gerieten mehr und mehr unter den Einfluß dieser Siedlungen, was sich im Verlauf ihrer Kulturgeschichte bis zum Beginn unserer Zeitrechnung abzeichnet.

Als auch am linken Ufer der Donau im 4. Jahrhundert das zweite Eisenzeitalter begann (Latène-Periode), entwickelte sich die dortige Kultur der getischen Stämme nach griechischem Vorbild. Einerseits pflegten die getischen Stämme der walachischen Tiefebene direkte Beziehungen zu den griechischen Kolonisten an der pontischen Küste, die sich donauaufwärts und in die Täler der Nebenflüsse vorwagten; andererseits wurde die Kenntnis griechischer Kunst und Technik von den süd-thrakischen Stämmen vermittelt. Die Töpferscheibe ist eine der wichtigsten neuen Erwerbungen der Einheimischen: sie verleiht der Keramik dieser Zeit größere Einheitlichkeit in den Formen und in der Ornamentik. Zu diesen kulturellen Anleihen gehört auch der Gebrauch silberner oder bronzener Fibeln im sogenannten ›thrakischen‹ Typ, und schließlich die Gewohnheit, in *oppida*, also in größeren Marktflecken, zu leben, die wir beiderseits der Donau finden und die oft eine beträchtliche Ausdehnung hatten *(Zimnicea, Poiana)*.

Zur gleichen Zeit wurde die kulturelle Entwicklung der nord-thrakischen Stämme in den von den hellenischen Strahlungszentren weiter entfernten Gebieten des heutigen Rumäniens durch den Druck der aus dem Osten kommenden skythischen Völker gehemmt. Ihre durch archäologische Funde bezeugte Anwesenheit in Transsilvanien

(Siebenbürgen) wird auch durch Herodot bestätigt, bei dem die Agathyrsen im 6. und 5. Jahrhundert v. Chr. das Tal des Mieresch (Mureș) im Innern des Karpatenbogens bewohnen. Invasionen erklären vielleicht die zu dieser Zeit gebauten befestigten und mit Wällen umgebenen Orte in der mittleren und nördlichen Moldau und in Bessarabien *(Stîncești, Cotnari, Moșna, Butuceni)*.

Auf die Bedrohung aus dem Osten folgte eine weit bedeutendere aus dem Westen: die Kelten kamen in der zweiten Hälfte des 4. Jahrhunderts v. Chr. und drangen bis in die transsilvanische Hochebene vor. Sie blieben dort bis Ende des 2. Jahrhunderts v. Chr., beherrschten politisch und militärisch die Daker und unterbrachen deren traditionelle Beziehungen zu den Stämmen außerhalb des Karpatengebiets. Das lange Zusammenleben mit den Kelten hat in mehr als einer Weise die dakische Kultur beeinflußt, namentlich die Metallverarbeitung, die Ornamentik und besonders den Hausbau. Schließlich muß man die dakische Münzpräge auf keltischen Einfluß zurückführen, die dann unter anderen Einflüssen bis zur römischen Eroberung weiterlief.

Im 3. und 2. Jh. v. Chr. drangen in die Moldau germanische Krieger ein, die Bastarnen, deren Ankunft das Ende der meisten oben erwähnten befestigten Orte aus dem Beginn der Eisenzeit zur Folge hatte. Das bedeutete aber keineswegs den Untergang der einheimischen Bevölkerung. Ausgrabungen beweisen uns, daß sie ein bescheidenes Dasein unter den Eroberern fristeten, bis in das 1. Jh. v. Chr. hinein, als die Macht der Kelten und Germanen in Mitteleuropa und in Transsilvanien zerbröckelte. Daraufhin erlebten die Geten und Daker eine politische und kulturelle Blüte, wie sie diese beiden Brudervölker vorher niemals gekannt hatten.

Kennzeichnend für diese Geschichtsperiode der Geto-Daker, die das erste Jahrhundert vor und das erste nach der Zeitenwende umfaßt und den Höhepunkt ihrer materiellen und geistigen Kultur darstellt, ist die Einheitlichkeit ihrer Schöpfungen: die Art ihres Wohnungsbaus, die Größe und Dauerhaftigkeit ihrer Denkmäler, die Erzeugnisse ihrer Handwerker, der Töpfer und Goldschmiede. Jeder auch noch so kleine Stamm hatte damals ein befestigtes wirtschaftliches und politisches Zentrum, einen Siedlungstyp, den die Einheimischen *Dava* nannten, und der den *oppida* genannten Märkten und Städten der Kelten in Gallien und Mitteleuropa vergleichbar ist. An den größeren Flußläufen gelegen, auf natürlichen, durch Schluchten geschützten Terrassen, waren diese Siedlungen durch Wall und Graben, Mauern und Palisaden gesichert. Man findet sie fast überall auf dem Gebiet der drei großen rumänischen Provinzen, in der Walachei *(Popești, Tinoșu, Cîrlomănești)*, in der Moldau *(Poiana, Răcătău, Bradu)* und in Transsilvanien *(Piatra Craivii, Sighișoara/Schäßburg*, besonders im Bergland von *Orăștie/Broos)*. Ihre Ausdehnung und die reichen archäologischen Funde bezeugen ein hochentwickeltes wirtschaftliches Leben. Ackerbau und Viehzucht, Handwerk und Handel blühten.

In der Keramik finden wir handgeformte Gefäße der Hallstatt-Tradition neben solchen, die auf der Töpferscheibe gedreht wurden, Kopien griechischer Vorbilder

(Amphoren aller Größen, sogenannte ›megarische‹ und ›delische‹ Schalen). Die dakischen Goldschmiede zeigen Originalität, besonders in der ausgezeichneten Bearbeitung des Silbers. Halsketten, Armbänder, Fibeln, Anhänger fanden sich bei den Ausgrabungen in großer Zahl, ebenso Vasen aller Art sowie Schmuckplatten in Menschengestalt, Phaleren und Agraffen, die alle bemerkenswert sind.

Die gleiche Qualität findet man auch bei anderen Schöpfungen der dakischen Zivilisation während ihrer Blütezeit. Man kann sie vor allem im Entwurf und in der Anordnung religiöser Denkmäler bewundern, die in den Bergen von *Oraştie* in Südwest-Transsilvanien eine ›Sakralzone‹ bilden, mit Heiligtümern und Altären auf dem Hügel *Dealul Grădiştei* als Mittelpunkt. Wahrscheinlich um die Mitte des 1. Jahrhunderts wurde hier 1200 m über dem Meer eine eindrucksvolle Anlage geplant und geschaffen, die zwei kreisförmige Heiligtümer aus Andesit-Pfeilern umfaßt, einen runden Altar und acht viereckige Heiligtümer mit aneinandergereihten Säulentrommeln aus Kalkstein und Andesit. Ähnliche kleinere Anlagen wurden auf anderen Höhen entdeckt. Es sind stets Kultbauten, die wahrscheinlich von Einsiedler-Priestern bewohnt und unterhalten wurden. Sie werden mehrfach in literarischen Quellen erwähnt (Strabon, Jordanis).

Die gleichen Autoren, welche die schon von Herodot gerühmte Frömmigkeit der Geten und den asketischen Geist ihrer religiösen Führer hervorheben, unterstreichen auch die wichtige Rolle, die ein Hohepriester gelegentlich gespielt haben soll, der unter bestimmten Voraussetzungen den Vorrang vor dem König hatte. Zu anderen Zeiten, wie unter Burebistas, einem zeitgenössischen Dokument zufolge der mächtigste König, der je über die Thraker an beiden Ufern der Donau geherrscht hatte, war der Hohepriester Dekaineos nur der erste Ratgeber des Königs. Zusammen mit seinem König führte er politische und sittliche Reformen durch, dank derer die Geten sich in kurzer Zeit zur ersten Militärmacht der ›barbarischen‹ Welt aufschwangen.

Unter der kurzen Regierung dieses Burebistas erreichte das Gebiet der Geten seine größte Ausdehnung: von den böhmischen Gebirgen im Westen, aus denen sie die keltischen Taurisker vertrieben hatten, bis zum Liman des Bug im Osten, wo sie die milesische Kolonie *Olbia* derart verwüsteten, daß diese ihren jahrhundertealten Wohlstand für immer verlor. Die Geten unter Burebistas wandten sich aber nicht nur gegen die griechischen Städte im Norden des Schwarzen Meeres, sondern auch gegen jene an der heutigen rumänischen und bulgarischen Küste, so daß sie mehrere Jahre lang die römischen Besitzungen auf der Balkanhalbinsel bedrohten.

Bevor wir in unserer Darstellung fortfahren, wollen wir zu jenen Rand-Griechen zurückkehren, die sich an der thrakischen Küste des Schwarzen Meeres niedergelassen hatten – an jener Küste, die die antiken Geographen und Historiker den ›linken Pontos‹ nennen. Es handelt sich meist um die im 7. und 6. Jahrhundert v. Chr. gegründeten milesischen Kolonien, die durch Jahrhunderte, allen Mißgeschicken zum Trotz, nicht nur ihre Existenz verteidigen konnten, sondern sogar eine bemerkenswerte wirtschaftliche und kulturelle Entfaltung erreichten, so daß sie die Nachbarn im Hinterland häufig entscheidend beeinflußten.

Von den drei wichtigsten griechischen Siedlungen auf dem Gebiet des heutigen Rumäniens, *Histria, Tomis* und *Kallatis,* konnte nur *Histria* systematisch ausgegraben werden. Die beiden anderen liegen unter den heutigen Städten Constanţa und Mangalia begraben. Die bedeutenden Ruinen, die am Ufer der Sinoe-Lagune (etwa 60 km nördlich von Constanţa) ausgegraben wurden – ihre ältesten Teile stammen aus dem 6. Jahrhundert v. Chr., die jüngsten aus dem 7. Jahrhundert n. Chr. – sowie die vielen, ausführlichen Inschriften vermitteln nicht nur ein Bild der Geschichte von Histria, sondern auch von anderen griechischen Niederlassungen an der rumänischen Küste während eines Jahrtausends.

In politischer Hinsicht kann man die Geschichte dieser Städte in zwei Perioden von fast gleicher Dauer teilen. Die erste reicht von der Gründung der jeweiligen Kolonie bis zur römischen Eroberung im 1. Jahrhundert v. Chr. Bis dahin verteidigten diese Städte eifersüchtig ihre Unabhängigkeit und konnten sie auch behaupten – abgesehen von Unterbrechungen, wenn sie starke Nachbarn zu Feinden hatten. In der zweiten Periode, die bis zum Ende des Altertums reicht, gehörten diese Städte zur Provinz Mösien (ab 85 n. Chr. zu Moesia Inferior). Erst unter Diokletian (285–305) wurde die Dobrudja eine eigene Verwaltungseinheit, die Provinz Scythia.

Während der ganzen Zeit ihrer Unabhängigkeit konnten die drei Kolonien ihre Beziehungen zum griechischen Mutterland aufrechterhalten, wohin sie Getreide und andere Rohstoffe lieferten, und von wo sie Fertigwaren, kulturelle und religiöse Anregungen empfingen – ebenso wie zu ihren getischen Nachbarn, die sie mannigfaltig beeinflußten, von denen sie aber auch wirtschaftlich profitierten und gelegentlich militärische Hilfe bekamen.

Über politische Organisation und Verwaltung, über wirtschaftliche und soziale Entwicklung, über das Aussehen der Städte und Denkmäler der ersten Periode wissen wir wenig. Nur über *Histria (Istros)* sind wir besser informiert durch zahlreiche Inschriften, die das Fehlen von literarischen Zeugnissen und von Ruinen aus der Zeit vor dem 4. Jh. v. Chr. bis zu einem gewissen Grad ersetzen. Erst in allerjüngster Zeit brachten systematische Ausgrabungen im Nordost-Abschnitt der Stadt zwei Tempel aus klassischer Zeit ans Tageslicht (aus der ersten Hälfte des 5. Jh. v. Chr.) sowie bedeutende Fragmente eines dritten aus hellenistischer Zeit (3. Jh. v. Chr.). Offenbar handelt es sich um eine Sakralzone der Stadt, in der es zweifellos noch andere Tempel gab. Jedenfalls erwähnen die Inschriften außer den Tempeln des Zeus Poliuchos, der Aphrodite und einer unter dem Namen des ›Großen Gottes‹ (Mégas Theós) bekannten griechisch-thrakischen Gottheit, noch andere Heiligtümer, die bisher nicht gefunden wurden: Tempel des Heilgottes Apollon (wahrscheinlich der größte Tempel der Stadt, sicherlich der am meisten verehrte), der Musen, der Samothrakischen Götter (Kabiren), des Dionysos, des Kaisers Augustus und weiterer, von denen man kein Zeugnis hat. Durch Inschriften sind wir auch über einige öffentliche Gebäude unterrichtet (Theater, Gymnasion, Amtslokale und verschiedene Magistrate), sowie über den Hauptplatz der Stadt, die Agora, von der es heißt, daß sie von Säulenhallen umgeben war.

Wenn in *Histria (Istros)* bis jetzt nur wenige Gebäude aus vorrömischer Zeit ans Tageslicht gekommen sind, so deshalb, weil diese Stadt im Lauf ihrer bewegten Geschichte mehrfach geplündert, einige Male sogar völlig zerstört wurde. Ausgrabungsergebnisse, Nachrichten in literarischen Texten und Inschriften lassen darauf schließen, daß die härtesten Schicksalsschläge, die die Stadt trafen, Mitte des 1. Jahrhunderts vor und Mitte des 3. Jahrhunderts nach der Zeitenwende anzusetzen sind. Im ersten Fall wurde die Stadt von den Geten unter Burebistas erobert und geplündert. Burebistas herrschte damals über alle Griechenstädte am Meer, von *Olbia* im Norden bis zum pontischen *Apollonia* im Süden. Histria erholte sich nur langsam; die Rückkehr zum normalen Leben wurde von den Einwohnern als zweite Gründung der Stadt angesehen. Die Zerstörung Histrias durch die Goten, zu einem nicht näher bekannten Zeitpunkt zwischen 240 und 260 n. Chr., war gewiß noch katastrophaler. Von der Stadt, die unter den Severern, unter Gordianus I. und seinen Nachfolgern blühte, scheinen nach dem Durchzug dieser Nordmänner nur Ruinen übriggeblieben zu sein. Das Ausmaß der Katastrophe kann man sich vorstellen, wenn man die letzte Umwallung betrachtet, mit der sich Histria, nach der Wiederbelebung der zunächst verlassenen Stadt, am Ende des 3. oder Anfang des 4. Jahrhunderts umgeben hatte: zahlreiche Architekturspolien, Hunderte von Säulen, Fragmenten von Architraven und Inschriften aller Epochen auf Steinblöcken jeder Größe, alle diese Zeugen der Zerstörung wurden in fieberhafter Eile in die neuen Mauern verbaut. Diese Stadtmauer, die zwischen dem 4. und 6. Jahrhundert wiederholt ausgebessert und verstärkt wurde, erweckt Bewunderung, vor allem ihre Süd- und Westseite, die mit heute noch ziemlich gut erhaltenen Türmen und Basteien versehen war.

Was innerhalb der Mauern aus spätrömischer Zeit bei den seit einem halben Jahrhundert durchgeführten Ausgrabungen ans Tageslicht kam, ist zunächst, rechts vom Haupttor, ein ›öffentliches Viertel‹, mit mehreren zivilen Basiliken und einer großen Thermenanlage, während sich an der Südseite der Mauer ein bescheidenes Wohnviertel entlang zieht. Schließlich gibt es auf einer die Ruinen beherrschenden Höhe ein Wohngebiet, in dem bis jetzt zwei weitläufige Privathäuser freigelegt wurden. Eines davon, das eine eigene Kapelle besitzt, könnte die Residenz des Ortsbischofs gewesen sein.

Aus den angeführten Gründen gibt es auch in *Kallatis,* dem heutigen *Mangalia,* kein Denkmal aus der Zeit vor der römischen Eroberung, und nur spärliche Ruinen einer christlichen Basilika aus dem 6. Jahrhundert. Nur Architektur- und Skulpturfragmente sind erhalten, die man im kleinen Museum der Stadt gesammelt hat, die in hellenistischer Zeit wahrscheinlich die wohlhabendste am ›linken Pontos‹ war und in römischer Zeit nur *Tomis* nachstand.

Denn die dritte der an der rumänischen Küste gegründeten griechischen Städte (eine milesische Kolonie, wie Istros) hat erst in den ersten Jahrhunderten n. Chr. einen wirtschaftlichen und kulturellen Aufschwung genommen, als sie die Metropole des

›linken Pontos‹ wurde, wie sie in zeitgenössischen Inschriften genannt wird, bevor sie Diokletian zur Hauptstadt der neuen Provinz Scythia erhob. Vom 2. Jahrhundert an schmückt sich *Tomis* mit Denkmälern, von denen bedeutende Ruinen erhalten sind, oder die wir aus Inschriften kennen. Die meisten ruhen noch unter den Gebäuden der modernen Stadt Constanţa (Constantia in byzantinischer Zeit). Allerdings wurde in der Nachbarschaft des Hafens ein sehr großes Handelsgebäude mit mehreren Stockwerken freigelegt, das zu oberst ein prachtvolles Fußbodenmosaik von etwa 2000 qm hatte. Einer jüngeren Zeit, dem 5. Jahrhundert, gehören mehrere christliche Bauten an, wohlproportionierte Basiliken, darunter eine größere dreischiffige. Dabei muß noch der in unmittelbarer Nähe dieser Basilika 1962 entdeckte seltsame Fund eines Verstecks erwähnt werden, in welchem sich nicht weniger als 23 kultische Reliefs und Skulpturen befanden, deren Deutung die Fachgelehrten noch immer beschäftigt.

Zusammenfassend kann man sagen, daß die seit fast einem Jahrhundert durchgeführten Grabungen in den griechischen Kolonien der Dobrudja bedeutende Ergebnisse brachten, sowohl historische als auch künstlerische. Vermutlich warten in der Erde noch andere Schätze auf den Spaten des Ausgräbers. Gegenwärtig werden fast überall in der Dobrudja, in der alten Provinz Scythia Minor, systematisch Grabungen durchgeführt, von *Capidava* bis *Tomis*, von *Noviodunum* bis zum *Tropaeum Traiani*.

Diese Namen erinnern uns daran, daß ein halbes Jahrhundert nach der Umwandlung der Dobrudja in eine römische Provinz, am anderen Ende des rumänischen Gebietes, in Transsilvanien, sich Ereignisse zutrugen, die das Schicksal dieser Gebiete entscheidend beeinflußten. Ich meine die Auseinandersetzung zwischen Römern und Dakern seit den Tagen des Augustus, die aber erst in der zweiten Hälfte des 1. Jahrhunderts, unter der Regierung des Kaisers Domitian, zu einem erbitterten Kampf führten. Die dakischen Stämme waren damals zum zweiten Mal seit Burebistas geeint, und an ihrer Spitze stand ein tapferer Krieger, der König Decebal. Wegen der häufigen Einfälle der Daker in das von den Römern seit Beginn des Jahrhunderts besetzte Gebiet am rechten Donauufer kam es zum Krieg, der aber unter der Führung des letzten Flavischen Kaisers, trotz der Stärke seiner Truppen, zu keiner Entscheidung führte. Kaiser Trajan (98–117) blieb es vorbehalten, die Eroberung Dakiens in zwei mehrjährigen, schwierigen Feldzügen (101–102 und 105–106) glücklich zu beenden (Abb. 19). Nach dem heroischen Tod Decebals wurde sein Reich zur römischen Provinz.

Gleich darauf begann auf dem gesamten Gebiet der neuen Provinz eine intensive Urbanisierung, als Einleitung der Romanisierung, die durch mehr als eineinhalb Jahrhunderte fortgeführt wurde, bis Aurelian (271 n. Chr.) Dakien aufgab. Um mit der neuen Hauptstadt Dakiens zu beginnen: Die *Colonia Ulpia Traiana Dacica Sarmizegetusa* wurde auf Befehl des Kaisers vom ersten Gouverneur der Provinz D. Terentius Scaurianus, gegründet, unweit der Residenz des letzten Königs des freien Dakiens. Bald gab es eine ganze Reihe von Stadtsiedlungen, die rasch beachtlichen Wohlstand erlangten, begünstigt einerseits durch den Zustrom von Kolonisten *ex toto orbe Ro-*

mano, andererseits durch intensive Nutzung der Reichtümer des Landes. *Dierna, das* heutige Orşova, an der Donau; *Apulum* und *Potaissa*, heute Alba Iulia (Karlsburg) und *Turda* (Thorenburg), inmitten des siebenbürgischen Hochlandes; *Napoca* und *Porolissum*, heute Cluj (Klausenburg), und Moigrad weiter nördlich; *Alburnus Maior*, Roşia Montana im Erzgebirge, in der Nähe jener noch heute ausgebeuteten Goldbergwerke, die schon von Dakern und Römern genutzt wurden; *Micia*, Vetzel, großer Bauernmarkt einige Kilometer von Deva entfernt; *Ad Mediam* und *Germişara*, Heilbäder, die heute noch besucht werden wie in den ersten Jahrhunderten unserer Zeitrechnung; *Drobeta*, Turnu Severin beim Eisernen-Tor-Paß, in *Dacia Inferior; Malva* – eine Phantomstadt, die lange im Banat gesucht wurde, bis man sie in Romula-Reşca nahe beim Olt-Fluß, im Südosten der Kleinen Walachei, lokalisieren konnte. Alle diese Orte waren Munizipien oder *coloniae*. Sie haben zahllose Spuren ihrer Bauten und Denkmäler hinterlassen, die die Museen der wichtigsten Städte Siebenbürgens füllen. Einige Funde sind am Ort ihrer Entdeckung ausgestellt, andere wurden in das Historische Museum der SRR (Calea Victoriei 12) nach Bukarest überführt, wo das wertvollste archäologische Erbe versammelt ist.

Wollte man diese Städte auch nur oberflächlich schildern, dann müßte man den von ihnen erreichten Entwicklungsstand schildern in einer Provinz, die vor der Eroberung nur ein Bauern- und Hirtenleben kannte, und man müßte die intensive Romanisierung beschreiben, die der Bevölkerung eine höhere Zivilisation brachte.

In diesem Zusammenhang ist es vielleicht wichtig, darauf hinzuweisen, daß die Historiker, wenn sie von der ›Romanisierung‹ Dakiens und Mösiens sprechen, nicht an einen biologischen Prozeß denken, obwohl auch dieser Aspekt bei der Romanisierung eine Rolle spielte. In erster Linie handelt es sich freilich um ein kulturelles Phänomen: man übernahm eine bestimmte Lebens- und Denkweise, die lateinische Sprache und die zivilisatorischen Errungenschaften der Römer. Zu den Zeugnissen dieser geistigen Konversion gehören nicht nur Denkmäler, die in selten erwähnten Städten des römischen Dakiens freigelegt wurden, sondern auch die in den ersten Jahrhunderten n. Chr. entstandenen Städte zwischen der Donau und dem Schwarzen Meer, zum Beispiel *Troesmis* und *Tropaeum Traiani*. Die eindrucksvollsten Zeugnisse sind vielleicht die zahlreichen lateinischen Inschriften, von denen es allein in Dakien etwa dreitausend gibt, ferner Hunderte in der Dobrudja. Schließlich gehören auch die religiösen Vorstellungen dazu, die in den Bestattungsbräuchen zum Ausdruck kommen. Wir haben hier zu beiden Seiten der Donau so viele Unterscheidungsmerkmale der Dako-Römer, daß man sie mit Bestimmtheit in jeder Periode identifizieren kann, in welcher die einst blühenden Provinzen von der Armee und den Zivilbehörden preisgegeben und von den aufeinanderfolgenden Wellen der Völkerwanderung überflutet wurden.

Die Goten waren die ersten, die über die Gebiete diesseits und jenseits der Karpaten hinwegfluteten, ihnen folgten die Hunnen, deren Vordringen aus den Steppen Mittelasiens nach Westen eine Kettenreaktion unter den zahlreichen kriegerischen Völkern auslöste, denen sie auf ihrem Zug begegneten. Nach den von Römern und Gepiden vernichteten Hunnen kamen andere Wandervölker – es genügt die Awaren zu erwähnen – und schlugen ihre Zelte im Gebiet des heutigen Rumänien auf. Erst die Ankunft der Slawen – die sich an der unteren Donau gegen Ende des 6. Jahrhunderts niederließen und dann auf das rechte Stromufer vordrangen – bedeutet in der Geschichte Südosteuropas den Beginn einer neuen, entscheidenden Etappe.

Die literarischen Quellen für die Geschichte des Karpaten- und Donauraumes sind in diesen Jahrhunderten so spärlich und verworren, daß man diese Periode als ›leere Seite‹ der Geschichte bezeichnen könnte. Inschriften, die, von seltenen Ausnahmen abgesehen, nördlich der Donau mit der Räumung des Gebiets durch Aurelian verschwinden, gibt es dagegen in der Dobrudja bis in das 7. Jahrhundert, aber sie geben uns keinerlei Aufschluß über das Schicksal der bodenständigen Bevölkerung Transsilvaniens und des rechten Donauufers. In beiden Fällen können nur archäologische Zeugnisse ein schwaches Licht auf die Verhältnisse werfen. Diese Zeugnisse liefern uns immerhin genaue Nachrichten wirtschaftlicher und sozialer, ja selbst politischer Art, da die Ausgrabungsfunde auf den ersten Blick erkennen lassen, ob es sich um Wandervölker handelt (die sich durch ihren Schmuck und ihre Waffen verraten) oder um die romanisierten Einheimischen, die nach derselben Methode Ackerbau und Viehzucht treiben wie vor ihrer Trennung vom Reich. Ihre Siedlungen, deren Zahl mit den fortschreitenden Ausgrabungen ständig wächst, können durch ihre charakteristische, der römischen Tradition folgende Keramik identifiziert werden, ebenso wie durch ihre Bestattungsbräuche, die zu beiden Seiten der Karpaten die gleichen sind: Einäscherung in Gräben, Beigabe von Opferspenden in Gefäßen, darunter auch Lebensmittel.

Die wichtigsten Züge dieser Zivilisation ändern sich mit der Ankunft der Slawen kaum, die sich, anders als die vorausgegangenen Wandervölker, in Dakien dauernd niederlassen und mit den Einheimischen vermischen. Von den Dako-Romanen unterscheidet sie in erster Linie ihre gröbere, handgemachte Keramik, die in dem Maße verschwindet, in dem die Neuankömmlinge sich den zahlreicheren Einheimischen assimilieren. Dieser Prozeß ist im 8. Jahrhundert beendet: Die Kultur des Karpaten-Donauraumes zeigt wieder einen einheitlichen Charakter, Ausdruck eines neuen Volkes, in dem man zu Recht die Rumänen erkennt.

Jetzt gibt es im ganzen Land, neben den in der Ebene oder am Fuße der Hügel gelegenen Dörfern, eine große Zahl von Nekropolen mit zwei verschiedenen Arten von Bestattungsbräuchen, die für die ältesten Rumänen kennzeichnend sind. Man findet nun auch wieder Waren, die aus den Gebieten südlich der Donau importiert wurden, wie Amphoren, Schmuck, Siegel von Kaufleuten, Beweise für die intensive Wiederaufnahme von Handelsbeziehungen mit dem Süden.

Hier ist es angebracht, einen Blick auf die Beziehungen des Oströmischen Reiches zu den Gebieten nördlich der Donau, nach der offiziellen Preisgabe Dakiens, zu werfen. Praktisch wurden diese Beziehungen niemals abgebrochen. Schon in der Zeit der Tetrarchie unterhielt Galerius nördlich der Donau Brückenköpfe, auch ließ er die meisten von den Goten im 3. Jahrhundert zerstörten Befestigungen wieder errichten. Diese Arbeiten wurden im 4. Jahrhundert fortgesetzt, zunächst von Konstantin und Licinius, die mehrere befestigte Orte am rechten Donauufer bauen ließen. Ihnen verdankte auch die Stadt *Tropaeum Traiani*, die im 3. Jahrhundert zerstört worden war, ihre Neugründung. Später führte Konstantin allein jene Bautätigkeit weiter, seine Fürsorge erstreckte sich auch auf das linke Donauufer, vom Banat bis ans Meer. Ihm verdankt man auch die am 5. Juli 328 eingeweihte Donaubrücke zwischen Oescus und Sucidava, unweit der Mündung des Olt in die Donau, und wahrscheinlich das große *vallum*, einen Erdwall, der von Osten nach Westen quer durch die Kleine und Große Walachei zieht und heute unter dem Namen ›Furche Novacs‹ bekannt ist.

In dieser Zeit muß auch die Christianisierung weiter Teile der Dako-Romanen nördlich der Donau erfolgt sein, wo der neue Glaube sporadisch sicher schon vor Diokletian eingedrungen war. Das gleiche gilt für Scythia Minor, wo es schon zur Zeit der Tetrarchie zahlreiche Christen gab. Sie wurden bei der letzten großen Christenverfolgung so stark bedrängt, daß viele zu Märtyrern wurden. Dies bestätigte sich uns kürzlich durch die Entdeckung einer Kapelle in *Niculitzel* auf dem Gebiet von *Noviodunum*, wo die Gebeine von vier Märtyrern beigesetzt waren, die schon immer in christlichen Martyrologien genannt wurden.

Von der zweiten Hälfte des 5. Jahrhunderts an wird das Werk der Konsolidierung des Limes an der unteren Donau mehr denn je betrieben. In der Dobrudja kann man die militärischen Bauwerke und die Wiederinstandsetzung mehrerer von den Barbaren verwüsteter Städte Anastasios I. (491–518) zuschreiben. Seine Bemühungen sind Vorläufer der Bautätigkeit Justinians I. (527–565), deren Umfang Prokopios in seinem Werk ›Über die Bauten‹ (Perì Ktismáton) rühmt. Diese Tätigkeit galt auch für das linke Donauufer, wo der Kaiser das von den Hunnen zerstörte *Sucidava* aus der Asche wiedererstehen ließ. Dies geschah, bevor der Kaiser die beiden Festungen von *Litterata* und *Recidiva* beherrschte und bevor er im April 531 das Erzbistum Justiniana Prima, im heutigen Zarizin Grad, in Jugoslawien, schuf, welches seine Jurisdiktion noch einmal auf Gebiete der einstigen Dacia Traiana ausdehnte.

Nach dem Zusammenbruch der Donaugrenze des Reiches im 7. Jahrhundert wurden die Rückeroberungspläne im Norden des Stromes aufgegeben, ja sogar ein großer Teil der nordöstlichen Balkanhalbinsel, wo 681 das erste bulgarische Zarentum entstand. Von jetzt an wurde die schwache Verbindung zwischen Konstantinopel und dem Donau-Karpatenraum durch die kaiserliche Flotte aufrechterhalten, welche die Dobrudja-Küste und die Donaumündungen kontrollierte. Im 10. Jahrhundert änderte sich die Lage noch einmal, als Kaiser Johannes Tsimiskes den Kiewer Fürsten Swjatoslaw besiegt hatte, so daß er nicht nur Klein-Skythien wieder gewann, das jetzt zum Thema (Provinz) Paradunavon wurde, sondern als er auch die Festungen des alten römischen Limes, zunächst *Dinogetia*, aus ihrer Asche wieder erstehen ließ, um die Verteidigung der Donaugrenze und der Dobrudja zu sichern.

Die byzantinische Anwesenheit an der Donaumündung dauert bis ins 13. Jahrhundert. Zu dieser Zeit wurden auf dem linken Flußufer die ersten rumänischen politischen Staatengebilde gegründet. Einer der tapfersten Wojwoden der Walachei, Mircea der Alte, konnte dann im 15. Jahrhundert seine Macht auf das Land jenseits des Stromes ausdehnen »bis zum grenzenlosen Meer«, wie der Fürst selber in einem uns erhaltenen Dokument sagt.

Kurze Bibliographie

Berciu, D.: *Romania before Burebista*, London (Thames & Hudson) 1967

Daicoviciu, C., und Condurachi, Em.: *Rumänien*, München–Genf–Paris 1972

Dumitrescu, Vladimir: *L'arte preistorica in Romania fino all' inizio dell' età del ferro*, Firenze 1972

Pippidi, D. M.: *I Greci nel Basso Danubio dall'età arcaica fino alla conquista romana*, Milano 1971

Pippidi, D. M.: *Scythica minor. Recherches sur les colonies grecques du littoral roumain de la mer noire*, Bucarest-Amsterdam 1975

Mittelalterliche und Neuere Geschichte Rumäniens von 700 bis zum 19. Jahrhundert

Von Mihai Berza

Zwischen dem 7. und 9. Jahrhundert nahmen das rumänische Volk und die rumänische Sprache allmählich eine feste Form an. In dieser Zeit bereitete ein neues romanisches Volk seinen Eintritt in die Geschichte vor, dessen ethnische Zusammensetzung eine thrakische Basis hatte, und das sich vom mütterlichen Rom durch weite Räume getrennt sah. Es war der wichtigste Abkömmling der großen Bevölkerungsmasse, die einst die östliche Romania gebildet hatte. Seine Sprache hatte sich aus dem Vulgärlatein entwickelt, wobei geto-dakische Wörter aus früheren Zeiten erhalten blieben und später slawische Sprachelemente hinzutraten. Seine ältesten Kulturtraditionen, die dazu beitrugen, ihm eine eigene Physiognomie unter den romanischen Völkern und unter seinen Nachbarn, Slawen und Magyaren, zu schaffen, stammten sowohl aus dem dakischen Erbe, als auch aus Rom, das ihm in erster Linie seine Sprache hinterlassen hatte. Das östliche Christentum, die orthodoxe Kirche, dem die Rumänen nach einer Phase lateinischen Christentums angeschlossen waren, trug seinerseits viel dazu bei, ihnen im Vergleich zu den übrigen romanischen Völkern einen selbständigen Charakter zu verleihen.

Als Bauern- und Hirtenvolk lebten die Rumänen dieser Zeit innerhalb der althergebrachten Rangstufung von Dorfgemeinschaften. Doch gab es innerhalb dieser Gemeinden eine gewisse Differenzierung. Sie äußerte sich – wahrscheinlich schon im 9. Jahrhundert – in organisatorischer Form. Dabei entstanden politische Gebilde, an deren Spitze Wojwoden, Knese oder Zsupane standen, die seit dem folgenden Jahrhundert in den Quellen erwähnt werden.

Zwischen dem 10. und 13. Jahrhundert durchlief die rumänische Gesellschaft eine wichtige Entwicklungsphase, unter oft ungünstigen historischen Verhältnissen. Zwar war bereits im 10. und 11. Jahrhundert die Assimilierung der seit dem 7. Jahrhundert auf rumänischem Gebiet wohnenden Slawen abgeschlossen, aber der Einbruch der Magyaren (Ungarn) seit 896 in die Donau-Theiss-Ebene führte zu großen Veränderungen innerhalb der rumänischen Gesellschaft. Seit dem 10. Jahrhundert begannen die Magyaren Siebenbürgen allmählich zu erobern und die lokalen Wojwodate zu unterwerfen. Es war ein langer Prozeß, mit Fortschritten und Rückschritten, mit langen Perioden der Stagnation. Schließlich hatten die Magyaren gegen 1200 die Ost- und

Südkarpaten erreicht. Ein bedeutender Teil der Rumänen wurde dadurch seiner freien nationalen Entwicklung beraubt, obwohl ihre soziale und politische Situation seit der Eingliederung Siebenbürgens in das Reich der Stephanskrone nicht immer dieselbe blieb. Aber auch jene Rumänen, die im Osten und Süden der Karpaten wohnten, erfuhren mehrere Wellen der Fremdherrschaft. Nach der Oberhoheit des Ersten Bulgarischen Reiches kamen Wandervölker aus Asien, die Petschenegen, die Kumanen, denen schließlich 1241 die große mongolische Invasion folgte. Dadurch gerieten Moldau und Walachei in die tatarische Einflußzone.

Diese Umstände verzögerten natürlich den Fortschritt der rumänischen Gesellschaft, ohne ihn freilich zum Stillstand bringen zu können. Die Steppenvölker bewohnten ja vor allem die Ebenen und übten ihre Herrschaft über die Autochthonen meistens durch ihre Häuptlinge aus. Bevölkerungszunahme und Anwachsen des allgemeinen Wohlstandes begünstigten die soziale Differenzierung. In der Folge bildete sich eine Klasse von Grundbesitzern, Bojaren, denen es gelang, einen Teil der Bauern unter ihre Abhängigkeit zu bringen. Gleichzeitig nahm die Autorität des Wojwoden zu. Gegen Mitte des 13. Jahrhunderts bezeugt eine Urkunde des ungarischen Königs, der seine Macht auf den Südhang der Karpaten auszudehnen begann, das Vorhandensein mehrer politischer Gebilde, von denen zwei Wojwodate sich weitgehender Autonomie erfreuten. Eines von ihnen lag westlich des Olt-Flusses; es erstreckte sich im Norden bis in das siebenbürgische Hatzeg-Land. Das andere umfaßte ein Berg- und Hügelgebiet östlich des Flusses; die älteste Kirche von *Curtea de Argeş,* deren Fundamente kürzlich freigelegt wurden, diente zweifellos den Wojwoden dieses politischen Gebildes als Hofkirche.

Seit der zweiten Hälfte des 10. Jahrhunderts war das Byzantinische Reich an die untere Donau und in die Dobrudja zurückgekehrt. Infolgedessen sank Bulgarien für zwei Jahrhunderte zur Reichsprovinz herab. Rumänien aber kam in direkten Kontakt zur damals führenden europäischen Kultur. Byzanz wurde in der Tat einer der wichtigsten Grundpfeiler der mittelalterlichen rumänischen Kultur. Die Ankunft der Genuesen, noch vor Ende des 13. Jahrhunderts, in Vicina an der unteren Donau, dann in *Chilia* und *Cetătea Albă (Akkerman)* förderte die einheimische Produktion und öffnete einen Weg, auf dem westliche Handelserzeugnisse ins Land kamen.

In Siebenbürgen hat die ungarische Eroberung den innerhalb der rumänischen Gesellschaft bereits fortgeschrittenen Prozeß der Feudalisierung beschleunigt. Die Bildung ausgedehnter Domänen der Kirche – der Bistümer *Csanăd, Oradea (Großwardein)* und *Alba Iulia (Weißenburg)* – großer Klöster und des Adels, samt dem Krongut, schritt rasch voran, in erster Linie zu Lasten der rumänischen Bevölkerung, die zum großen Teil unfrei wurde. Die Zugehörigkeit der Ungarn zur katholischen Kirche, die engen Beziehungen zwischen dem Ungarischen Reich und Mittel- und Westeuropa trugen dazu bei, die feudalen Organisationsformen in Ungarn und Siebenbürgen jenen anzugleichen, die zu dieser Zeit im Westen vorherrschend waren. Eine französische Dynastie – die Anjou aus Neapel –, hatte den ungarischen Thron im 14. Jahrhundert inne. Das verstärkte die Bindung an den Westen, deren Auswirkungen auf allen Gebieten des sozialen und kulturellen Lebens fühlbar wurden.

Eine weitere Festigung dieser Bindungen bedeuteten auch die Siebenbürger Sachsen. Sie kamen wahrscheinlich zunächst aus Flandern, dann mit Sicherheit aus der Rhein-Mosel-Gegend und aus Luxemburg. Der spätere Sachsenname hat mit Sachsen nichts zu tun: er ist ein ungarischer Kanzleiausdruck. Die Kolonisierung begann in der Mitte des 12. Jahrhunderts und setzte sich in mehreren Wellen fort. Die Einwanderer wurden in der Gegend von *Hermannstadt* angesiedelt, sowie zwischen dem Olt und dem Harbach, bei *Kronstadt* und *Bistritz,* und im Tal der Großen Kokel. Mit wichtigen Privilegien und einer weitgehenden Autonomie ausgestattet, waren sie zunächst überwiegend Bauern, spielten dann aber eine große Rolle in der Entwicklung des städtischen Lebens und im Bergbau.

Als die ungarische Eroberung Siebenbürgens sich ihrem Abschluß näherte, wurden Szekler, turanischer Abstammung, aber magyarisiert, im Südosten der neuen Provinz angesiedelt. Ihre Aufgabe, und die der Siebenbürger Sachsen, war es, die Karpatengrenze zu verteidigen, weshalb sie neben bedeutenden Privilegien eine eigenständige militärische Organisation erhielten.

Gegen Ende des 12. Jahrhunderts erwähnen die Urkunden das Oberhaupt der Provinz, den Wojwoden.

Schwere Verluste erlitt die Bevölkerung durch die mongolische Invasion, die den noch jungen städtischen Siedlungen großen Schaden zufügte. Die Städte erholten sich jedoch verhältnismäßig rasch und bereiteten sich schon vor dem Ende des 13. Jahrhunderts auf eine glänzende Zukunft vor.

Das 14. Jahrhundert, ein Wendepunkt in der rumänischen Geschichte, sah die Gründung von Staaten und deren Einbeziehung in die allgemeine Politik Südosteuropas. Durch die Herausbildung von Klassen und den Aufschwung der Wirtschaft wurde die Tendenz zu territorialer Konzentration, die schon in der vorausgegangenen Epoche in den politischen Vorgängen zum Ausdruck gekommen war, weiter gefördert. Zu den wirtschaftlichen und sozialen Faktoren gesellte sich die Notwendigkeit, ein Verteidigungssystem zu schaffen.

Dies geschah im Kampf gegen zwei Mächte, die Rechte auf das Gebiet der Rumänen geltend machten und denen es gelungen war, Staaten im Süden und im Osten der Karpaten zu gründen: die Tataren und das Ungarische Reich. Die politische Einigung der Walachei und die Bildung eines Staates zwischen Karpaten und Donau als ›Ţara Româneasca‹ (Rumänisches Land), wurden erleichtert durch Krisen, die Ungarn zwischen dem Aussterben der arpadischen Dynastie (1301) und der Thronbesteigung Karl Roberts, des Gründers der neuen Dynastie der Anjou (1308) durchmachte, ferner durch die Unruhen nach dem Tode Nogais (1299) und durch den Niedergang der mongolischen Macht. Die Einigung wurde vollendet unter Basarab I., dem Großen (1317–1352). Ihr scheinen zwei verschiedene Aktionen zugrundezuliegen. Einerseits unterstellten sich die Oberhäupter der anderen politischen Formationen dem Wojwoden von Argeş und wählten ihn zum ›Groß-Wojwoden‹, andererseits wurden durch siegreiche Kriege Gebiete annektiert, die in den Händen der Tataren gewesen waren. Basarab dehnte seine Autorität bis in das Gebiet nördlich der Donaumündungen aus, auf das Gebiet der künftigen Moldau, dem er seinen Namen hinterließ (Bessarabien). Er bemächtigte sich gleichzeitig der östlichen Länder des ungarischen Banates von Severin in der ›Kleinen Walachei‹. Damit und mit dem Anspruch auf Unabhängigkeit, sowie durch seine Politik in Südosteuropa und seine Beteiligung an den Konflikten zwischen Bulgaren, Serben und Byzantinern, schließlich durch Verschwägerungen mit den bulgarischen und serbischen Fürsten, löste Basarab den Feldzug des ungarischen Königs Karl I. Robert aus. Basarabs Heer errang jedoch im Engpaß von Posada am 9.–12. November 1330 einen entscheidenden Sieg über Karl I. Robert. Das besiegelte die Unabhängigkeit der Walachei und ihrer Gebietserwerbungen.

Mit der Entwicklung der staatlichen Regierungsorgane, die bis zur langen Regierungszeit Mirceas des Alten (1386–1418; Abb. 43, 45) anhielt, sorgten die Fürsten der Walachei auch für die Organisierung der Kirche. Schon unter dem Nachfolger Basarabs, Nikolaus Alexander (1352–1364), wurde der Erzbischofsstuhl von Argeş gegründet. Dorthin versetzte der Patriarch von Konstantinopel den Metropoliten der im Niedergang befindlichen Stadt Vicina. Die Gründung des Metropolitensitzes in der Walachei bedeutete gleichzeitig die internationale Anerkennung des damaligen Staates und seine Integration in den politischen Bereich, dessen oberste Autorität, zumindest theoretisch, der Kaiser von Byzanz verkörperte, während der Patriarch von Konstantinopel das geistliche Oberhaupt war.

Gleichzeitig wurde eine neue Klosterorganisation eingeführt, mit Hilfe des serbischen Athos-Mönches Nikodemus, der unter den Regierungen von Wladislaw I. (1364–1377) und Radu I. (1377–1384) die Klöster Vodiţa und Tismana gründete. Die großen Klöster erhielten dann bedeutende Domänen und blieben für lange Zeit die wichtigsten kulturellen Ausstrahlungszentren. Ihre Sprache war das Kirchenslawische, das von den Rumänen vielleicht schon im 10. Jahrhundert angenommen und ebenfalls Staatssprache wurde. Wenn die Annahme einer der neben dem Lateinischen und Griechischen bestehenden Schriftsprache und der mittelalterlichen Religion auch die Nachteile jeder nichtgesprochenen Sprache hatte, nämlich ihre Beschränkung auf den Kreis der Gebildeten, so führte sie doch zur Übernahme der byzantinischen Tradition und zu engeren kulturellen und politischen Beziehungen der Rumänen zu ihren slawischen Nachbarvölkern. Die Tatsache, daß auch die siebenbürgischen Rumänen das Kirchenslawische als liturgische Sprache eingeführt hatten, sicherte in dieser Entwicklungsphase die Einheit der rumänischen Kultur, die man verallgemeinernd als slawo-rumänisch bezeichnet. Schon seit der Mitte des 14. Jahrhunderts hatten die Fürsten der Walachei, später auch jene der Moldau, begonnen, reiche Geschenke an die Athos-Klöster zu schicken; damit wurden sie zu deren wichtigsten Wohltätern. Die fortschreitenden osmanischen Eroberungen verliehen der von der rumänischen Gesellschaft gewährten Unterstützung der geistlichen Pflanzstätten der Orthodoxie, die zugleich das nationale Erbe bewahrten, den Charakter einer beständigen Aufgabe.

Eine gleichlaufende, etwas später einsetzende Entwicklung führte dazu, daß auch in der Moldau die lokalen politischen Organisationen, die sich unter der Mongolenherrschaft entwickelt hatten, zu einem einheitlichen Staat zusammengeschlossen wurden.

In einer ersten Etappe kämpften die Rumänen der Moldau an der Seite der ungarischen Könige gegen die Tataren. Die aufeinanderfolgenden Feldzüge Ludwigs des Großen hatten 1352–1353 die Bildung einer Grenzmark im Tale des Moldau-Flusses zur Folge, mit der Stadt *Baia* als Mittelpunkt. An ihrer Spitze stand Dragoş, ein Rumäne aus der Maramureş, der mit seinen ›viteji‹ (Rittern) die ungarische Offensive ausschlaggebend unterstützt hat. Einige Jahre später begann die zweite Etappe der Gründung des neuen Staates. Aus dem gleichen nördlichen Grenzland des rumänischen Gebietes, der Maramureş, die mit der Moldau durch eine alte, gemeinsame, traditionelle Volkskultur verbunden war, zog der Wojwode Bogdan, der in der Maramureş gegen die Einführung der ungarischen Lehensordnung in seinem autonomen Gebiet gekämpft hatte, mit seinen Getreuen über das Gebirge. Von den moldauischen Bojaren zum Fürsten gewählt, gelang es Bogdan, den Nachfolger des Dragoş zu vertreiben und 1359 als freier Wojwode die Regierung des Landes an sich zu reißen. Dieser militärische Einmarsch aus der Maramureş wurde als Sage vom ›descălecat‹, was ›Herabsteigen vom Pferde‹ bedeutet, weitergegeben und erzählt, wie Dragoş und seine Gefährten anläßlich einer Jagd auf Auerochsen (zimbru) in die Moldau gekommen waren und hier den Staat gründeten. Der Versuch Ludwigs I., seine Macht über die Moldau wiederzugewinnen, blieb ohne Erfolg; die Nachfolger Bogdans, gleich jenen Basarabs in der Walachei, erkannten zwar gelegentlich die Oberhoheit der ungarischen oder polnischen Könige an, was aber keine Beeinträchtigung der Regierung des Landes bedeutete, sondern eher eine Bündnisform zwischen einem großen und einem kleinen Staat darstellte.

Der von Bogdan gegründete Staat dehnte seine Grenzen rasch aus, durch Einbeziehung der übrigen moldauischen politischen Gebilde und Vertreibung der Tataren. Schon 1392 führte der Wojwode Roman I. den Titel eines Fürsten der Moldau »von den Bergen bis zur Küste des Meeres«. Die territoriale Ausdehnung wurde unterstützt durch die Entwicklung der staatlichen Organisation und durch den Aufbau eines Verteidigungssystems, das sich auf starke Festungen stützte. Ihre endgültige Form erhielt die staatliche Organisation unter der Regierung Alexanders des Guten (1400–1432). Wie in der Walachei, so wurde auch hier, unter dieser Regierung, ein Metropolitensitz in der neuen Hauptstadt *Suceava* errichtet. Bei der Bildung einer kirchlichen Hierarchie in der Moldau kam es zu einem anhaltenden Konflikt mit dem Patriarchen von Konstantinopel, der einen griechischen Prälaten an Stelle des vorgeschlagenen moldauischen Bischofs ernennen wollte. Der Konflikt wurde erst am Anfang der Regierungszeit Alexanders des Guten beigelegt – im Sinne der Moldauer. In dieser ersten Epoche des moldauischen Staates wurde die kirchliche Hierarchie durch die Einrichtung zweier Bistümer, in *Rădăuți* und in *Roman,* ergänzt. Das Klosterleben erhielt ebenfalls neuen Auftrieb durch die Gründung der großen Fürstenklöster, denen sich andere, von Bojaren gegründete, zugesellten. Die älteste Fürstenstiftung ist jene von *Neamț,* in der Regierungszeit Peters I. (ca. 1374 – ca. 1391).

Die Staatsgründungen der Walachei und der Moldau schufen neue Bedingungen für die Entwicklung der rumänischen Gesellschaft. Sie beschleunigten die Entwicklung der Städte und des wirtschaftlichen Lebens und sicherten die internationalen Handelswege, die ihr Gebiet durchquerten und die es schon früher gegeben hatte. Diese Straßen verbanden das Schwarze Meer, damals ein wichtiges italienisches Handelsgebiet, an dem eine der asiatischen Handelsstraßen endete, durch die Moldau und Polen mit der Ostsee. Ein anderer Weg lief durch die Walachei und Siebenbürgen nach *Ofen, Wien* und weiter in die gewerbetreibenden Städte Westeuropas. Ein Zweig dieser zweiten Straße bog nach Süden ab, auf die Balkan-Halbinsel. Die rumänischen Staaten sicherten diese Straßen auf einem wichtigen Abschnitt und nahmen selber am Handel teil, indem sie Rohstoffe – Getreide, Fische, Vieh, Pelze, Häute, Honig, Wachs usw. – verkauften und handwerkliche Erzeugnisse einkauften. Eine wichtige Rolle spielten auf diesen Handelswegen die sächsischen Kaufleute Siebenbürgens und für den Handel mit Polen die Kaufleute von *Lemberg.* Sehr lebhaft ist bereits der Austausch mit Siebenbürgen, das die Erzeugnisse der Handwerker von *Hermannstadt, Kronstadt* und *Bistritz* in die rumänischen Länder schickte. Die Kaufleute der walachischen und moldauischen Städte ihrerseits schalteten sich immer reger in diesen Handel ein.

Kaum gegründet, sahen sich die rumänischen Staaten der großen Gefahr gegenüber, die damals ganz Südosteuropa bedrohte: der osmanischen Expansion, die durch die politische Zersplitterung des Balkans und die Rivalitäten unter den zahlreichen politischen Führern erleichtert wurde.

Die osmanischen Türken, die seit 1352 die Festung *Tzympe* besaßen und sich zwei Jahre später in *Gallipoli* festsetzten, wurden rasch aus Söldnern der christlichen Fürsten und Straßenräubern zu Eroberern auf eigene Rechnung. Methodische und unbeugsame Eroberer, politisch hoch begabt, unterstützt durch eine intakte Offensivmacht und eine militärische Organisation, die ständig verbessert wurde, standen die Türken schon 1359 vor den Mauern von *Konstantinopel.* Es war noch zu früh, die byzantinische Hauptstadt einzunehmen. Wahrscheinlich 1362 fiel *Adrianopel* in die Hände der Osmanen. Sultan Murad I. (1362–1389) wandte sich dann vor allem gegen die slawischen Staaten, die bei der Auflösung des Reiches des Serben-Zaren Stephan Duschan und des Zweiten Bulgarischen Reiches entstanden waren. *Philipoupolis* (Plowdiw) wurde gegen 1363 eingenommen und Sitz des Befehlshabers der osmanischen Streitkräfte in Europa, des Beglerbegs von Rumelien. Einige Jahre später wurde die Sultanresidenz nach *Adrianopel* verlegt, was den Wert bewies, den die europäischen Gebiete in der osmanischen Politik gewonnen hatten. 1371 erlitten die serbischen Fürsten eine Niederlage bei *Tschernomen* an der Maritza. Nach mehreren siegreichen Schlachten besaßen die Osmanen wichtige strategische Punkte: *Serres* (1383), *Sofia* (um

1385) und *Nysch* (1386). Die serbisch-bosnischen Kräfte errangen zwar 1387 einen glänzenden Sieg bei *Pločnik*, aber schon 1389 in der Schlacht auf dem Amselfeld wendete sich das Blatt: Serbien wurde tributpflichtig und öffnete so dem neuen Sultan Bajesid I. den Weg zu neuen Eroberungen. 1393 wurde Ost-Bulgarien, mit der Hauptstadt *Tyrnowo*, eine osmanische Provinz; die Grenzen des Reiches erreichten die Donau. Nach dem Sieg bei *Nikopolis* (1396) über das Heer der Kreuzritter und die Streitkräfte des Königs von Ungarn, Sigismund von Luxemburg, ereilte das westliche Bulgarien mit der Hauptstadt *Widin* das *gleiche* Schicksal.

Diese beängstigende Situation zwang die Rumänen, in den Kampf gegen die Osmanen einzutreten. Ihr erster Zusammenstoß mit den Türken erfolgte 1369; er endete zum Vorteil der Rumänen. Erst unter der Regierung Mirceas des Alten (Abb. 43, 45) begann der Kampf um die Bewahrung der Unabhängigkeit, an dem schließlich alle Rumänen teilnahmen. Er dauerte insgesamt, mit erfolgreichen Phasen und Niederlagen, mit Augenblicken kräftigen Widerstandes und ruhigeren Perioden, eineinhalb Jahrhunderte. Am Ende konnten die rumänischen Staaten ihre Existenz bewahren: Nördlich der Donau war die osmanische Herrschaft niemals eine direkte, die rumänischen Fürstentümer waren niemals Paschaliks.

Das Herrschaftsvakuum in der Dobrudja nach dem Tode des Despoten Ivanko, der an der Spitze eines um die Mitte des 14. Jahrhunderts geschaffenen lokalen Gebietes stand, benützte Mircea, um dem Ruf der Widerstandskräfte dieser Gegend zu folgen und in den Krieg gegen die Türken einzutreten. Es gelang ihm, zu verhindern, daß das Gebiet zwischen Donau und dem Schwarzen Meer von den Türken erobert wurde, so daß die Dobrudja während langer Perioden seiner Regierung zu Mirceas Besitzungen gehörte. Siegreich in der großen Schlacht bei *Rovine* (1394) gegen die Armeen Bajesids I. und seiner Vasallen, an der Seite der Verbündeten geschlagen in *Nikopolis* (1396), konnte Mircea später noch eine lange Reihe von Erfolgen verzeichnen. Bei den Machtkämpfen innerhalb des Osmanischen Reiches nach der Katastrophe von *Ankara* (1402), setzte Mircea auf einen der Söhne Bajesids, Musa, womit er einen Rivalen gegen dessen Bruder Soliman unterstützte, der die europäischen Provinzen des Reiches in seiner Hand vereinigte. Mit Hilfe walachischer Truppen drang Musa in die Balkan-Halbinsel ein und konnte 1411 Soliman ausschalten. Aber der Sturz Musas (1413) und der Anschluß der osmanischen Streitkräfte an Mohammed I. setzten den Siegeszügen Mirceas ein Ende. Der Fürst der Walachei war genötigt, mit dem neuen Sultan Frieden zu schließen und, nach drei Jahrzehnten des Kampfes, einen Tribut zu entrichten, sicherlich eine vorläufige Maßnahme, die an der Grenze Ruhe schaffen sollte.

Der Friede zwischen dem Fürstentum Walachei und dem Osmanischen Reich mußte mit Vasallendienst erkauft werden, um so mehr, als die ständigen Zwiste innerhalb der herrschenden Klasse und die Thronkämpfe diesen Zustand weitgehend begünstigten. So wurde neue militärische Anstrengung notwendig. Bevor die walachischen Widerstandskämpfer wieder in Aktion traten, schoben sich die Rumänen Siebenbürgens in den Vordergrund. An der Spitze des anti-osmanischen Kampfes stand fünfzehn Jahre lang (1441–1456) Jancu de Hunedoara (Johannes Hunyadi), ein Abkömmling rumänischer Knezen, Wojwode von Siebenbürgen und schließlich Reichsverweser von Ungarn während der Minderjährigkeit des Königs Ladislaus V. Die Rumänen kämpften an der Seite der Ungarn, in den Armeen Hunyadis, und nahmen innerhalb der vereinigten Streitkräfte einen wichtigen Platz ein, wie dies auch die Verleihung des Adels an zahlreiche rumänische Knezen Siebenbürgens und des Banats beweist. Hunyadi übte zu verschiedenen Zeiten über die Walachei und die Moldau eine Art Oberherrschaft aus und konnte deshalb gelegentlich auch die Streitkräfte der Walachei einsetzen. In *Varna* erlitt das Kreuzfahrer-Heer allerdings eine Niederlage (1444), und Wladislaw Jagello, König von Ungarn und Polen, fiel in der Schlacht. Ebenso konnten die Armeen Murads II. dank ihrer großen Überzahl auf dem Amselfeld 1448 erneut einen Sieg erringen. Aber der ›lange Feldzug‹ von 1443 sah die Truppen Hunyadis, die über *Sofia* hinaus vordrangen, auf dem Marsch nach Thrakien, wobei die einheimische Bevölkerung ihnen half, so daß in Europa die Hoffnung auf Vernichtung des Osmanischen Reiches wieder erwachte. Hunyadis letzter Sieg, 1456 bei *Belgrad,* gab diese Schlüsselstellung in die Hand der Christen und gewährte Ungarn eine Gnadenfrist von einem dreiviertel Jahrhundert.

Bald nach dem Tode Hunyadis entschloß sich der Fürst der Walachei, Vlad Țepeș, der Pfähler (1456–1462), dessen sagenhafte Gestalt in unseren Tagen wieder positiver beurteilt wird, mit der Pforte zu brechen. Er weigerte sich, weiterhin Tribut zu zahlen und unternahm im Winter 1461–62 einen gnadenlosen Feldzug entlang der Donau, am rechten Flußufer, um die Ausgangslager der bevorstehenden osmanischen Offensive zu zerstören, an der nicht mehr zu zweifeln war. Sie erfolgte tatsächlich im Mai–Juni 1462. Der Pfähler begegnete ihr mit einer völkisch bunt zusammengewürfelten Armee und bediente sich einer von den Rumänen ›klassisch‹ genannten Taktik: der Feind fand nur ›verbrannte Erde‹ vor, so daß er sich nicht an Ort und Stelle verpflegen konnte. Er wurde beständig an den Flanken bedrängt und schließlich, wenn Gelände und Augenblick günstig waren, zur entscheidenden Schlacht gezwungen, auch wenn er in der Überzahl war. Statt in engem Gelände zu kämpfen, entschloß sich Vlad zu einem nächtlichen Angriff auf das Lager des Sultans – es war Mohammed II., der Eroberer *Konstantinopels* – und verursachte damit eine Panik in der osmanischen Armee. Kurz darauf mußte der Sultan seine erschöpften Kräfte aus einem Lande zurückziehen, das sich als unangreifbar erwiesen hatte. Sobald die Eroberungsgefahr gebannt war, zogen die Bojaren der harten Faust Vlads die mildere Regierung Radus des Schönen (1462–1475) vor, des Kandidaten des Sultans auf einen, durch seinen Bruder, den Pfähler, gefestigten Thron.

Wir haben damit den Zeitpunkt erreicht, zu dem der dritte Zweig der Rumänen, die Moldauer, die Szene betrat. Nach einem ersten osmanischen Angriff (1420) war die Moldau außerhalb des großen Konflikts geblieben. Aber die Angriffsaktionen der Jahre 1454–55 stießen auf eine durch die Thronkämpfe der Adelsparteien nach dem Tode Alexanders des Guten erschöpfte Moldau. 1456 mußte die Moldau ihren ersten

Tribut an die Pforte zahlen. Und damit wuchs die Gefahr einer weitreichenden Abhängigkeit. Dagegen wandte sich Stephan der Große (1457–1504; Abb. 44). Er hat die Moldau gegen die Ansprüche des ungarischen Königs Matthias Corvinus durch seinen Sieg bei *Baia* (1467) und gegen die Forderungen des polnischen Königs Johannes Albert durch den Sieg im Walde von *Cosmin* (1497) verteidigt. Was das Verhältnis zur Pforte betraf, so kam es stets, wie bei Vlad dem Pfähler, durch seine Initiative zum Abbruch der Beziehungen. Der Krieg dauerte lange und war lebensnotwendig geworden wegen der blitzschnellen Erfolge Mohammeds II., der nach der Eroberung von *Konstantinopel* (1453) 1459 die Reste von Serbien annektierte, 1463 Bosnien unterwarf, nach dem Tode des albanischen Helden Skanderbeg (1468) den Widerstand der Albaner brach und schließlich 1483 die Herzegowina unterwarf. Höhepunkt der von Stephan dem Großen geführten Kriege waren die Schlachten bei *Vaslui* (1475) und *Valea Albă* (1467). Bei Vaslui, in einem engen sumpfigen Tal, gelang es Stephan dem Großen mit seinen etwa vierzigtausend Mann dreimal stärkere osmanische Streitkräfte zu vernichten. Der Kern des moldauischen Heeres bestand aus den zahlreichen noch freien Bauern, aus den begeistert kämpfenden Kleinadligen und aus siebenbürgischen Hilfstruppen. Im Jahr darauf führte der Sultan selber den Feldzug. Die Schlacht bei Valea Albă hat zwar Stephan verloren, Mohammed II. mußte sich aber aus der Moldau zurückziehen, ohne eine einzige Festung genommen zu haben, mit einer durch Hunger und Seuchen dezimierten Armee, fortwährend bedrängt von den Scharen der Bauern, die zu ihrem Fürsten gestoßen waren. Der Verlust der stark befestigten Häfen *Chilia* und *Cetătea Albă* (Akkerman) 1484, verwandelte das Schwarze Meer in einen türkischen Binnensee – ein schwerer Schlag, der die Moldau militärisch und wirtschaftlich traf. Stephan der Große beendete 1504 seine ruhmreiche Regierung zwar als Tributpflichtiger der Pforte, aber als Fürst eines Landes, das seine Freiheit zu verteidigen wußte. Erst im Feldzug Solimans des Prächtigen (1538) gegen Petru Rareş (1527–1538; Abb. 47) konnte die Moldau unterworfen werden, weil die Widerstandspläne zusammenbrachen, infolge des Verrats der mit dem autoritär regierenden Fürsten unzufriedenen Bojaren. Neue Versuche Rareş' während seiner zweiten Regierungszeit (1541–1546) führten zu keinem Erfolg. Die osmanische Herrschaft wurde auch in der Walachei drückender. Nach der ungarischen Katastrophe von *Mohács* (1526) und der Umwandlung des größten Teils Ungarns in ein Paschalik (1541) wurde Siebenbürgen ein Vasallenfürstentum der Pforte, allerdings unter besseren Bedingungen als die Walachei und die Moldau. So begann ein neues Kapitel in der Geschichte der Rumänen unter osmanischer Herrschaft. Die Rumänen behielten freilich, anders als die übrigen unterworfenen Völker Südosteuropas, ihre staatlichen Formen und konnten ihre sozialen Strukturen ohne Überlagerung durch die fremde Klassenherrschaft bewahren. Unter den zahlreichen, diese Situation bestimmenden Faktoren, spielte sicherlich auch der zähe militärische Widerstand eine wichtige Rolle, zumal er stets im richtigen Augenblick aufflackerte, und zwar zu einer Zeit, in der ein kleiner Staat sich noch erfolgreich einer Großmacht auf dem Schlachtfeld stellen konnte. Das Überleben der rumänischen Staaten, das Fortdauern ihrer Autonomie, ermöglichte ihnen, allen Hindernissen zum Trotz, nicht nur eine freiere, auf allen Gebieten spürbare kulturelle Entwicklung, sondern machte ihr Land auch zum Zufluchtsort für Menschen, die südlich der Donau gewohnt hatten und hier eine sichere Heimstätte fanden. So wurden die rumänischen Länder ein Sammelplatz für die Befreiungsbewegungen, und außerdem konnten sich hier die von Byzanz geerbten Traditionen ungehindert entfalten. Diese komplexe mehr oder minder aktive internationale Rolle haben die rumänischen Staaten dreieinhalb Jahrhunderte lang gespielt, vom Feldzug Solimans bis zu ihrem eigenen Unabhängigkeitskrieg von 1877.

Im Zeitalter des Widerstands gab es große Fortschritte; die Wirtschaft und die Städte blühten auf. In die bis dahin vorherrschende Naturalwirtschaft wurde eine Bresche geschlagen, die es den Fürsten während der zweiten Hälfte des 15. und zu Beginn des 16. Jahrhunderts ermöglichte, die Immunität der großen Güter sowie die politischen Vorrechte der Feudalklasse einzuschränken und eine erfolgreiche Aktion zur Festigung der Zentralgewalt des Staates zu unternehmen.

In den Skriptorien der großen Klöster wurden damals liturgische Texte oder solche geistlicher Erbauung und Meditation vervielfältigt, auch juridische und historische Werke – die moldauischen Handschriften werden zu Recht gerühmt. Einige, allerdings nicht viele, dafür um so wichtigere Originalwerke kamen hinzu, zum Beispiel die alte moldauische Historiographie oder der walachische Fürstenspiegel Neagoe Basarabs (1512–1521), sowie die ›Ratschläge an seinen Sohn Theodosius‹ des walachischen Fürsten Neagoe Basarab. Im Jahre 1508 wurde das erste Buch gedruckt, ein schönes Meßbuch, und zwar von der Presse des serbischen Mönches Makarios, wahrscheinlich in der walachischen Hauptstadt Tîrgoviște. Aber die hervorragendsten Leistungen wurden auf dem Gebiet der bildenden Kunst geschaffen, vor allem in der Moldau. Auch die Musikschule byzantinischer Tradition entstand, mit dem Hauptsitz im Kloster *Putna* in der Moldau.

Die Osmanen haben die kulturellen Fortschritte weder unterbrochen noch direkt beeinflußt. Dafür aber verschlechterte sich unter ihrer Herrschaft die wirtschaftliche Lage, und sie begünstigte die politische Instabilität.

Die rumänische Kultur blieb einstweilen in ihrem traditionellen Rahmen. Und wenn der Beginn des Lateinunterrichts auch ein bedeutendes Ereignis war, so ist doch die Einführung des Rumänischen als Schriftsprache die Basis einer neuen Entwicklung. Ausgangspunkt war die abgelegene Maramureș, wo Ende des 15. oder Anfang des 16. Jahrhunderts die ersten religiösen Texte ins Rumänische übersetzt wurden. Der erste datierte rumänische Text aus der Walachei ist ein Brief (1521). Noch vor dem Ende des Jahrhunderts wurde das Rumänische für Privaturkunden und in den Fürstenkanzleien benutzt. Es kam zu zahlreichen Übersetzungen liturgischer Bücher für kirchlichen Gebrauch, juridischer Texte und profaner Volksbücher, wie des Alexander-Romans und der Geschichte von Barlaam und Joasaph. Es gab sogar Originalwerke, die ersten rumänischen Chroniken, die aber nur in späteren Übersetzungen oder Bearbeitungen erhalten sind.

Man druckte jetzt auch rumänische Bücher; der wichtigste Druckort für alle rumänischen Gebiete war *Kronstadt*.

Das kulturelle Leben Siebenbürgens entwickelte sich unter unmittelbarem Einfluß des westeuropäischen Humanismus und der Reformation. Der Humanismus begann schon im 15. Jahrhundert einzudringen; seine ersten Zentren waren die Bischofshöfe von *Großwardein* und *Klausenburg*. An diesem ungarischen und sächsischen Humanismus hatten auch Gelehrte rumänischer Abstammung Anteil, die meist dem katholischen Klerus angehörten, von denen Nikolaus Olahus (1493–1568), Primas und Reichsverweser von Ungarn, am bekanntesten war.

Dem Humanismus folgten seit dem dritten Jahrzehnt des 16. Jahrhunderts die lutherische und später die calvinische Reformation; selbst radikale Richtungen fanden Einlaß, wie jene der Unitarier und Wiedertäufer. Der Calvinismus gewann den ungarischen Adel, das Luthertum die sächsische Bevölkerung. Der bedeutendste lutherische Reformator war Johannes Honterus (um 1498–1549), der auch den humanistischen Unterricht in *Kronstadt* eingeführt hatte.

Auf sozialem Gebiet brachte das 16. Jahrhundert in der Walachei wie in der Moldau die Ausweitung des adeligen Großgrundbesitzes und die Leibeigenschaft großer Teile der Bauern. Die immer größere wirtschaftliche Belastung im letzten Jahrhundert der Osmanenherrschaft – ständig wachsender Tribut, Zwangslieferungen und vor allem Zahlung gewaltiger Beiträge, um den Fürstenthron zu erhalten – hatte hohe Steuern und damit die Versklavung der Bauern zur Folge. Gegen Ende des Jahrhunderts wurden durch eine letzte Maßnahme die Leibeigenen an die Scholle gebunden. In Siebenbürgen kam es dazu schon früher, als Strafe nach dem großen Bauernaufstand von 1514 unter der Führung des Szeklers Georg Dózsa; die rumänischen Bauern hatten sich damals gemeinsam mit den ungarischen und Szekler Bauern erhoben.

Die zunehmenden Eingriffe der Pforte in die Autonomie der rumänischen Staaten, der wirtschaftliche Ruin, der ständige Abfluß von Waren und Geld nach Istanbul hatten eine gewaltige Reaktion zur Folge. Schon 1574 führten die Moldauer unter Johann dem Schrecklichen (1572–1574) offen Krieg gegen die Türken, wurden aber bei *Roşcani* geschlagen. Die Freiheitsbewegung lebte 1594 wieder auf im Rahmen des großen, damals ausgebrochenen Konflikts zwischen dem Habsburger und dem Osmanischen Reich. Die rumänische Front hatte in diesem langen Ringen der beiden Mächte eine besondere Bedeutung. Abkommen wurden geschlossen zwischen dem Fürsten von Siebenbürgen, Sigismund Báthory, und den Fürsten der Walachei, Michael dem Tapferen (1593–1601; Abb. 1), und der Moldau, Aaron (1591–1595). Man schlug gemeinsam los; seit Ende 1594 gab es systematische Angriffe auf die türkischen Stützpunkte an der Donau durch die Truppen der beiden rumänischen Fürsten, während die siebenbürgischen und kaiserlichen Truppen im Banat operierten.

Der Kampf um die Donaulinie wurde bis zum Sommer 1595 geführt. Im August folgte dann die osmanische Strafexpedition unter dem Großwesir Sinan Pascha, der die Walachei zu einer Reichsprovinz machen wollte. In der blutigen Schlacht von *Călugăreni* (23. August 1595), aus der Michael der Tapfere als Sieger hervorging, zeichnete sich der walachische Fürst als hervorragender Heerführer aus, und zwar als er seinen moldauischen Verbündeten bereits verloren hatte. Zwei Monate später befreite Michael mit Unterstützung Sigismund Báthorys das nördliche Donauufer von den Resten der Türken. Im folgenden Jahr konnten die rumänischen Truppen, durch serbische und bulgarische Heiducken verstärkt, bis in die Pässe des Balkangebirges vordringen; und 1598 brachte ihnen eine Reihe weiterer Erfolge im osmanischen Gebiet jenseits der Donau.

Michael der Tapfere stand bald vor neuen Problemen. Siebenbürgen hatte unter seinem neuen Fürsten, dem Kardinal Andreas Báthory, den Krieg gegen die Osmanen aufgegeben und versuchte, gestützt auf Polen, sich mit der Pforte zu verständigen. Michael, der seit 1598 die Oberhoheit des Kaisers Rudolf II. anerkannt hatte, überschritt die Karpaten, besiegte im Oktober 1599 bei *Schellenberg* die Armee Andreas Báthorys und zog als Sieger in die siebenbürgische Hauptstadt *Alba Iulia* (Weißenburg) ein. Im Mai 1600 überschritt er die Grenze der Moldau und gewann den Thron des Jeremias Movilă (Abb. 50). So verwirklichte Michael zum ersten Mal die Einheit der drei rumänischen Länder unter der Regierung ein und desselben Fürsten. Aber sie hielt sich nicht lange. Im September 1600 empörte sich der ungarische Adel, im Bunde mit den Patriziern der sächsischen Städte und mit dem kaiserlichen General Georg Basta besiegte er Michael bei *Mirăslău*. Die polnischen Armeen entrissen ihm gleichzeitig die Walachei. Michael sah keine andere Lösung, als zum Kaiser zu gehen, der ihn lange warten ließ. Der siebenbürgische Adel schüttelte jetzt das kaiserliche Protektorat ab und rief Sigismund Báthory auf den Thron zurück. Michael war wieder unentbehrlich. Er sollte erneut Siebenbürgen unterwerfen, zusammen mit Basta; dies gelang bei seinem letzten Sieg, in der Schlacht von *Gorăslau*. Sechs Tage später, am 9. August 1601, wurde er auf Befehl Bastas in seinem Lager bei *Turda* (Thorenburg) ermordet.

Obwohl sie letzten Endes scheiterte, hatte Michaels Aktion bemerkenswerte Folgen. Die durch ihn erzielte Vereinigung war zwar nur vorübergehend und nicht im Sinne eines modernen Nationalstaates, blieb aber im Bewußtsein der Rumänen ein Symbol, ein Beispiel, das es zu befolgen galt. Die Wiederherstellung der osmanischen Herrschaft in der Walachei und in der Moldau geschah nun unter ganz anderen Bedingungen als am Ende des 16. Jahrhunderts. Das Osmanische Reich brauchte ein Jahrhundert, um die rumänischen Gewinne rückgängig zu machen. Bei jeder rumänischen Widerstands- und Aufstandsbewegung war von jetzt an die Erinnerung an Michael den Tapferen gegenwärtig.

Im 17. Jahrhundert lebten die rumänischen Staaten unter einer Adelsherrschaft. Die Bojaren verfügten als Klasse über die politische Macht. Innerhalb des Adels bildeten sich Gruppen, die oft außenpolitisch geteilter Meinung, aber stets einig in dem Bestreben waren, die Macht des Fürsten zu beschränken und möglichst selbständig zu regieren. Dies gelang ihnen immerhin zweimal für längere Zeit. So unter Vasile Lupu in der Moldau (1634–1653; Abb. 131), dem ›Patriarchenmacher‹ und Protektor der orthodoxen Welt, dessen Hof in *Iaşi* sich um kaiserlichen Glanz bemühte. Sein Rivale in der Walachei, Matei Basarab (1632–1654; Abb. 40, 46), aus altem Gutsbesitzeradel, lebte bescheidener, zeichnete sich jedoch ebenfalls als Bauherr aus und konnte eine wichtige Rolle in den internationalen Beziehungen Mittel- und Südosteuropas spielen. Kaiserliche Allüren nahm man am Bukarester Hof an – die Stadt zählte damals etwas über fünfzigtausend Einwohner und war eine der größten in Südosteuropa: unter Şerban Kantakuzino (1678–1688), wahrscheinlich einem Abkömmling des byzantinischen Kaisers Johannes VI. Kantakuzenos, und unter seinem Neffen, dem ›Nabab‹ Constantin Brîncoveanu (1688–1714; Abb. 41, 52).

Besonders auf kulturellem Gebiet geschah im 17. Jahrhundert Außerordentliches. Zunächst triumphierte das Rumänische als Kultursprache in der Kirche, in den Fürstenkanzleien, in der literarischen Produktion. Zu den religiösen Schriften, die immer häufiger direkt aus den griechischen Quellen übersetzt wurden, zu der Übernahme juridischer Texte, zur Erbauungs- und Unterhaltungsliteratur, übersetzt oder bearbeitet, kamen originale historische Werke, die auch politische Gedanken vermittelten. Grigore Ureche, Miron Costin, der Stolnic Constantin Kantakuzino sind die bedeutendsten Vertreter dieser einheitlichen Kultur der drei historischen rumänischen Provinzen. Hervorragend ist das Werk des Historikers, Orientalisten, Geographen und Ethnographen Dimitrie Cantemir (1673–1723; Abb. 132). An lateinischer, gelegentlich auch griechischer Kultur gebildet, schließen diese Gelehrten ihr Land dem südosteuropäischen Humanismus an. Sein Zentralproblem ist die Frage nach der römischen Herkunft des Volkes und der Latinität seiner Sprache, die gleichzeitig auch eine Frage der völkischen Einheit der auf drei politische Gebilde verteilten Rumänen war. Der bewußte Appell an den ruhmreichen römischen Ursprung hatte patriotische und politische Bedeutung, und wir sehen hier Ansatzpunkte für die Bildung eines Nationalbewußtseins.

Das rumänische Buch wird in Siebenbürgen, in der Moldau und in der Walachei gedruckt. Dort gab es unter Brîncoveanu fünf Druckereien. Man druckt auch vieles in griechischer, ja sogar in türkischer und arabischer Sprache. Pressen und Buchdrucker werden nach Georgien und Syrien entsandt, wo sie für die Christen arabischer Sprache arbeiten. Unter Brîncoveanu, wenn nicht schon unter Şerban Kantakuzino, wird die Bukarester Fürstliche Akademie gegründet, eine Hochschule, der bald die Akademie von *Iaşi* folgt.

Das Ende des 17., das beginnende 18. Jahrhundert, bringen wichtige politische Ereignisse. Der lange Krieg, der der Belagerung *Wiens* durch die Türken (1683) folgte, entriß Siebenbürgen der osmanischen Oberhoheit und gliederte es ins Habsburger Reich ein. Siebenbürgen behielt seine privilegierte Ständeverfassung, von der die Rumänen, infolge einer langen geschichtlichen Entwicklung, ausgeschlossen waren. Der Katholizismus kehrte im Zuge des neuen Regimes wieder zurück und gewann die ungarische Bevölkerung. Ein Teil der Rumänen nahm die Union mit der Kirche von Rom an, das orthodoxe Glaubensbekenntnis hingegen wurde nach wie vor vom Staat nicht anerkannt. Trotz der schwierigen Verhältnisse machten die Rumänen Fortschritte. Das sich formierende Bürgertum war die wichtigste Stütze einer politischen Emanzipierungs-Kampagne, für die der unierte Bischof Joan Inochentii Micu-Clain schon in der Mitte des 18. Jahrhunderts das Programm entworfen hatte. Der Freiheitsdrang der Leibeigenen kam in dem großen Aufstand von 1784 zum Ausbruch, an dessen Spitze drei Volkshelden standen, Horia, Cloşca und Crişan. Letzterer beging Selbstmord im Gefängnis, Horia und Cloşca wurden gerädert. Im folgenden Jahr hob ein kaiserlicher Erlaß die Leibeigenschaft auf, gestattete den hörigen Bauern den Ortswechsel, Gewerbefreiheit und Eheschließung ohne Zustimmung des Gutsherrn.

Als Siebenbürgen unter die Herrschaft der Habsburger kam, standen auch die beiden anderen Fürstentümer an einem Wendepunkt ihrer Geschichte. Die innere Krise der Adelsherrschaft, die Notwendigkeit, Gebiete in der Nachbarschaft expansionistischer Großmächte zu verteidigen, mangelndes Vertrauen in die rumänischen Fürsten – das alles veranlaßte die Pforte, die beiden Fürstenthrone nunmehr zuverlässigen Männern anzuvertrauen. Sie glaubte diese unter den Aristokraten des Konstantinopler Phanar-Viertels zu finden, reiche gebildete Männer, die sich bereits als Groß-Dragomane der Pforte bewährt hatten.

Die verrufene Bezeichnung ›Phanarioten‹ meint übrigens nicht nur Gebürtige des Phanar-Viertels oder ausschließlich Griechen, zumal es auch Phanarioten rumänischer Abstammung gab. Das Jahrhundert, das ihren Namen trägt, begann 1711 für die Moldau, 1716 für die Walachei und endet mit der Revolution des Tudor Vladimirescu und mit dem griechischen Freiheitskampf von 1821. Es war zweifellos eines der härtesten Jahrhunderte in der rumänischen Geschichte. Alles, was sich in dieser Zeit ereignete, ergibt ein düsteres Bild: die äußerste Beschränkung der Autonomie unter Fürsten, die direkt von der Pforte ernannt wurden; das Fehlen jeder eigenen Außenpolitik, da die Phanarioten, von wenigen Ausnahmen abgesehen, eine Politik zugunsten der Pforte betrieben; die durch häufigen Wechsel der Fürsten hervorgerufene politische Instabilität; wirtschaftliche Ausbeutung zum Vorteil der Fürsten und der osmanischen Würdenträger in Istanbul sowie der osmanischen Armee; verwüstende Kriege der Türken auf rumänischem Gebiet gegen Österreich und Rußland, mit Gebietsverlusten für die Rumänen (zwischen den Friedensschlüssen von *Passarowitz* und *Belgrad* 1718–1739 war die Kleine Walachei habsburgisch, 1775, nach dem Frieden von *Kütschük-Kainardji* kam die Bukowina zu Österreich, 1812 fiel das Gebiet zwischen Dnjestr und Pruth Rußland zu); Verelendung der Bevölkerung durch hohe Steuern; allgemeine Unsicherheit.

Und trotzdem: dieses Jahrhundert hatte auch ein anderes Gesicht. Es war ein Jahrhundert der Umwandlungen und Neuansätze. Schon Constantin Mavrokordat, der bedeutendste phanariotische Fürst, hob 1746 in der Walachei, 1749 in der Moldau die

Leibeigenschaft auf. Er unternahm es, den Staat zu reformieren, was einige seiner Nachfolger fortsetzten. Auch die Städte begannen sich zu modernisieren. Die alten feudalen Strukturen zerfallen, kapitalistische Produktionsformen dringen langsam vor. Aus den alten städtischen Schichten entwickelt sich allmählich eine Bourgeoisie.

Modernisierung auch im kulturellen Bereich, besonders seit dem Ende des 18. Jahrhunderts. Die fürstlichen Akademien hatten von Anfang an für den ganzen europäischen Südosten eine hervorragende Bedeutung. Ihre griechische Unterrichtssprache erleichterte den Kontakt mit der klassischen Antike und mit der zeitgenössischen Kunst des Abendlandes. Das Griechische war zwar die Umgangssprache der herrschenden Klasse, aber die Selbständigkeit der rumänischen Kultur wurde davon nicht berührt. Die Schulreform des Grigore Alexander Ghica in der Moldau (1766) und des Alexander Ypsilanti in der Walachei (1776) gaben dem bis dahin auf Philosophie und Rhetorik gegründeten Unterricht eine mehr naturwissenschaftliche Richtung.

Die Ausstrahlung der Aufklärung beginnt sich in Rumänen bemerkbar zu machen. Damit kam es zu engeren Kontakten mit dem Westen, zu einer Modernisierung der Kultur. An der Spitze der neuen Bewegungen standen die Rumänen Siebenbürgens, deren Gelehrte die ›Siebenbürgische Schule‹ bildeten, vor allem philologisch und historisch arbeiteten, sich aber auch dem durch die Naturwissenschaften bewirkten gesellschaftlichen Fortschritt nicht verschlossen. Die glänzendsten Vertreter dieser Schule waren Samuel Micu, George Şincai, Petru Maior und Joan Budai-Delanu. Aus den Reihen dieser Gelehrten ging das Programm der nationalen Befreiung hervor, das 1791 im *Supplex Libellus Valachorum*, übrigens ergebnislos, dem Wiener Hof vorgelegt wurde.

Eine Befreiungsbewegung entwickelte sich gleichzeitig in der Walachei und in der Moldau, die, in einer Zeit, in der das Nationalbewußtsein wuchs, die Freiheit und Vereinigung in einem einzigen Staat forderte.

Die revolutionäre Bewegung von 1821 kämpfte für Freiheit, Gleichheit vor dem Gesetz und liberale Marktwirtschaft. Der Zwist mit den griechischen Revolutionären hatte das tragische Ende des Führers der Revolution, Tudor Vladimirescu, zur Folge, aber die angestrebten Ziele konnten in den folgenden Jahrzehnten verwirklicht werden.

Nach 1821 beschleunigt sich der Gang der Ereignisse. Die kulturellen Schöpfungen werden differenzierter, die Beziehungen zwischen den Rumänen, die in verschiedenen Gebieten leben, werden enger, das Ringen um eine nationale Kultur schließt den politischen Kampf mit ein. Die Revolution von 1848, die von allen drei Provinzen gemeinsam getragen wurde, scheitert wie jene von 1821. Aber das Programm ist nun klar; alles strebt dem gleichen Ziele zu. 1859, unter Alexander Ion Cuza (Abb. 42), wird die Vereinigung der Fürstentümer Walachei und Moldau vollzogen. Der Befreiungskrieg von 1877–78 zerriß den dünnen Faden, der das moderne Rumänien noch an das Osmanische Reich band. Es begann eine lange Periode der Vorbereitung zur Vollendung der nationalen Einheit. Den Opfern des Ersten Weltkrieges und dem frei geäußerten Willen der rumänischen Volksmassen gelang es, sie zu verwirklichen.

Die Baukunst in Rumänien vom 10. bis 18. Jahrhundert

Von Grigore Ionescu

Die feudale Architektur im heutigen Rumänien steht in enger Beziehung zur Volkskunst, die kontinuierlich bis in die Zeit der Daker zurückverfolgt werden kann. Ihre ersten Zeugnisse sind zwischen dem 10. und 13. Jahrhundert entstanden. Damals hatten das rumänische Volk und seine Sprache bereits ihre eigene Form gefunden.

Entstehung und Organisation mehrerer feudaler politischer Verbände im ganzen Lande, die von wachsenden kulturellen Ansprüchen des Adels begleitet waren, förderten einen stufenweisen Übergang von der einfachen Baukunst der volkstümlichen Meister zu einer anspruchsvolleren Architektur, bei der dauerhafteres Material und bessere Technik zur Anwendung kamen.

Wie wurde gebaut? Die Technik der Baumeister

Anders als bei der Volksarchitektur, für die man ausschließlich Baustoffe aus der unmittelbaren Umgebung wählte und die dadurch betont landschaftsgebunden war, sind bei feudalen Bauwerken – Kirchen, Klöstern, Burgen, Schlössern – Materialien verschiedenster Herkunft verwendet worden: Flußsteine, unbehauene oder behauene Bruchsteine, gepreßte, gebrannte, oft emaillierte Ziegel, Terracotta und Holz. Als Bindemittel diente Kalkmörtel, der mit Sand und oft auch mit Ziegelstaub angesetzt wurde. Anfangs nahm man Bruchsteine, ohne sich um ein regelmäßiges Fugennetz zu kümmern (opus caementicium). An den Ecken der Gebäude wurden große Steinblöcke eingesetzt, deren sichtbare Flächen ebenso wie die beiden Lagerflächen behauen waren, z. B. am Turm der Kirche von *Strei*, Kreis Hunedoara (13. Jh.). Zur besseren Verbindung des Mauerwerks wurden später zwischen zwei oder mehreren Steinlagen zwei bis drei Ziegelreihen eingefügt, wie z. B. an der Fürstenkirche Sf. Nicolae in *Curtea de Argeş*, um 1350 (Abb. 72).

Haustein wurde, fast immer zusammen mit rohem Mauerwerk, für die stärker beanspruchten Teile des Gebäudes benutzt (Mauerkanten, Sockel- und Gesimsprofile,

Tür- und Fensterrahmen usw.). Seltener kommt ausschließlich behauener Stein vor, wie z. B. bei einigen Baudenkmälern in Siebenbürgen, so bei der Römisch-Katholischen Kathedrale in *Alba Iulia* (Karlsburg; zweite Hälfte des 13. Jh.; Abb. 83) und bei vielen gotischen Kirchen der großen Städte *Sibiu* (Hermannstadt), *Cluj* (Klausenburg), *Brașov* (Kronstadt), *Bistrița* (Bistritz); in der Walachei bei den Klosterkirchen von *Dealu* bei Tîrgoviște (1550) und von *Argeș* (1512–1517) und beim Bojarenhaus in *Herești*, Kreis Ilfov (um 1654); in der Moldau bei den Klosterkirchen von *Dragomirna*, Kreis Suceava (1610; Abb. 108), *Trei Ierarhi* in *Iași* (1639; Abb. 128), *Golia* ebenfalls in *Iași* (1650; Abb. 125) und *Cașiu* im Kreis Bacău (1650). Die regelmäßig zusammengefügten Quader sind fast überall ungleich groß (pseudoisodomer Mauerverband).

Man hat während des ganzen Mittelalters häufig nur Ziegel als Baumaterial verwendet und sie im allgemeinen mit Mörtel verputzt. Seltener ließ man sie als Sichtmauerwerk ohne Verputz: z. B. bei der Klosterkirche *Cotmeana* (Kreis Argeș, Walachei, um 1385) und bei der Kirche von *Snagov*, um 1518 (Abb. 26). Ausnahmsweise findet man an historischen Backsteinbauten des 16. Jahrhunderts in der Walachei abwechselnd drei bis vier waagerechte unverputzte Ziegelreihen und verputzte Abschnitte. Maßwerk, Sockel, Traufen und Gurtgesimse wurden ebenfalls aus Backsteinen hergestellt, und zwar aus besonderen Formsteinen, die das gewünschte Profil hatten: Hohlkehle, Viertelkehle, Rundstab usw.

Zu den Gewölben kann man sagen, daß die von den rumänischen Meistern gefundenen Lösungen verschiedenartig und gut durchdacht sind. Weitverbreitet waren Tonnengewölbe, die manchmal durch Gurtbögen verstärkt wurden, dann Rippengewölbe, ferner Pendentif- und Trompenkuppeln, die auf vorgekragten Bögen ruhten, und schließlich verschiedene Kombinationen von Bögen, die von senkrechten Zylindern oder Kuppelsegmenten geschnitten wurden.

In der byzantinischen und gotischen Architektur wird der Gewölbeschub von im Innern der Bauwerke angeordneten Mauerteilen getragen, bzw. von innen stehenden Pfeilern, allerdings auch von außerhalb der Gebäude errichteten Stützpfeilern (diese sind auch bei romanischen und gotischen Bauwerken Siebenbürgens vorhanden). Dagegen bemühten sich die rumänischen Meister im allgemeinen, den Bodenraum der Gebäude von jedem Hindernis frei zu halten. Die Bögen, welche die Kuppeln und Kuppeltürme tragen, sind organisch mit den Mauern verbunden und fast immer vorgekragt.

Die Moldauer Baumeister der Zeit Stephans des Großen erdachten zwei Systeme, die besonders interessant sind. Bei dem einen wird die progressive Verkleinerung des zu überwölbenden Raumes zunächst durch vier Rundbögen erzielt; zwei querliegende breite Gurtbögen und zwei längsliegende Scheidbögen machen aus dem Rechteck des mit einer Kuppel zu überdeckenden Raumes ein Quadrat. Über diesen Bögen wird mit Gewölbezwickeln (Pendentifs) ein niederer zylinderförmiger Tambour errichtet. Innerhalb desselben befinden sich vier über Eck angeordnete Rundbögen. Über dem quadratischen Prisma, aus den Seiten der Bögen gebildet, erhebt sich, mit Gewölbezwickeln (Pendentifs) die Kuppel, bzw. der Kuppelturm, so beim Naos der *Sf. Ilie-Kirche*

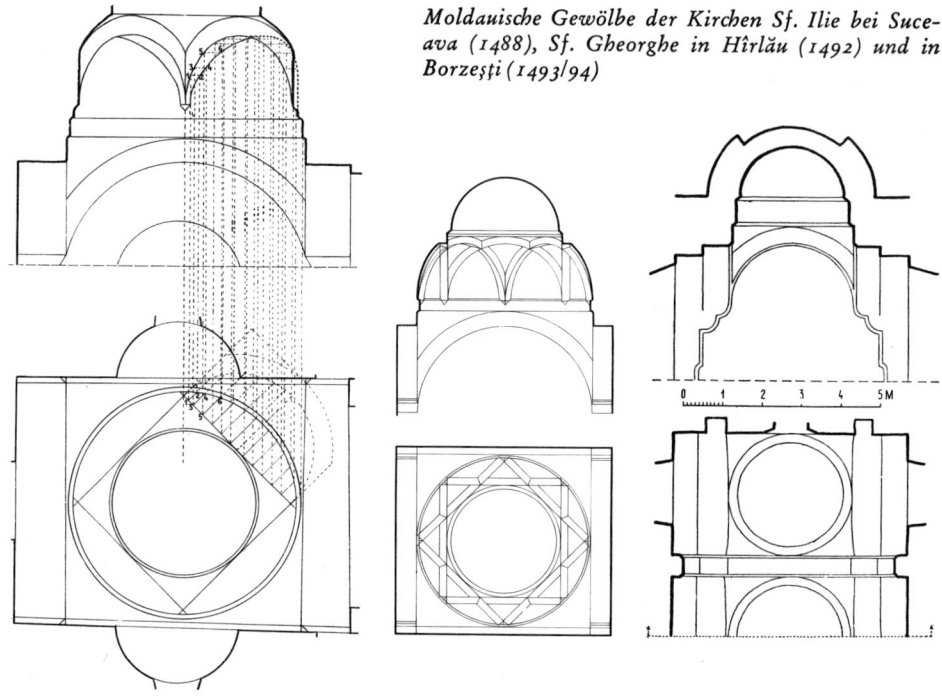

Moldauische Gewölbe der Kirchen Sf. Ilie bei Suceava (1488), Sf. Gheorghe in Hîrlău (1492) und in Borzeşti (1493/94)

bei Suceava (1488). Bei anderen Beispielen befindet sich über den vier unteren, vorgekragten Bögen und den Gewölbezwickeln statt des Tambours ein Ring, und auf diesem ruhen – statt vier – acht gleiche Rundbögen. Vier von ihnen sind parallel zu den Diagonalen des Quadrats, vier parallel zu dessen Seiten angeordnet. Dabei durchdringen sich die einzelnen Bögen und schneiden gleichzeitig ein umliegendes Kuppelsegment. Bei dieser Methode kommt letzten Endes das gleiche Ergebnis zustande wie bei der vorher beschriebenen, aber die Formen wirken weniger starr und dekorativer. Ein gutes Beispiel ist der Pronaos der *Sf. Gheorghe-Kirche* in *Hîrlău* (1492).

Das zweite System ist eine kunstvolle Kombination von zwei oder vier Paaren gleicher Bögen, wobei ein Paar über dem anderen angeordnet ist (zweigeschossige Bogenanlage). Der rechteckige Raum wird zunächst durch einen bis auf den Fußboden (mit mehreren Rücksprüngen) reichenden Gurtbogen in zwei Felder geteilt. Jedes Feld ist mit einer kleinen Kuppel überdeckt. Den Übergang vom rechteckigen Grundriß des Feldes zum Quadrat, über dem sich die Pendentifkuppel erhebt, bilden zwei Paare übereinander angeordneter Bögen, die das Gewicht teils an die Querwände des Raumes weiterleiten, teils an den mittleren Gurtbogen, so beim Pronaos der Kirche von *Borzeşti* (1493–1494).

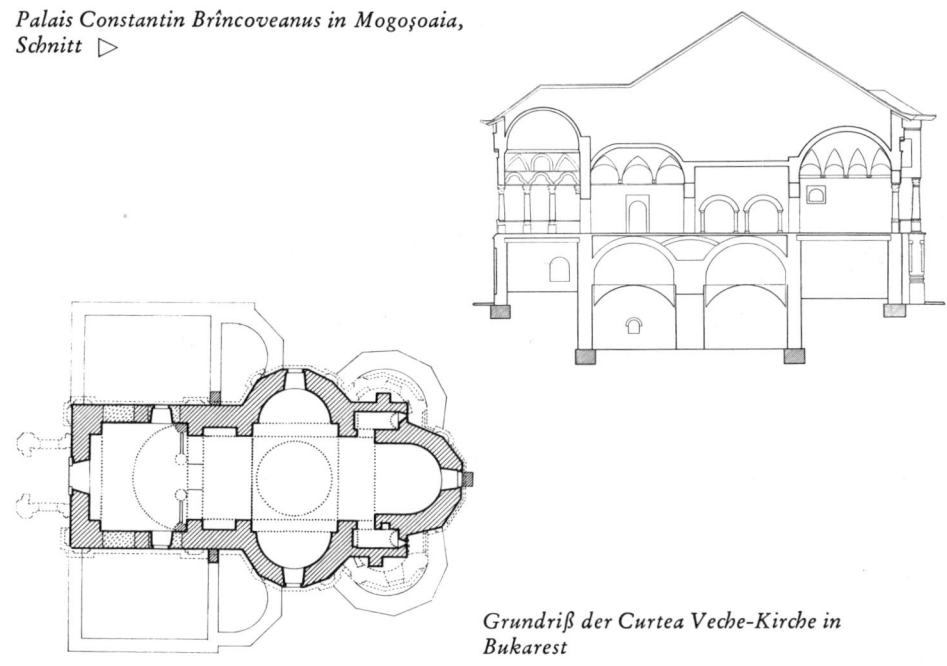

Palais Constantin Brîncoveanus in Mogoșoaia,
Schnitt ▷

Grundriß der Curtea Veche-Kirche in
Bukarest

Wenn der zu überwölbende Raum sehr groß war, dann teilte man ihn durch Stützen. Diese sind mit den Mauern durch Bögen verbunden. Die Einzelfelder des so aufgegliederten Innenraumes sind entweder mit Tonnengewölben überdeckt (so die Keller des Fürstenhauses im *Kloster Brebu*, Kreis Prahova, Walachei, 1650) oder mit Pendentifkuppeln (so die Keller des Palais Constantin Brîncoveanus in *Mogoșoaia* bei Bukarest, 1702).

Im allgemeinen haben die für die rumänische Baukunst charakteristischen Gewölbesysteme angenehme Raumlösungen ergeben. Sie schaffen eine intim-erholsame Atmosphäre im Rahmen monumentaler Formen. Die äußere Gestalt der Gebäude sollte zwei verschiedene Effekte erzielen. Bei den Bauwerken der ersten Periode in der Walachei, die der byzantinischen Tradition näherstanden, versuchte man die Gewölbestruktur auch außen möglichst deutlich zu zeigen (so bei der Fürstenkirche *Sf. Nicolae* in *Curtea de Argeș*; vgl. Fig. S. 82). Meistens bemühte man sich allerdings, die Gewölbe unter dem Dach zu verstecken, das steile, weit überstehende Dachflächen haben mußte, um Schutz zu bieten vor Regen und Schnee. Bei den weitverbreiteten Bauten mit Kuppeltürmen entsprechen den aufeinander folgenden Bögen, die das tragende Gerüst bilden, außen entweder starke prismatische Unterteile (so bei der Kirche *Curtea Veche*

Schnitt und Grundriß der Himmelfahrtskirche im Kloster Neamţ

in *Bukarest,* um 1550) oder, wie in der Moldau, eine Übereinanderstellung von Prismen mit quadratischem, polygonalem oder sternförmigem Grundriß (z. B. bei der *Inălţării,* der Himmelfahrtskirche des *Klosters Neamţ,* 1497).

Historische Entwicklung. Landschaftliche Sonderentwicklungen

Die Wehrbauten, die aus der Zeit zwischen dem 10. und 13. Jahrhundert stammen, sind allesamt Ruinen in fortgeschrittenem Verfallsstadium. Wir erwähnen in der Dobrudja (Scythia Minor) die weitläufige Festung *Păcuiul lui Soare* am Ufer der Donau, die aus großen Bruchsteinen errichtet wurde, und die Festungen *Capidava* und *Dinogeţia,* welche an der Stelle der gleichnamigen römisch-byzantinischen Festungen mit dem Material ihrer Ruinen gebaut wurden. In den übrigen Landesteilen bestehen die Festungen dieser Zeit aus Erde und Holz, umgeben von Wällen, Palisaden und Gräben, zum Beispiel jene von Moreşti am Mieresch und Biharia in Siebenbürgen.

Unter den Sakralbauten sind die bei *Basarabi* neben Murfatlar (Dobrudja) in den Kreidefelsen gehauenen Mönchs- und Grabzellen besonders auffallend (Abb. 17, 18). Ein bemerkenswertes Bauwerk ist die griechisch-orthodoxe Kirche von *Densuş* in Transsilvanien, die man hauptsächlich aus Steinen zusammengefügt hat, welche von den Ruinen der Stadt *Colonia Ulpia Traiana* stammen (Abb. 80). Die Kirche ist ein Zentralbau, bestehend aus einem quadratischen Naos und einer Apsis. In der Mitte des Naos sieht man vier aus je zwei römischen Votivaltären zusammengesetzte Pfeiler, die auf einem Pyramidenstumpf einen hohen Turm tragen, der ursprünglich als Glockenturm und in Notfällen als Versteck diente.

Vom 13. bis zum Ende des 18. Jahrhunderts ging die Baukunst in den drei Landesprovinzen Transsilvanien, Walachei und Moldau jeweils ihren eigenen Gang.

Transsilvanien (Siebenbürgen)

Das Gebiet Siebenbürgens wurde durch schrittweise Eroberungen dem ungarischen Staat einverleibt und bildete dann im 16. Jahrhundert ein selbständiges Fürstentum unter türkischer Oberhoheit. Die Architektur folgt hier chronologisch den mittel- und westeuropäischen Stilformen. Um ihre Herrschaft in dem eroberten Gebiet zu festigen und die Wirtschaft Siebenbürgens zu fördern, die der Krone bedeutende Gewinne versprach, riefen die ungarischen Könige aufgrund bestimmter Abmachungen deutsche Siedlergruppen vom Mittellauf des Rheins und aus Flandern ins Land, oder gestatteten ihnen, sich hier niederzulassen. Diese Siedler, Siebenbürger Sachsen genannt, gründeten die Städte *Bistriţa (Bistritz), Sibiu (Hermannstadt), Braşov (Kronstadt), Sighişoara (Schäßburg), Sebeş (Mühlbach), Mediaş (Mediasch)* u. a. Als diese Städte im 14. Jahrhundert Gestalt gewonnen hatten, wurden sie mit starken Mauern und Türmen befestigt.

Der Entwicklung des städtischen Lebens folgend und dem wachsenden Wohlstand des Adels entsprechend, schufen im Laufe der Jahrhunderte geschickte Meister und Architekten, die in Westeuropa ausgebildet worden waren, eindrucksvolle Bauwerke. Die ältesten stammen aus dem 13. Jahrhundert, aus der Zeit nach dem Tatarensturm von 1241. Sie wurden im romanischen Stil errichtet. Die Kirche der Burg ›Michelsberg‹ in *Cisnădioara*, Kreis Sibiu, ist eine kleine Basilika mit drei Schiffen, Chor und Apsis. Die evangelische Kirche in *Herina (Mönchsdorf)*, Kreis Bistriţa-Nasaud, eine geräumige Basilika, hat drei Schiffe mit Pseudo-Emporen in den Seitenschiffen und zwei Türmen an der Westfassade. Am bedeutendsten ist die Römisch-Katholische Kathedrale in *Alba Iulia (Karlsburg;* Abb. 83) mit drei Schiffen und Querschiff mit Apsiden, Chor, vorstehender Apsis (diese wurde in gotischem Stil erneuert) und einer von zwei Türmen flankierten Westfassade, von denen ein Turm eingestürzt ist, während der obere Teil des zweiten wieder aufgebaut wurde (vgl. Fig. S. 107). Im 14. und 15. Jahrhundert herrschen gotische Formen und Strukturen vor. Der Wohlstand und die bedeutende politische Rolle, welche die Städte damals gespielt haben, lassen sich vor allem an den monumentalen neuen Sakralbauten ablesen. Beispiele sind die Kirche in *Sebeş (Mühlbach)* – ein umgebauter romanischer Bau, dem zwischen 1376 und 1382 ein gotischer Chor angefügt wurde (Abb. 81); Hallenkirchen, wie das St. Michael-Münster in *Cluj (Klausenburg*, 1350–1444) und die Schwarze Kirche in *Braşov (Kronstadt*, 1385–1476; Abb. 94; vgl. Fig. S. 139, 109, 96). Sie wurden von Architekten entworfen, die in deutschen gotischen Bauhütten, aber auch in Siebenbürgen gelernt hatten. Einheimische Meister und Handwerker haben die Entwürfe ausgeführt. Sie unterscheiden sich von den Kirchen der westeuropäischen Gotik dadurch, daß die dicken, kaum durchbrochenen

Mauern beibehalten und die vertikalen Linien weniger betont wurden. Außerdem sieht man hier weniger Wanddekorationen und keine Strebebögen.

Massiv und nüchtern wirken auch die Profan- und Wehrbauten der damaligen Zeit: Wohntürme des Adels und Dorf- oder Kirchenburgen. Sehenswert sind der nachträglich in die Dorfburg von *Cîlnic (Kelling)* einbezogene Wohnturm aus dem 14. Jahrhundert, das von den Kronstädter Bürgern bei *Bran (Törzburg)* gebaute Schloß, das Schloß der Familie Corvin in *Hunedoara* aus dem 15. Jahrhundert (Abb. 78, 79); und vor allem die eindrucksvollen Dorf- oder Kirchenburgen in *Codlea (Zeiden), Rupea (Reps), Prejmer (Tartlau; Abb. 92), Hărman (Honigberg; Umschlagrückseite), Biertan (Birthälm; Farbt. 5), Cisnădie (Heltau), Apold (Trappold), Henndorf* usw., die im 15. und 16. Jahrhundert von den Nachkommen der vom Rhein und aus Flandern stammenden Siedler errichtet wurden (vgl. Fig. S. 99–105).

Fast drei Jahrhunderte lang blieb man in Siebenbürgen der Gotik treu. Dann begann der Renaissancestil, ausgehend von den Bauhütten in *Buda (Ofen), Vişegrad* und *Esztergom (Gran)* in Ungarn, die siebenbürgische Baukunst zu beeinflussen. In der Sakralarchitektur spielte die Renaissance nur in Details eine Rolle, die älteren gotischen Bauten hinzugefügt wurden. Beachtenswert sind u. a. eine Kapelle des Kanonikus Lázó, die 1512 an die Nordseite der Römisch-Katholischen Kathedrale von *Alba Iulia (Karlsburg)* angebaut wurde; ferner Portale, Fenster- und Türrahmen, die man 1560 in die Stadtpfarrkirche von *Bistriţa (Bistritz)* eingemauert hat. Aufgeschlossener gegenüber dem neuen Stil erwies sich der Profanbau. Allerdings gibt es nur wenige gut erhaltene Stadtwohnungen aus dieser Zeit. Von diesen erwähnen wir das Haller-Haus in *Sibiu (Hermannstadt,* um 1550; vgl. Fig. S. 140), das vor kurzem restaurierte Kaufhaus in *Braşov (Kronstadt)* und das Goldschmied-Haus in *Bistritz* (um 1560). Zeugen der siebenbürgischen Renaissance sind die Schlösser von *Brîncoveneşti (Wetsch,* 1537–1538), *Vinţul de Jos (Winzendorf,* 1540) und *Criş (Kreisch* bei Schäßburg, 1550), das 1598 einen auffallend schönen Wohnturm erhielt. Das Schloß von *Făgăraş (Fogarasch)* aus dem 15. Jahrhundert wurde in der ersten Hälfte des 17. Jahrhunderts umgebaut und wie eine Burg befestigt. Sehenswert sind auch die Schlösser von *Medieşul Aurit* (1630) und *Iernut* (um 1650).

Besonders produktiv war die Bautätigkeit im 18. Jahrhundert, als hartnäckig weiterlebende Renaissanceformen allmählich von Barock-Elementen überlagert wurden. Charakteristisch für den neuen siebenbürgischen Stil sind vor allem die Tore der nach dem Vauban-System angelegten Festung von *Alba Iulia (Karlsburg,* 1714–1738), die katholischen Kathedralen in *Timişoara (Temeschburg,* 1736–1754; Architekt Joseph Emanuel Fischer von Erlach) und die Kathedrale von *Oradea (Großwardein,* 1752–1760; Architekt Giovanni Ricca) sowie das Bischofspalais in Oradea (1752–1760; Architekt Franz Anton Hillebrand), das Bánffy-Palais in *Cluj (Klausenburg,* 1774–1785; Architekt Eberhard Blaumann) und das Brukenthal-Palais in *Sibiu (Hermannstadt,* ein Werk des Architekten Anton Martinelli; Abb. 84).

Im Mittelalter haben die Baumeister der seit altersher die Mehrzahl der siebenbürgischen Bevölkerung bildenden Rumänen nur wenige Steinbauten geschaffen, da ihnen die materiellen Voraussetzungen fehlten. Immerhin sind einige dieser Bauwerke auch künstlerisch interessant; zum Beispiel die von den rumänischen Gutsherren gestifteten Kirchen in den Dörfern *Strei, Strei-Sîngeorgiu* und *Sînta Maria Orlea,* alle im Kreis Hunedoara, oder jene, welche die Fürsten der Moldau und der Walachei im 15., 16. und 17. Jahrhundert errichten ließen. Allerdings werden die meisten Steinbauten der einheimischen Rumänen als Zeitdokumente und nicht als Kunstwerke geschätzt. Dagegen haben die rumänischen Meister als Holzarchitekten hervorragend gearbeitet. Viele Bauernhäuser und Kirchen in den nord- und nordostsiebenbürgischen Dörfern bezeugen eine ausgezeichnete handwerkliche Begabung und geheimnisvolle Kraft.

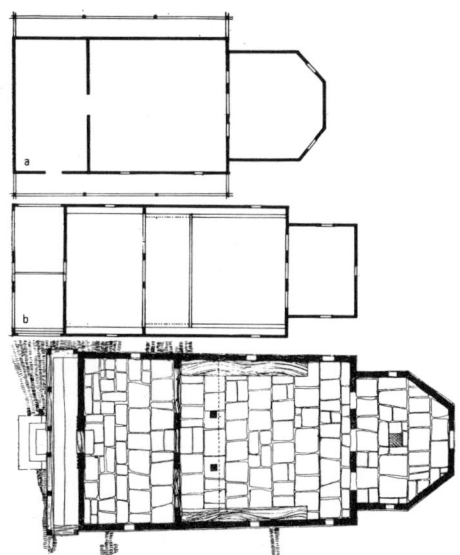

Grundrisse von Holzkirchen Transsilvaniens, a in Tilecuş, b in Rona des Jos, c in Rebrişoara

Anders als in Siebenbürgen zeichnet sich die Architektur in der Walachei und Moldau durch ihre kontinuierliche Entwicklung aus. Bis zum 19. Jahrhundert hat die Architektur in diesen Fürstentümern keiner der mittelalterlichen und neuzeitlichen Stilrichtungen Westeuropas übernommen. Langsam und ohne Unterbrechung konnte die Baukunst in der Walachei und in der Moldau drei Phasen durchlaufen, die der sozialen, wirtschaftlichen und politischen Entwicklung entsprachen. Dabei wurden allmählich die verschiedenen westeuropäischen, orientalischen, byzantinisch-balkanischen und italienischen Stilelementen zu einer originellen Synthese verschmolzen. Die Bauwerke, die diese Entwicklung illustrieren, sind von Etappe zu Etappe recht unterschiedlich, sowohl in ihrer Form und Struktur als auch in der Raumgestaltung und Ausschmückung.

Die Walachei

Die erste historische Phase der Walachei führt vom zweiten Viertel des 14. bis in die zweite Hälfte des 15. Jahrhunderts. In dieser Zeit läßt sich die ursprüngliche Tendenz der Architektur und der übrigen Künste erkennen, so, wie sie von den ersten unabhängigen Fürsten im Rahmen ihrer politischen und kulturellen Bestrebungen gefördert wurde. In den Bauwerken dieser Etappe spiegeln sich sowohl die wirtschaftliche und politische Situation des neuen Staates als auch ein Kampf, der an den Fürstenhöfen zwischen zwei Kunstströmungen ausgetragen wurde. Dabei ging es einerseits um die Gotik, die in den katholischen Bauhütten im nahen Siebenbürgen gepflegt wurde, andererseits um orientalisch-byzantinische Vorbilder, welche den Neigungen des rumänischen Volkes entgegenkamen, das durch seine religiöse und kulturelle Tradition der slawisch-byzantinischen Welt im Süden der Donau verpflichtet war. Dieser Streit endete mit einem Sieg des Orients über den Okzident. Die bedeutendsten Bauwerke der damaligen Zeit sind mehrere Befestigungsanlagen (darunter die Argeş-Festung, nördlich der Stadt Argeş), die Fürstenkirche Sfîntu Nicolae in *Curtea de Argeş* (um 1350, ein Beispiel des byzantinischen Bautypus, eine Kreuzkuppelkirche; Abb. 72) und die Klosterkirche von *Cozia* (1389) mit Drei-Konchen-Grundriß und reich verzierten Fassaden (Steinskulpturen und Keramikornamente; Abb. 58).

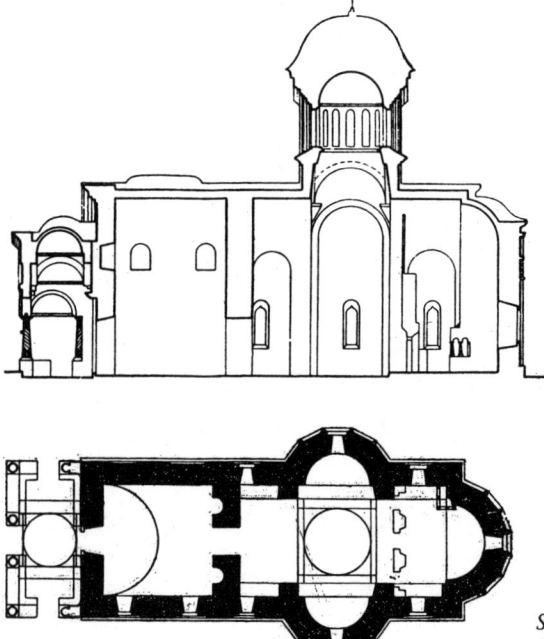

Schnitt und Grundriß der Klosterkirche Cozia

Den zweiten Abschnitt bilden die letzte Hälfte des 15. und das ganze 16. Jahrhundert. In dieser Zeit erfinden die Architekten neue originelle Formen, und spezifische lokale Schulen tauchen auf. Zunächst wurde die Baukunst von den günstigen wirtschaftlichen Verhältnissen und ehrgeizigen Fürsten, zumal von Radu dem Großen (1495–1508) und Neagoe Basarab (1512–1521), getragen. Dann blühte sie auf dank der unermüdlichen Arbeit kundiger Meister. Die Bauten dieser zweiten Etappe sind außerordentliche Kunstwerke, originell in Struktur, Grundriß und bildnerischem Schmuck. Einige Sakralbauten wurden aus behauenem Stein und Marmor geschaffen: die Klosterkirche von *Dealu* bei Tîrgoviște mit Drei-Konchen-Grundriß (1500) und die Bischofskirche, die Episcopala, in *Curtea de Argeș* (1512–1517; Abb. 74) mit erweitertem Pronaos (Vorhalle), so daß sie auch als Mausoleum dienen konnte (vgl. Fig. S. 83). Diese Bauwerke einheimischer Meister fallen auf wegen einer ungewöhnlichen Gliederung der Fassaden. Sie sind in zwei, mit je einer Arkadenfolge geschmückte Horizontal-Register geteilt und reich verziert mit geometrischen und pflanzlichen Ornamenten, die georgischen, armenisch-kaukasischen und islamischen Vorbildern folgen. Andere Bauwerke bestehen ausschließlich aus Ziegeln; sie haben ebenfalls reich gestaltete Fassaden, die an jene der Steinbauten erinnern und künstlerisch wertvoll sind. Beispiele zeigen die Kirche von *Snagov* bei Bukarest (um 1520; Abb. 26), die Bukarester Kirchen *Curtea Veche* (um 1550; Abb. 28), *Marcuța* (1593) und *Mihai Vodă* (1594; Abb. 29; vgl. Fig. S. 49 u. 52).

In der dritten Epoche, die das 17. und die ersten acht Jahrzehnte des 18. Jahrhunderts umfaßt, entwickelt sich die Architektur auf der Basis des bisher erreichten Niveaus weiter. In der Komposition der Sakralbauten werden jetzt ein Vorbau am Westeingang und der Glockenturm über dem Pronaos die bedeutendsten Elemente.

Die Fassaden, in der Regel verputzt, werden zunächst durch die Aneignung moldauischer Stilelemente bereichert: runde glasierte Terrakottaplatten, Tür- und Fensterrahmen in moldauischer Gotik (so z. B. die Kirche Stelea in *Tîrgoviște;* Abb. 69). Gegen Ende des 17. Jahrhunderts beginnt man, alle Architekturteile (Gesimse, Balustraden, Säulen, Tür- und Fensterrahmen usw.) mit Malereien, Stukkaturen und Skulpturen zu verzieren. Zu den repräsentativen Bauten der Epoche zählen: die Klosterkirche von *Brebu* (Kreis Prahova), mit Drei-Konchen-Grundriß und drei Türmen (1650), die Kirche in *Strehaia*, Kreis Mehedinți, mit Glockenturm über dem Pronaos (1645), die Patriarchenkirche in *Bukarest*, die nach dem Vorbild der Mausoleumskirche von Curtea de Argeș gebaut wurde (1655), der Klosterkomplex von *Hurez*, Kreis Vîlcea (1689–1693; Abb. 64), die Kirche *Fundenii Doammei* bei Bukarest (1699; Abb. 34), deren Fassaden mit einem exotischen Stuckdekor überzogen sind, und schließlich die Klosterbauten *Antim* (1714) und *Văcărești* (1722) in Bukarest (vgl. Fig. S. 49).

Es gibt nur noch wenige gut erhaltene traditionelle Bojarenhäuser, so in *Coțofeni*, Kreis Dolj, in *Herești*, Kreis Ilfov (ein in der ersten Hälfte des 17. Jahrhunderts ganz aus behauenem Stein erbautes Haus) oder Häuser innerhalb von Klosteranlagen wie in *Brebu*, oder Negru Vodǎ in *Cîmpulung*. Gegen Anfang des 18. Jahrhunderts bürgert sich im Nordwesten der Walachei eine besondere Art von Wohnhäusern ein, *Culen* genannt, (cula, eine Bezeichnung türkischen, eigentlich albanischen Ursprungs). Es sind festungsähnliche Häuser, deren Vorbild in Persien und Kleinasien zu suchen ist. Sie entsprechen etwa dem befestigten Haus, das während der Türkenherrschaft in den Balkanländern verbreitet war. Die Rumänen haben diesen Typus in origineller Weise abgewandelt. Interessante Beispiele von Bojarenhäusern dieser Art findet man in *Curţişoara*, Kreis Gorj, und in *Mǎldǎreşti*, Kreis Vîlcea (Farbt. 16; Abb. 75).

Einen außerordentlichen Fortschritt verdankt die rumänische Profanbaukunst der Feudalepoche dem Fürsten Constantin *Brîncoveanu* (1688–1714). Brîncoveanu war ein typischer Vertreter des Bojarenadels. Er schätzte ein üppiges Leben im Stil des Sultanhofes von Konstantinopel und übernahm die neuen Ideen aus Rußland, Italien und Frankreich. Der ehrgeizige und reiche Brîncoveanu ließ sich zahlreiche Landsitze bauen, die völlig neu wirkten und in einigen Details an die Architektur Norditaliens erinnern, so daß er ihnen auch die westeuropäische Bezeichnung Palast verlieh. Charakteristische Fürstensitze dieser Art gibt es in *Potlogi*, Kreis Ilfov, und in *Mogoşoaia* bei Bukarest (Abb. 32, 33; vgl. Fig. S. 54, 55).

Die Moldau

Einer uralten Tradition folgend entstanden die architektonischen Formen, die sich während der ersten Etappe der unabhängigen Existenz der Moldau, ihren sozialpolitischen und kulturellen Erfordernissen entsprechend, herausgebildet hatten. Anfangs wurde die moldauische Baukunst von den Vorbildern der westeuropäischen, romanischen und gotischen Bauten beherrscht, später richtete sie sich immer mehr nach den byzantinischen Sakralbauten. Im Laufe der Zeit hat diese Architektur einige selbständige Züge entwickelt, die ihr eine spezifische und einheitliche Physiognomie sicherten.

In der ersten Epoche des unabhängigen moldauischen Staates (1359–1418) entstanden einige bedeutende Wehrbauten und zahlreiche Sakralbauten.

Von den Wehrbauten sind nur noch Ruinen zu sehen. Am eindrucksvollsten sind die Ruinen der Burg *Neamţ* und jene des befestigten Fürstensitzes von *Suceava*. Beide stammen aus der Regierungszeit des Petru Muşat (um 1374–1391). Sakralbauten gab es, wie Urkunden und Funde beweisen, relativ viele. Erhalten haben sich zwei Kirchen, die uns über das damalige Niveau der moldauischen Baukunst Auskunft geben: eine in der Bischofsstadt *Rǎdǎuţi*, die zweite in der damaligen Hauptstadt der Moldau, *Siret*. Die dem Heiligen Nikolaus geweihte Kirche von *Rǎdǎuţi* ist eine romanische Basilika mit drei Schiffen (Abb. 104). Sie wurde dem griechisch-orthodoxen Kultus durch die Dreiteilung des Innenraumes in Pronaos, Naos und Altarapsis angepaßt. Das Mittelschiff trägt ein Tonnengewölbe mit Gurtbogen. Ähnliche, jedoch quergestellte Gewölbe decken auch die Seitenschiffe, welche außerdem eine Art Pseudo-Emporen aufweisen.

Die der Heiligen Dreifaltigkeit geweihte Kirche in *Siret* stammt wahrscheinlich aus dem Jahre 1375 (Abb. 106). Sie hat einen Drei-Konchen-Grundriß und umfaßt einen schmalen, tonnengewölbten Pronaos (Vorhalle), den Naos (Hauptschiff), der von einer großen Kuppel gekrönt wird, und eine Apsis als Altarraum. Auf der Außenmauer, die mit Bruchsteinen verkleidet und teilweise von Backsteinreihen durchzogen ist, sind einige äußerst suggestive Schmuckelemente angebracht: steinerne Tür- und Fensterrahmen, Ziernischenfriese an den Apsiden und Ornamentik aus glasierter Keramik, Scheiben, Ziegel und Röhren mit sternförmigem Kopf.

Die zweite Entwicklungsphase der moldauischen Architektur beginnt mit der Herrschaft Stephans des Großen (1457–1504) und durchläuft das ganze 16. Jahrhundert. Der unermüdliche Baueifer der moldauischen Meister dieser Zeit hat sich in den verschiedensten Bereichen bewährt. Bei den Wehrbauten richteten sie ihr Augenmerk zunächst auf ältere Burgen, die sie modernisierten, um sie wieder verteidigungsfähig zu machen. Die Burg *Neamţ* wurde umgestaltet und durch eine Terrasse vergrößert, die von starken Steinmauern umringt und mit vier Basteien versehen war. Ebenso bedeutend waren die Arbeiten in *Suceava*, wo das alte Schloß erweitert und wie eine Redoute mit einer neuen Burganlage umgeben wurde: ein Hof, der durch dicke und sehr hohe Mauern mit sieben Basteien geschützt war.

Von den zahlreichen Profanbauten – wir erwähnen die Fürstensitze in *Hîrlău, Bacău, Cotnari, Iaşi, Piatra Neamţ, Vaslui* und zahlreiche Bojarenhöfe – sind nur einige Ruinen übriggeblieben. Stattdessen gibt es freilich zahlreiche Kirchen. In diesem Bereich haben die Architekten aus der Zeit Stephans des Großen im allgemeinen zwei verschiedene Bautypen bevorzugt: Kirchen mit rechteckigem Grundriß und nach Osten ausgerichteter Apsis, die mit Tonnengewölbe, beziehungsweise einer Folge von Kuppeln überdacht sind, und solche mit Drei-Konchen-Grundriß, mit einem Kuppelturm über dem Naos und einem nach den Teilen des Gebäudes aufgegliederten Dach.

Aus der zuerst genannten Kategorie erwähnen wir die Kirchen der Dörfer *Bălineşti* und *Arbore*, Kreis Suceava, und die Kirche Adormirea Maicii Domnului (Maria Heimgang) in *Borzeşti*. Der zweite Typus zeichnet sich vor allem durch eine originelle

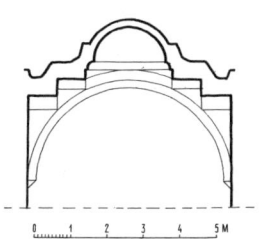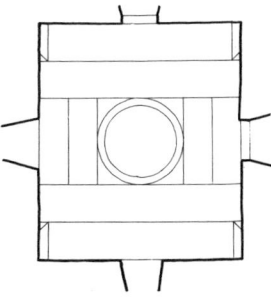

Moldauisches Gewölbe in der Vorhalle der Klosterkirche Arbore, Schnitt und Grundriß

0 1 2 3 4 5 M

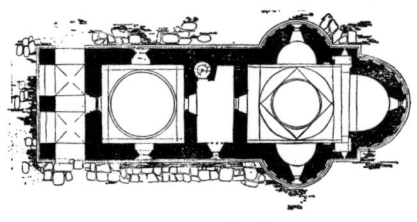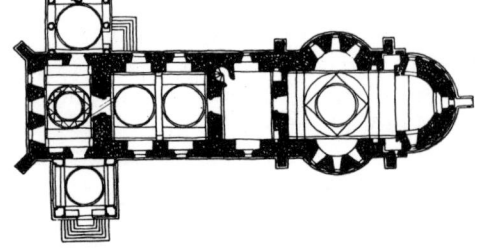

Grundrisse der Klosterkirchen Humor und Suceviţa

Art der Einwölbung des Naos aus. Hierzu gehören die Kirchen der Dörfer *Pătrăuţi, Sf. Ilie* bei Suceava, *Voroneţ*, Kreis Suceava, und die Kirche Sf. Gheorghe in der Stadt *Hîrlău* (vgl. Fig. S. 208). Für die Fassaden wählte man Baustoffe, die in der Umgebung zu finden waren; Details stellte man her aus behauenem Stein, Mauern aus unverputzten Bruch- und Backsteinen. Die Ornamente sind durch eine besondere Vorliebe für Farbenspiele gekennzeichnet, die mit Hilfe der Keramik erreicht werden: glasierte Ziegel in verschiedenen Farben, bunte glasierte Terracottascheiben und andere Schmuckformen. Die gelungensten Bauten dieser Art sind die Kirchen in *Borzeşti*, Kreis Bacău (1493–1494), Sf. Ion in *Piatra Neamţ* (1497–1498) und die Himmelfahrtskirche im *Kloster Neamţ* (1497).

Im 16. Jahrhundert, unter der Regierung von Petru Rareş (1527–1546) und seiner Nachfolger, geben Veränderungen von Einzelheiten dem unter Stephan dem Großen herausgebildeten Stil ein neues Gepräge. Neue Elemente, die die Bauten dieser Zeit kennzeichnen, sind: eine offene Vorhalle (Exonarthex), die dem Westportal vorgelagert ist, und die Polychromie der Fassaden, welche nun durch Fresken bewirkt wird, die sich über die ganze Wand ausbreiten. Repräsentativ für diese neue Stilform sind die Klosterkirchen von *Humor* (1530; Abb. 114), *Moldoviţa* (1532; Abb. 118), *Rîşca* (1542) und *Suceviţa* (1584; Abb. 119). Ferner hat man mit den genannten Elementen auch ältere, genau so berühmte Bauten ergänzt (*Voroneţ*, Abb. 117; *Arbore*, Sf. Gheorghe in *Suceava*, Abb. 107).

Die dritte Entwicklungsphase der moldauischen Architektur erstreckt sich über das ganze 17. und die ersten acht Jahrzehnte des folgenden Jahrhunderts. Politische Veränderungen und Thronwechsel, ausgelöst durch intensivere Beziehungen zwischen den Fürstentümern der Moldau und der Walachei haben zur Folge, daß in die moldauische Architektur Formen, Bau- und Dekorationsverfahren aus der Walachei eindringen, wie sie etwa an den Klosterkirchen *Galaţa* (1485) und *Aroneănu* (1594), beide in der Nähe von Iaşi, abzulesen sind. Ferner bringt die Vorliebe für reichere Detailausbildung im 17. Jahrhundert einige Kloster- und Kirchenbauten hervor, die den traditionellen Grundriß und die übliche Struktur beibehalten, aber Dekorationen bekommen, die neue Kompositionen und Motive aufweisen. Auch die angewandte Technik ändert sich. Diese neuen Elemente erinnern einerseits an armenisch-kaukasische Vorbilder in

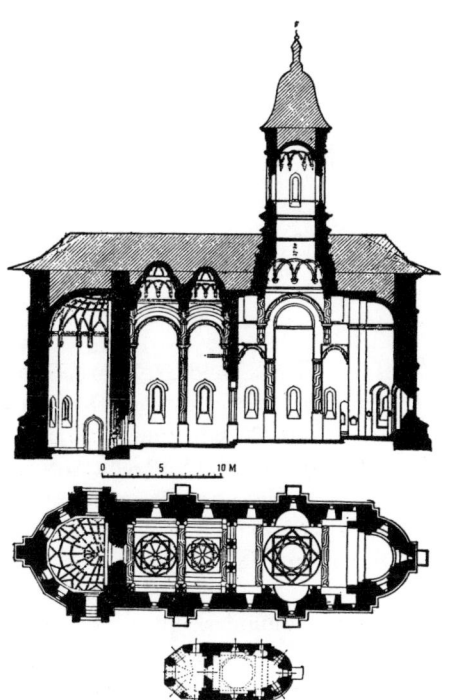

Schnitt und Grundriß der Großen Kirche von Dragomirna.
Unten: Grundriß der Friedhofskapelle

der Variante der russischen Baumeister aus dem Susdal-Gebiet, andererseits an die damals in Polen und Rußland verbreitete barocke Kunst. Ein Beispiel der ersten Variante begegnet uns in dem eleganten Turm der Klosterkirche *Dragomirna* (um 1610; Abb. 108) und vor allem in der Kirche *Trei Ierarhi* in *Iași* (1623; Abb. 128), deren Fassaden vollständig mit Steinmetzarbeiten bedeckt sind, die ursprünglich mit Gold und Lasur überblasen waren (vgl. Fig. S. 178). Die zweite Variante, ebenfalls im Schmuck der Außenmauern, ist an der Kirche *Golia* in *Iași* (1650–1660; Abb. 125) zu sehen, deren Fassaden durch eine großzügige Anordnung neokorinthischer Pilaster gestaltet wurden – eine einmalige Schöpfung in diesem Jahrhundert.

Im 18. Jahrhundert kann man eine zaghafte Wiedergeburt der Tradition feststellen, die unter anderem das Kirchlein des Klosterfriedhofs von *Sucevița* (1772) hervor-bringt. Gleichzeitig versuchen einheimische Meister eine Synthese zu finden zwischen den bodenständigen Strukturformen und neuen, aus der walachischen Architektur übernommenen Elementen. Diesen Bemühungen verdanken wir einige interessante barockartige Bauten, darunter die Kirchen *Sfinții Teodori* in *Iași* (1761), *Sf. Gheorghe* (alte Metropolitankirche) ebenfalls in *Iași* (1772) und die Kirche *Răducanu* in *Tîrgu-Ocna* (1762).

Gold- und Silberschätze

Von Răzvan Theodorescu

Zwischen dem 4. und 10. Jahrhundert liegt, kulturhistorisch betrachtet, eine dunkle Zeit, aus der kein bedeutendes Meisterwerk der Architektur und monumentalen Plastik und auch kein Mosaik (mit Ausnahme des ›Kaiserlichen Bodens‹ der von Byzanz beherrschten Dobrudja) im Gebiet zwischen Karpaten und Donau erhalten blieb. Dafür haben wir allerdings hervorragende kunsthandwerkliche Zeugnisse: Schmuck und Geräte aus kostbarem Metall.

Die prachtvolle Polychromie, ein Erbe der nordpontischen Welt, die Freude an der Ziselierung von Fibeln, Armbändern, Halsketten, Stirnreifen, Pokalen und kostbaren Gefäßen, verbunden mit dem Glanz von Gold und Silber und dem Funkeln von Granaten, Almandinen und Felskristall, entsprachen den künstlerischen Neigungen der Wandervölker, die sich im heutigen rumänischen Raum niedergelassen hatten. Die Tradition der Metallverarbeitung und einige der schmückenden Motive, wie sie am nördlichen Pontos-Ufer, in der griechisch-römischen Welt und später in Byzanz üblich waren, wurden von Generation zu Generation weitergegeben: anthropomorphe, noch klassisch empfundene Elemente, wie in *Pietroasa* und *Conceşti;* leicht stilisierte, wie in *Şimleul Silvaniei;* zoomorphe, an griechisch-römische Motive erinnernde Verzierungen, wie in *Conceşti;* oder solche, die man im östlichen Steppengebiet und im fernen Osten entlieh, so in *Pietroasa* und *Sînicolaul Mare,* wo allmählich immer mehr schematisierte und orientalische Pflanzen- und Blumenmuster auftauchten.

Im Jahre 1837 entdeckte man in *Pietroasa,* am Fuß des Berges Istriţa (Nord-Walachei) zweiundzwanzig goldene Gegenstände, von denen nur zwölf, ungefähr 18 Kilo wiegend, erhalten sind. Sie stellen einen Schatz dar, der in die internationale Fachliteratur durch die Monographie von A. I. Odobescu (1889–1900) eingegangen ist, und der 1868 bei der Pariser Weltausstellung, später in London, Wien und andern Städten gezeigt wurde (Abb. 20, 21). Dieser Fund besteht aus Fibeln, Halsketten und Gefäßen, die ein ästhetisch-einheitliches Ensemble bilden, obwohl es sich um mehrere Gruppen von Gegenständen handelt, die technisch verschieden gearbeitet sind. Die massiven Goldgegenstände stammen aus dem 4. Jahrhundert und gehörten germanischen Stämmen, wahrscheinlich den Goten, die sich damals zwischen Karpaten und Donau aufhielten. Der Schatz von Pietroasa umfaßt unter anderem: einen Diskus, der mit geometrischen Motiven geschmückt ist und gleich nach seiner Auffindung in vier Teile geschnitten wurde; eine massive Halskette vom Typ ›Torques‹, mit uralten Prototypen in der frühhistorischen römischen und germanischen Welt; eine weitere stark zerstörte Halskette mit einer viel kommentierten Inschrift in germanischen Runen (»Gutan Iowi hailag« oder »Gutani o wi hailag«, jedenfalls eine Widmungsformel); einige Objekte, die wahrscheinlich kultische Bedeutung hatten und der gotischen Welt des 4. Jahrhunderts angehörten; eine schlanke Oinochoë, die an spätrömische oder persisch-sassanidische Gefäße erinnert; eine Patera, die beste Arbeit aus Pietroasa mit Anklängen an die Tradition griechisch-römischer Silberschmiedekunst, die auf der inneren Seite sechzehn Göttergestalten eines synchretistischen klassisch-germanischen Pantheons, auch Tiere, Pflanzen und ein zentrales Bildnis, die Magna Mater, zeigt. Im Schatz von Pietroasa, in der Cloisonné-Technik orientalischen Ursprungs gearbeitet, befinden sich außerdem: eine Halskette, eine große Fibel, die einen Falken darstellt; zwei Paar vogelförmige Fibeln, mit Kettchen und Steinen geschmückt, wie man sie auch bei byzantinischen und germanischen Schmuckstücken in Frankreich, Italien und Spanien antreffen kann; eine kleine Fibel in der Form eines stilisierten Vogels; ferner zwei mehreckige Kantharoi, mit zoomorphen Henkeln; Gefäße römisch-orientalischen Ursprungs, mit roten und durchscheinenden Steinen, die größtenteils verlorengingen.

Gegen das Jahr 400 scheint die Vorliebe für Polychromie, die auch der zweite nordsiebenbürgische Schatz aus *Simleul Silvaniei* (1889 gefunden) beweist, mit derjenigen für klassische Thematik im Gleichgewicht zu stehen; eine Vorliebe, die von den manchmal barbarisierten, ›barockisierten‹ Amphoren, Situlae und Silberplatten, die 1811 bis 1812 im moldauischen *Concești* entdeckt wurden (heute in der Eremitage von Leningrad), bezeugt wird.

Im 5. Jahrhundert entwickelte sich die Metallschmiedekunst technisch und stilistisch weiter im Sinne der barbarischen Polychromie, die, besonders in Siebenbürgen, von den späten Germanen verbreitet worden war. Bezeichnend dafür sind einige Schätze aus den Jahren zwischen 450 und 500.

In *Apahida* bei Cluj hat man 1889 einen Schatz aus dem 5. Jahrhundert gefunden, der unter dem Grabmal eines germanischen Führers lag. Es handelt sich hier um zwei Silbergefäße, geschmückt mit bacchischen Szenen und pflanzlichen Motiven, um einen Ring mit dem Namen des Besitzers ›Omharus‹, um Goldschnallen mit Granaten und Almandinen und um goldene Ohrringe mit Kettchen, ähnlich wie in Pietroasa. Ein zweites fürstliches Grabmal wurde 1968/1969 am selben Ort bei Cluj entdeckt. Sein Inventar erinnert an die berühmten merowingischen Grabbeigaben von Tournai und an die angelsächsischen Funde von Sutton Hoo. Im »fürstlichen Grab von Apahida-Cluj« wurde mit Almandinen und grünem Glas verzierter Schmuck gefunden, der von der Kleidung eines germanischen Heerführers, vermutlich eines Gepiden, stammt; Waffen und stilisierte Vögel, Schuh- und Gürtelschnallen, ferner Pferdegeschirr. Einige dieser Funde erinnern, besonders in ihren plastischen Ornamenten, an germanische Vorbilder.

Der gesamte Schatz aus Apahida wurde in das dritte Viertel des 5. Jahrhunderts datiert. Er bildet ein Kapitel barbarisch-germanischer Kunst und beweist zusammen mit den anschließend erwähnten Schätzen die Anwesenheit goto-gepidischer Stämme in Siebenbürgen um die Mitte des 1. Jahrtausends. Die eine dieser Sammlungen stammt aus *Simleul Silvaniei* und wird heute im Kunsthistorischen Museum in Wien und im Budapester Nationalmuseum aufbewahrt; die andere stammt aus *Cluj-Someşeni* und ist jetzt im Historischen Museum von Bukarest ausgestellt, Calea Victoriei 12.

Diese Kollektion wurde 1963 gefunden und besteht aus Anhängern, Schnallen sowie Teilen von Armbändern mit Almandinen, die einer germanischen ›Prinzessin‹ gehörten.

Im 6. und 7. Jahrhundert sind die Zeugnisse der Metallschmiedekunst im Raum zwischen Karpaten und Donau nur spärlich vertreten. Wir haben immerhin germanische sowie ›slawische‹ Schnallen und Fibeln aus Siebenbürgen, Muntenien und Oltenien (Walachei) und aus der Dobrudja; ferner einige awarische Gürtelgarnituren aus dem Banat und aus Siebenbürgen. Sie alle geben eine Vorstellung von den Arbeiten der Kunsthandwerker, die damals in der Steppe, in Byzanz und in den Balkanländern tätig waren.

Dieses Kapitel der Kunstgeschichte wird durch eine bemerkenswerte Entdeckung aus den letzten beiden Jahrhunderten des 1. Jahrtausends beleuchtet. Einige Wissenschaftler haben sie in Zusammenhang gebracht mit dem politischen und kulturellen Zentrum ›Morisena Urbs‹ (Cenad) am Ufer des Mureş, das damals der Wohnsitz gewisser lokaler Lehensherren war, die die Quellen als Glad und Ahtum bezeichnen.

Charakteristisch für die kulturelle, sozusagen internationale Atmosphäre im Banat zwischen dem 9. und 11. Jahrhundert ist der bekannte, dreiundzwanzig Goldgefäße umfassende Schatz, der 1799 in *Sînicolaul Mare* nahe bei Cenad gefunden wurde. Er wird heute im Kunsthistorischen Museum in Wien aufbewahrt. Die Schalen, Becher, Patenen und zoomorphen Goldgefäße sind mit pflanzlichen, geometrischen, zoomorphen und anthropomorphen Motiven verschiedener Herkunft geschmückt, d. h. sie sind griechisch-römisch, byzantinisch, sassanidisch, islamisch inspiriert. Sie bilden stilistisch eine dekorative Synthese der Metallarbeiten aus dem frühen europäischen Mittelalter und gehören vermutlich zum kulturellen Milieu des Banats während der Epoche Glads und Ahtums, stammen also aus der Zeit zwischen 900 und 1000 aus *Morisena Urbs (Cenad)*.

Die bildenden Künste

Von Maria-Ana Musicescu

Transsilvanien (Siebenbürgen)

Von der romanischen und gotischen Wandmalerei sind nur wenige Zeugnisse erhalten. Die ältesten Malereien stammen aus der Mitte des 14. Jahrhunderts: Der Erzengel Michael in der Kirche von *Bistriţa (Bistritz)*, die Kreuzigung und ein Schmerzensmann in *Vlaha* (Kreis Cluj), einige Szenen aus dem Leben des Heiligen Nikolaus und aus der Legende der Heiligen Ursula (*Sic*, Kreis Cluj). In einer harten elastischen Linienführung, in den eher großen, ovalen Gesichtern, kann man Anregungen aus Norditalien erkennen. Bei manchen Werken fällt der norditalienische Akzent besonders auf. Dies gilt für die Szenen aus dem Leben des Heiligen Koloman und des Heiligen Ladislaus in der Kirche von *Ghelinţa* (Kreis Covasna). Koloman, der in Ungarn missionierte und dort 1002 den Märtyrertod starb, wurde 1014 im österreichischen Kloster *Melk* beigesetzt, wo seine Gebeine sich heute noch befinden. Ladislaus ist der heiliggesprochene ungarische König Ladislaus I. (1077–1095). Beide Heiligen sind in ungarischen und slowakischen Kirchen oft dargestellt. Hierher gehören auch die Bekehrung des Apostels Paulus in der 1419 erbauten Kirche von *Dîrju* (Kreis Hargitha), ein Heiliger Nikolaus in der Kirche von *Kronstadt-Bartholomä (Braşov)*, schließlich eine Wandmalerei in der Kirche von *Mǎlîncrav (Malmkroth)* aus der Mitte des 14. Jahrhunderts. Die Wandbemalung der Michaelskapelle in *Cluj (Klausenburg, 1420–1430)* erinnert an jene im Emmaus-Kloster in *Prag* und in der Katharinenkirche in *Tiesertal* (Tirol). Die Kreuzigung in *Sibiu (Hermannstadt)*, ein Werk von Johannes von Rosenau aus dem Jahre 1445 (Abb. 86), läßt an stilistische Eigenheiten der Renaissance denken. Man kann auch, vor allem in den Werken des 15. Jahrhunderts, einen Einfluß der orthodoxen byzantinischen Malerei entdecken.

Die Flügelaltäre, wie jener, der sich heute im Erzbischöflichen Palais von *Esztergom* (*Gran* in Ungarn) befindet und der teilweise dem Werk des Melchior Broederlam ähnlich sieht, sowie jener von *Prejmer (Tartlau)* aus der Mitte des 15. Jahrhunderts, gehören zum Einflußbereich der italienischen, österreichischen und slowakischen Kunst. Im allgemeinen handelt es sich um eine provinzielle Kunst, die durch ihre Zugehörigkeit zur internationalen Gotik ziemlich eklektisch wirkt.

Man könnte sagen, daß die erst vor kurzem ausführlicher untersuchte orthodoxe Wandmalerei Siebenbürgens[19] gleichen Anteil an der abendländischen und an der byzantinischen ikonographischen Welt hat. Die Darstellungen einer ersten Etappe erinnern im Stil, trotz der einfachen Linienführung und der bescheidenen Farbenskala, die eine lebendige Bewegung mit überraschenden Effekten nicht ausschließt, an die ebenfalls eklektische Kunst der dalmatinischen Küste, einer Landschaft slawisch-italienischer Verschmelzung. Diese Phase ist z. B. durch die Wandmalereien der Kirche Sînta Maria Orlea (bei *Hatzeg*, 1311) und jener von *Strei* aus der zweiten Hälfte des 14. Jahrhunderts vertreten, mit ihrer paläologischen Ikonographie, bei der freilich abendländische Details, wie u. a. die Darstellung der Apostel im Bema, nicht fehlen. Übrigens gibt es in den Kirchen neben lateinischen auch slawonische Inschriften.

Die Malerei zwischen 1390 und 1420 zeigt den zunehmenden Einfluß der orthodoxen Ikonographie. Die Kirche von *Leşnic* (von einem gewissen Dobre »dem Rumänen« gestiftet), die Kirchen von *Criscior*, von *Strei Sîngiorgiu* (1409), von *Ribiţa* (1417) u. a. mit ihren Stifterbildnissen, die alle Knezen (örtliche Dorfvögte in Siebenbürgen) sind, deren Porträts enge Beziehungen zur byzantinischen und balkanischen Ikonographie aufweisen, entfernen sich bereits vom Stil der vorausgegangenen Periode. Es handelt sich in diesen drei Jahrzehnten um eine zweite Phase der rumänischen Malerei Siebenbürgens, die man mit Recht eine »erste lokale Synthese« genannt hat. Etwas später, im Laufe des 15. Jahrhunderts, betonen die Malereien der Kirche von *Densuş*, der Kirche von *Rîmeţi* (1486) u. a. stärker diese lokalen Synthesen, die immer offensichtlicher werden. Es sind Werke rumänischer Maler, deren Namen wir kennen: Stephan, der die Kirche von Densuş ausgemalt hat, oder Mihu, Schöpfer der Malereien von Rîmeţi.

Diese siebenbürgisch-rumänische Malerei schwankt noch im Kreuzungsfeld der Einflüsse zwischen Ost und West. Sie spiegelt einerseits die dem Abendland verbundene Kultur der katholischen Adeligen und andererseits die rumänische Gesellschaft, die der orthodoxen Kirche treu und der byzantinischen Tradition verhaftet ist. Von der zweiten Hälfte des 17. Jahrhunderts an wendet diese Malerei sich immer mehr der Walachei zu.

Walachei und Moldau

Im Süden und Osten der Karpaten folgt die walachische und moldauische Malerei dem byzantinischen Paläologenstil (14. Jahrhundert). Das älteste auf uns gekommene Werk, zugleich das repräsentativste dieser Zeit, sind die Malereien in der Nikolauskirche von *Curtea de Argeş* (Abb. 73). Die Datierung des Kirchenbaus und der Malereien ist noch umstritten. Wenn der Kirchenbau noch vor 1359 begonnen wurde, als Hyakinthos, der griechische Bischof von Vicina, zum ersten vom Ökumenischen Patriarchen und vom byzantinischen Kaiser anerkannten Metropoliten der Walachei ernannt wurde, also

104 RĂDĂUŢI Die St. Nikolaus-Kirche, Blick von Nordwesten, 14. Jh.

105 Kloster NEAMŢ Blick von Nordwesten, 1497

106 SIRET Die Klosterkirche, Blick von Südosten, 14. Jh.

107 SUCEAVA Die Klosterkirche St. Georg, Südseite, 16. Jh.

108 DRAGOMIRNA Die Klosterkirche, Blick von Nordosten, 1609

109 DRAGOMIRNA Miniatur im Klosterschatz, 17. Jh.

110 DRAGOMIRNA Miniatur im Klosterschatz, 17. Jh.

111 Kloster PUTNA Liturgische Stickerei, Ende 16. Jh.

112, 113 Kloster PUTNA Liturgische Stickereien. Oben: ›Kommunion der Apostel‹, 1493; unten: Die Gottesmutter, Detail der ›Himmelfahrt Mariä‹ auf dem Vorhang einer Ikonostase, 1485

114   HUMOR   Die Klosterkirche, 1530

115   HUMOR   Ikone in der Klosterkirche, Die Gottesmutter mit dem Kind, 16. Jh.

116   MOLDOVIŢA   Wurzel Jesse, Detail der Fresken an der Südfassade der Klosterkirche, 16. Jh.

118   MOLDOVIŢA   Die Anlage der Klosterkirche

◁ 117   VORONEŢ   Die Klosterkirche von Südosten   120   SUCEVIŢA   Die Anlage der Klosterkirche ▷

119   SUCEVIŢA   Die Klosterkirche, Südfassade

121 VORONEŢ König David vom Fresko des Jüngsten Gerichts an der Westfassade der Klosterkirche

122 MOLDOVIŢA ›Die Belagerung von Konstantinopel durch die Awaren im Jahr 626‹, Fresko an der Südfassade der Klosterkirche, 16. Jh.

123 MOLDOVIŢA Detail des Freskos vom Jüngsten Gericht an der Westfassade der Klosterkirche

125 IAŞI   Die Klosterkirche Golia, 17. Jh.
124 MOLDOVIȚA   Berittene Heilige, Außenfresken über dem rechten Eingang der Klosterkirche
126 IAŞI   Die Biseriaca Sf. Sava, 16.–17. Jh.

127 Kopf eines Engels aus der Trei Ierarhi-Kirche in Iaşi, 17. Jh. Heute im Museum von BUKAREST

128 IAŞI Kirche Trei Ierarhi. Lithographie von P. Müller, nach einer Zeichnung von J. Rey, 1845

129 IAŞI Die Große Straße. Lithographie von P. Müller, nach einer Zeichnung von J. Rey, 1845

130 IAȘI   Die Große Straße: Lithographie von P. Müller, nach einer Zeichnung von J. Ray, 1845

131 Vasile Lupu, Wojwode der Moldau, 1634–53. Kupferstich von William Hondius, nach einer Zeichnung von Abr. von Westerweld, 1651

132 Dimitrie Cantemir, Fürst der Moldau, 1710–11. Kupferstich von Christian Fritsch, 1745

Demetrie Kantemir, des h. rußiſ. Reichs und in Moldau Fürſt, bey dem ruſſ. Kaiſer Peter dem Großen des hohen Senats Mitglied und geheimer Rath

unter dem Fürsten Nikolaus Alexander (1352–1364), dann ist die Malerei wahrscheinlich unter der Regierung des Vladislav Vlaicu (1364–1377) vollendet worden. Es handelt sich hier um eine der wichtigsten Kirchenmalereien der Walachei, deren Ikonographie ein Vorbild der mittelalterlichen walachischen Malerei wurde. Die einzeln oder auch fortlaufend im Fries dargestellten Szenen zeigen im Naos Leben, Leiden, Wunder und Lehre Christi, im Turm den von Engeln umgebenen Pantokrator (Christus als Weltenherrscher), die Propheten und Evangelisten, sowie in Augenhöhe heilige Asketen und Soldaten. In der Konche der Mittelapsis thront die heilige Jungfrau, die auf ihren Knien das Jesuskind hält. Sie werden vom Heiligen Nikolaus, dem Patron der Kirche, vom Heiligen Johannes Chrysostomos, und von zwei Erzengeln verehrt. Darunter befinden sich Darstellungen aus dem Leben Jesu nach seiner Auferstehung, ein mystisches Bild des Bundeszeltes mit huldigenden Hohepriestern und Königen, die Opfergaben der zwölf Stämme Israels, das Abendmahl und schließlich Porträts der Kirchenväter. Auf der Westwand, gegenüber der Gottesmutter in der Apsis, sieht man ein Gemälde des Heimgangs Mariä, eines der an Einzelheiten reichsten in der byzantinischen und balkanischen Malerei. Im Narthex finden wir außer dem Heiligen Nikolaus und den ökumenischen Konzilien – das Jüngste Gericht ist verschwunden, nur das Bild des reichen Prassers ist noch erhalten – über der Eingangstür zum Naos eine Darstellung der Deesis, mit dem Heiligen Nikolaus, dem Patron der Kirche, statt – wie es üblich ist – des Heiligen Johannes. Kniend zu Füßen der Gottesmutter, die gefalteten Hände zum Gebet erhoben, ein Fürst, wahrscheinlich Nikolaus Alexander. Dieses Porträt ist seltsamerweise ein Totenbildnis, ähnlich jenem des Isaak Komnenos in der berühmten Chora-Kirche (Kahrie Camii) in Konstantinopel.[20] Im Naos, am Nordostpfeiler, sind zwei gekrönte Personen dargestellt (im 18. Jahrhundert restauriert), die das Modell der Kirche tragen (Abb. 51). Es handelt sich wahrscheinlich um Vladislav Vlaicu und seine Gemahlin, die die Ausstattung der Kirche vollenden ließen. Zahlreiche ikonographische und stilistische Details dieser Kirchenausmalung erinnern einerseits an die Chora-Kirche in Konstantinopel (Stiftung des berühmten Theodor Metochites), was auch Underwood, der Restaurator dieser Kirche bestätigt[21], andererseits an einige serbische Kirchen aus dem 14. Jahrhundert. Die warmen Farbtöne, die Zeichnungen, mit breiten geschmeidigen Umrissen, die Schönheit der zahlreichen die Szene belebenden Personen, all das ist typisch für den Paläologen-Stil in seiner letzten Phase (14. Jh.).

Von den Wandmalereien der Klosterkirche von *Cozia* aus dem 14. Jahrhundert haben sich nur jene im Narthex erhalten, mit ihren eindrucksvollen Reihen heiliger Asketen, dem Akathistos Hymnos (Lobgesang zu Ehren der Gottesmutter, an der Ostwand) und den ökumenischen Konzilien. Diese übertrieben lineare, durch die Strenge der Gestalten ergreifende Malerei (Abb. 59) erinnert, ebenso wie der Plan und das Äußere des Baus, an serbische Kirchen im Morawa-Tal. Das Schiff der Kirche von Cozia wurde Anfang des 18. Jahrhunderts vollständig neu bemalt. Wir haben hier einen für die walachische Malerei zur Zeit Constantin Brîncoveanus charakteristischen Zyklus vor uns.

In der zweiten Hälfte des 15. Jahrhunderts, einer der schöpferischsten Epochen des rumänischen Mittelalters, entsteht eine beachtliche Malerei, die das Innere der zahlreichen, auf Anordnung Stephans des Großen erbauten Kirchen schmückt. In den Kirchen von *Suceava* (St. Elias), *Voroneț* und *Patrauți* wird die Ausdruckskraft der moldauischen Malerei schon deutlich sichtbar. Die Darstellungen des Lebens und der Passion Christi (von denen der Epitaphios Threnos von *Patrauți* eine der schönsten ist), die Soldatenheiligen, die Porträts des Fürsten und seiner Familie, sowie Themen, deren Symbolgehalt sich auf die politische Lage der Moldau bezieht: Kampf gegen die Türken, sowie die berühmte Kavalkade Konstantins des Großen, von der Eusebios in der ›Vita Constantini‹ berichtet, dargestellt in *Patrauți* und in *Arbore;* Episoden aus dem Leben des Heiligen Johannes des Jüngeren, des Schutzpatrons der mittelalterlichen Moldau; die Deesis in *Voroneț* und in *Suceava* (St. Elias), ferner die Leiter des Johannes Klimax, die Wunder des Heiligen Sawa in Jerusalem und jene des Heiligen Athanasios vom Athos (in *Dobrovăț*) – alle diese Bilder bezeugen enge Beziehungen zur byzantinischen Ikonographie, die vom höheren Klerus übernommen und von den moldauischen Künstlern den kulturellen und geistlichen Bedürfnissen des moldauischen Volkes angepaßt wurden.

Das ikonographische Repertoire wurde im 16. Jahrhundert durch Heiligenleben und durch die Liturgie, so durch den Akathistos Hymnos bereichert. Dies trug dazu bei, daß der monumentale Charakter der Malerei allmählich einer erzählenden Darstellungsweise Platz machte.

Die Malereien, die die Außenwände der Kirchen im 16., vielleicht bereits im 15. Jahrhundert[22] von oben bis unten bedecken, gehören zu den originellsten Schöpfungen der mittelalterlichen rumänischen Kunst (s. Umschlaginnenklappe; Farbt. 17–22; Abb. 115 ff.). In ästhetischer Beziehung sind sie eine beachtliche Leistung, dank der Freskotechnik, deren lebendige Farben dem Wetter fast ein halbes Jahrtausend lang Widerstand leisteten, aber auch durch die großzügige Komposition, die Eleganz der Gebärden, die gelungene Anpassung an die Wandflächen. Die besterhaltenen Werke befinden sich in *Voroneț, Humor, Moldovița, Arbore* und *Sucevița.* Von unbedeutenden Einzelheiten abgesehen, ist die Ikonographie überall die gleiche: auf den Apsiden das große Gebet aller Heiligen (Deesis); im Westen das Jüngste Gericht (Farbt. 20), wo unter den Verdammten die damaligen Feinde der Orthodoxie, Türken, Armenier, Katholiken und Juden zu erkennen sind; auf den anderen Fassaden der Akathistos Hymnos (byzantinische Lobhymne an die Gottesmutter), mit der berühmten Belagerung Konstantinopels durch die Awaren 626, wobei hier *Suceava,* Hauptstadt der Moldau, im Kampf gegen die Türken dargestellt ist (Abb. 122). All dies bildet ein Ganzes, eine politische und geistliche «Botschaft an das moldauische Volk»[23], die in einer originellen, pathetischen, religiösen wie profanen Formel theologisches Denken und geschichtliche Wirklichkeit vereinigt. Die Themen sind byzantinisch. Besonders häufig finden wir sie auch auf dem Athos. Die Sinngebung des Ganzen gehört jedoch der Moldau an, ist die letzte Schöpfung einer von Byzanz geerbten Kunst.

Die walachische Malerei des 16. Jahrhunderts ist eng mit dem nachbyzantinischen Stil Griechenlands (Athos, Meteora) und der zeitgenössischen Malerei Serbiens verbunden. Die am besten erhaltenen Werke befinden sich in den Kirchen von *Tismana*, Kreis Gorj (Narthex), *Bucovăţ* (Kreis Craiova), *Stăneşti* (bei Rîmnicu-Vîlcea) und schließlich, trotz Übermalung, in *Snagov* bei Bukarest. Was von den Wandbildern aus der bedeutenden von Neagoe Basarab gegründeten Klosterkirche von *Argeş* (1517) gerettet wurde, befindet sich heute im Bukarester Kunstmuseum.

Außer den großen Themen aus dem Leben Jesu, der Darstellung der Kirchenväter, der Soldatenheiligen und Kirchenpatrone, begegnen wir in jedem Gesamtwerk allegorischen Themen, die sich auf die Lebensgeschichte des Stifters oder auf aktuelle politische Ereignisse beziehen.

In der Moldau erscheint das 17. Jahrhundert eher als Verfallsepoche. Fürst Vasile Lupu ließ zur Ausschmückung seiner prunkvollen Stiftung, der Trei Ierarhi-Kirche in Iaşi, Maler aus Moskau kommen. Dennoch haben gleichzeitig in der Walachei, besonders in der zweiten Hälfte des Jahrhunderts, unter der Regierung von Şerban Kantacuzino und Constantin Brîncoveanu, rumänische Maler gearbeitet, oft sogar in Gruppen. So jener Pîrvu Mutu, der nach seiner Lehrzeit in der Moldau die Stiftungen der Kantacuzenen ausmalte, insbesondere die Kirchen von *Filipeşti* und *Magureni*. Manchmal arbeiteten sie unter der Leitung eines griechischen Meisters. Einer von ihnen war Konstantinos, der die Doamnei-Kirche in Bukarest ausmalte und die Gruppe im *Hurez-Kloster* leitete, der bedeutendsten Stiftung Constantin Brîncoveanus (Abb. 65). Diese Maler bereicherten die alte byzantinische Ikonographie um zahlreiche Themen, bezogen auf Heilige der apokryphen und volkstümlichen Literatur, die damals in rumänischer Übersetzung in die bäuerlichen Schichten eingedrungen war. Gleichzeitig wird statt des traditionellen Jüngsten Gerichts oft die Apokalypse des heiligen Johannes von Patmos dargestellt, so in der Creţulescu-Kirche in *Bukarest,* in *Preajba* bei Craiova und in der Nikolauskirche in der Kronstadter Vorstadt *Schei*. Das Thema ist vom Athos her inspiriert und beeinflußt wiederum die rumänische Ikonographie. Charakteristisch für die walachische Malerei, beginnend mit dem erwähnten Pîrvu Mutu, sind zahlreiche Stifterbildnisse (Ctitori), die an den Wänden des Narthex angebracht wurden (Abb. 43, 45, 46, 49, 51–53). Die Wojwoden lassen auch ihre Vorgänger auf dem walachischen Fürstenthron darstellen, wie in *Hurez;* andere ihre ganze Familie. Im 18. und im 19. Jahrhundert findet man in den zahlreichen, von kleinen Bojaren oder von Bauern in der Großen und Kleinen Walachei gestifteten Kirchen nicht nur Bilder der Stifter und ihrer Familien in üppigen Trachten, sondern oft auch ein ganzes Dorf, Bäuerinnen mit Säuglingen im Arm, Heiducken, Notable usw. Diese Porträtgalerien bilden einen der interessantesten Züge der walachischen Kunst am Ende des Mittelalters.

Ikonen

Wie in allen orthodoxen Ländern werden in Rumänien die tragbaren Ikonen nicht nur in der Kirche verehrt, sondern sie sind auch das beliebteste, dem Volk vertrauteste Kunstwerk. Das erklärt die große Zahl von Ikonen in den Bauernhäusern, die vielen Werkstätten und die ›Schulen‹ von Ikonenmalern, die seit dem 17. Jahrhundert über das ganze Land verbreitet waren. Themen und Ikonographie gehen auf Byzanz zurück und werden durch Anregungen bereichert, die man der griechischen nachbyzantinischen Malerei verdankt, vor allem dem Berg Athos. Im 16. Jahrhundert bleibt die rumänische Ikonenkunst noch dem Stil des byzantinischen 14. Jahrhunderts verhaftet, obwohl eine gewisse erfinderische Freiheit hinzukommt, die zu einigen ikonographischen Neuerungen von lokalem Interesse führt. Die bekannten Ikonen des 16. Jahrhunderts bewahren alle charakteristischen Züge der Paläologenmalerei des 14. Jahrhunderts. Wir erwähnen die schöne Panaghia Hodegetria aus *Govora*, die von Propheten umgebene heilige Jungfrau aus *Bistriţa*, Kreis Vîcea, die Grablegung aus dem Kloster *Argeş*, heute alle im Bukarester Kunstmuseum, dann die Ikonen der Kirche von *Humor* (vgl. Abb. 115), und schließlich die Apostel Petrus und Paulus, heute im Wiener Kunsthistorischen Museum. Andere Ikonen zeigen neue Details, die der Geschichte des Landes angehören. So eine Kreuzabnahme, dann die serbischen Nationalheiligen, Sawa und Simeon, im Bukarester Kunstmuseum. Sie stellen Stifterbildnisse dar, wie auf der genannten Kreuzabnahme die Fürstin Despina, die Frau des Neagoe Basarab, die ihren verstorbenen Sohn Theodosios trägt. Wir sehen hier die gleiche Synthese zwischen byzantinischer Tradition und nationalen Erfindungen, die einen grundlegenden Zug der mittelalterlichen rumänischen Kunst ausmacht.

Der italo-kretische Stil mit seinen barocken Zügen beeinflußt um die Mitte des 17. Jahrhunderts die rumänische Ikonenmalerei. Wenn die Gestalten auch etwas von ihrer Majestät, von ihrer geistigen Ausdruckskraft einbüßen, wird doch immer deutlicher profane Schönheit gesucht und gefunden. Die Relief-Nimben, die goldenen Hintergründe werden mit Pflanzen- und Blumenornamenten beladen; das ›Maphorion‹ (Mantel) der Gottesmutter fällt in komplizierten Falten um den Thron, nach dem Vorbild der üppigen abendländischen Kleider; der Thron wird zu einem schweren Möbel, übermäßig barock dekoriert. Die großartige Einfachheit der traditionellen Ikone verschwindet unter der blendenden Pracht, und ein religiöses Gefühl ist kaum zu spüren. Gleichzeitig entwickelt sich die Freude am Erzählen. Die Heiligen werden von irdischen Erlebnissen umgeben, die sich in italienisierenden Landschaften, in Palästen und Burgen abspielen. Die Ikone wird allmählich zum Gemälde, das nur noch ein religiöses Thema wiedergibt. Symbolisches drückt sich in alltäglicher Sprache aus.

Es sind freilich nicht diese pompösen Ikonen, die im ganzen Land Verbreitung finden. In dem konservativen monastischen Milieu, rund um die Erzbischofsitze, und in den Dörfern überlebt die reine Tradition. Die Ikonen von *Văleni* (Moldau), aus der Maramureş, die siebenbürgischen Glas-Ikonen – in der aus Mitteleuropa übernommenen

Technik der Hinterglasmalerei, die bis heute in Siebenbürgen fortlebt – und die Ikonen der Kleinen Walachei, bewahren den schlichten ländlichen Charme bäuerlicher Kunst. Der Umriß wirkt hart, auch wenn die Linie geschmeidig ist; die Farben sind hell, wenn auch ohne Glanz; die Gestalten haben das aristokratisch Zarte verloren und die gesunde, geheimnislose Schönheit der Leute vom Land angenommen. Den stilistischen Wandlungen zum Trotz, die allen in der byzantinischen Tradition stehenden Malereien gemeinsam ist, bleibt die rumänische Kunst unverkennbar und beweist noch einmal die Macht der Kontinuität und die Treue des rumänischen Volkes gegenüber seiner künstlerischen Vergangenheit.

Am Ende des 17. und besonders im 18. Jahrhundert folgt die rumänische Ikonenmalerei also zwei Wegen: einem eklektischen, auf dem sie sich oft in völlig verwestlichter Form ausdrückt, und einem ortsgebundenen Weg zur Volkskunst, die durch ihre Vitalität den alten Väterglauben eng an das tägliche Leben bindet, ohne jemals anachronistisch zu sein.

Handschriften

Auf dem Gebiet der illuminierten Handschriften entstanden besonders im 15. und 16. Jahrhundert zahlreiche Meisterwerke, von denen sich heute einige in den großen ausländischen Museen befinden: in Oxford, Wien, München, Moskau, Leningrad, Lemberg u. a. Die repräsentativsten der in Rumänien gebliebenen Handschriften werden im Bukarester Kunstmuseum aufbewahrt, sowie in den Sammlungen der Klöster Putna, Sucevița und Dragomirna. Es handelt sich meist um Bücher für den gottesdienstlichen Gebrauch – am prachtvollsten mit Miniaturen geschmückt sind die Tetra-Evangelien – und Psalterien, Heiligenleben, Übersetzungen aus den Werken östlicher Kirchenväter wie Johannes Chrysostomos, und schließlich um Codices, in denen verschiedene Werke zusammengebunden sind. Die ältesten dieser Handschriften, die aus dem 13. Jahrhundert stammen und in kirchen-slawischer Sprache auf Pergament geschrieben wurden, sind im allgemeinen nur mit einer Reihe von Halbpalmetten, offensichtlich byzantinischer Herkunft, geschmückt. Das mit pflanzen- und tiergestaltigen Ornamenten reich verzierte Tetra-Evangelium des ›Popen‹ Nikodim, des Begründers des Mönchslebens in der Walachei, wurde 1404–1405 geschrieben und illuminiert. Es befindet sich im Bukarester Kunstmuseum. Sein rein griechischer Stil ist wahrscheinlich von ähnlichen Werken des Athos inspiriert. Diese Ornamentierungsart bleibt ein Einzelfall in den rumänischen Ländern. Ein eigener Miniatur-Stil entstand in der Moldau in der ersten Hälfte des 15. Jahrhunderts, der rasch in der orthodoxen Welt bekannt wurde. Der Mönch Gavril Uric aus dem Kloster *Neamț* hat mehrere berühmte Handschriften geschaffen, darunter das Tetra-Evangelium der Bibliotheca Bodleiana in Oxford (Cod. Can. Graeci 122). Es stammt aus dem Jahr 1429 und wurde zum Vorbild der meisten moldauischen Handschriften des 15. und 16. Jahrhunderts. Besonders reich dekoriert ist das Tetra-Evangelium, das der Mönchspriester Nikodim 1473 auf Weisung des Fürsten Stephan des Großen für das Kloster *Humor* abschrieb und illuminierte. Es enthält außer einer Darstellung der vier Evangelisten, prunkvolle Initialen und Zierleisten, das Miniaturporträt des Fürsten, der vor der Gottesmutter kniet und ihr das Buch überreicht. Die meisten moldauischen Handschriften wurden in den Scriptorien der Klöster *Neamţ* und *Putna* hergestellt.

Diese in einer regelmäßigen Halbunziale (eine bestimmte Schriftform auf dem Weg zur Kursive) auf Pergament geschriebenen Handschriften sind mit breiten Zierleisten dekoriert, die aus mehreren Reihen ineinander verschlungener Kreise und Geflechte bestehen. Die hellen, glänzenden Farben sind Rot, Grün, Gelb und Blau, mit goldenen Linien alternierend. Das geometrische Schema dieser Zierleisten wirkt keineswegs monoton, sondern variabel im Detail und niemals überladen.

Die moldauischen Handschriften haben auf die siebenbürgischen einen gewissen Einfluß ausgeübt, besonders seit dem 16. Jahrhundert.

Eklektischer sind die walachischen Handschriften. Beeinflußt von balkanischen Dekorationen, wurden sie gewöhnlich mit Blumen- und Pflanzenmotiven geschmückt. Im 16. Jahrhundert kommen reiche historisierende Schilderungen hinzu: zum Beispiel das heute in *Suceviţa* befindliche Manuskript Nr. 23, das dreihundertneunundfünfzig Miniaturen zählt.

Am Anfang des 17. Jahrhunderts erneuerte der Metropolit der Moldau, Anastasios Crimca, Gründer des Klosters *Dragomirna*, den Stil der moldauischen Miniaturen grundlegend (vgl. Abb. 109, 110). Die Zierleisten bleiben, wenn auch schlichter, die gleichen. Zwischen den Zeilen des Textes und am Rande bringt der Künstler jetzt Miniaturen an, Szenen, Heiligengestalten, Blumensträuße, oft sein eigenes Porträt. Alles wirkt phantasievoll, gelegentlich profan und um so brillanter, weil alle Flächen eine feine Goldschraffur aufweisen. Der gleiche dekorative Stil ist in der Wandmalerei der Klosterkirche von Dragomirna zu finden: zwei Mönche haben sie geschaffen.

Mit der Entwicklung der Buchdruckerkunst im 18. Jahrhundert verschwinden allmählich die Handschriften und Miniaturen. Die letzten handgemalten Buchminiaturen, die den Einfluß des abendländischen Barock erkennen lassen, illustrieren literarische Werke, die damals weit verbreitet waren: den Alexander-Roman, die Erzählung von Barlaam und Joasaph, die äsopischen Fabeln, den Erotokritos. Es handelt sich um eine Art ›Volksgalerie‹, voller Frische und Charme, die nicht mehr dem Mittelalter angehört.

Bildhauerei

Wie überall im christlichen Osten, spielt die Bildhauerei eine untergeordnete Rolle. Die Steinskulptur ist meist dekorativ, flach, und rechnet mit dem Kontrast zwischen Licht und Schatten. Es gibt keine figurative Plastik und kein Hochrelief. Die Technik ist meist das Champlevé, ein an den Rändern höheres Mittelfeld, selten das Flachrelief.

Gleichwohl gibt es einige walachische Architekturdenkmäler *(Cozia, Dealu,* Bischofs-kirche von *Curtea de Argeș),* deren Fassaden reich mit orientalisch inspirierten Skulp-turen (armenisch, georgisch, islamisch) geschmückt sind, bei denen man manchmal die gleichen kunstvollen Geflechte wie in den moldauischen Handschriften findet, auch pflanzliche und geometrische Motive, schließlich die Palmetten und Halbpalmetten der byzantinischen Tradition. So ist z. B. die Trei Ierarhi-Kirche in *Iași* vollständig mit feinen Bildhauerarbeiten bedeckt, ursprünglich vergoldet, auf blauem Grund. In der Moldau gibt es im 15. und 16. Jahrhundert an den Portalen gotische Rundstäbe und über den Fenstern durchbrochene Rosetten. In der Mitte des 17. Jahrhunderts wird die Skulptur mit barocken Elementen bereichert, die über Siebenbürgen hauptsächlich vom Westen kommen, besonders im Schmuck der Säulenkapitelle, die den offenen Exo-narthex abgrenzen (so in *Hurez* und in fast allen Stiftungen Brîncoveanus).

Eine weitere Art der dekorativen Plastik in den rumänischen Fürstentümern zeigen die zahlreichen Grabplatten. In den walachischen Kirchen, wie in der Bischofskirche von *Curtea de Argeș,* sieht man als charakteristisches Ornament ein großes verschlungenes Kreuz oder geometrische Rosetten. In der Moldau dienen dagegen im 15. und 16. Jahr-hundert fast ausschließlich pflanzliche Motive zur Dekoration, ein Feld von eleganten Palmetten oder Halbpalmetten, die stark an die plastischen Verzierungen von Mistra im byzantinischen Griechenland erinnern. Wie die Zierleisten der Handschriften, so variieren auch die Grabplatten. Die bedeutendsten befinden sich in der Nikolauskirche in *Rădăuți,* die Stephan der Große für seine Vorgänger auf dem moldauischen Fürsten-thron gestalten ließ. Andere sind in *Putna, Balinești, Voroneț* und aus dem 16. Jahr-hundert in *Probota, Sucevița* mit besonders reicher Blumendekoration. Im 17. Jahr-hundert bevorzugte man einen neoklassischen, barocken oder orientalischen Stil, wie in der Golia-Kirche in *Iași.*

Siebenbürgen ist wie in der Architektur, so auch in der Bildhauerei dem romanischen und gotischen Abendland verbunden, später der Renaissance und dem Barock. Die Fas-saden und die Portale der großen Kathedralen, zum Beispiel in *Alba Iulia (Karlsburg), Cluj (Klausenburg), Brașov (Kronstadt),* sind mit Statuen und Hochreliefs geschmückt, wenn auch weniger reich als in Deutschland und Frankreich. Besonders bemerkenswert sind die Majestas Domini in der Kathedrale von *Alba Iulia* und die Statue des Heiligen Georg in derselben Kirche. Die Ikonographie, der Stil, die Typologie der Gestalten und ihrer Kleidung sind die gleichen, wie man sie in Österreich und in Deutschland findet, etwa in Wien oder Regensburg.

Holzskulptur

Holzskulpturen gibt es in diesem waldreichen Lande seit uralten Zeiten. Bis heute wird in allen Dörfern jeder Holzgegenstand sorgfältig geschnitzt, von den Arbeitsgeräten für Haus und Feld bis zu den hohen Toren der Bauernhöfe in der Walachei, in Siebenbürgen und in der Maramureş (Abb. 102). Bei den mittelalterlichen Holzkunstwerken unterscheidet man zwei stilistische Etappen: das 16. und das 17.–18. Jahrhundert. Die Türen einer Bilderwand (Ikonostase) aus einer heute verschwundenen Kapelle in *Snagov* von 1453, ebensolche Türen aus dem Anfang des 16. Jahrhunderts aus *Cotmeana* (beide im Bukarester Kunstmuseum), sowie Kirchengestühl und Fürstenthrone aus den Klöstern *Probota, Voroneţ, Moldoviţa* (Mitte des 16. Jahrhunderts), gehören zu den ältesten geschnitzten Meisterwerken in Rumänien. Das Relief ist flach, die Dekoration dicht, die geschnitzten Flächen sind vergoldet, das ornamentale Stilvokabular ist vielfältig. Man findet geometrische Geflechte, Palmetten byzantinischer Herkunft, gotische Rosetten und Spitzbögen. Dabei werden die Motive verschiedener Herkunft deutlich gegeneinander abgesetzt. Das Ganze bildet eine dekorative Einheit, die weder monoton noch aufdringlich wirkt.

Zur Zeit der Kantakuzenen, namentlich unter der Regierung Constantin Brîncoveanus, sind es die hohen geschnitzten Ikonostasen, bei denen die Künstler ihre Phantasie und technische Meisterschaft beweisen. Die Dekoration ist fast überall pflanzlich und gelegentlich von kleinen Engelsköpfen oder von phantastischen orientalischen Tiergestalten unterbrochen. Man findet auch Weintrauben, Geißblatt, Tulpen scheinbar ungeordnet ineinander verschlungen, aber immer zu beiden Seiten einer Sinuskurve symmetrisch angebracht. Im 19. Jahrhundert gewinnt das Barock endgültig die Oberhand, und bäuerliche Meister übernehmen die Kunst, Ikonostasen zu schnitzen.

Liturgische Stickereien

Hier lernen wir eine Kunst kennen, die sich die rumänischen Länder aus der byzantinischen Tradition vollkommen angeeignet haben. Die erhaltenen Werke sind nicht nur das prächtigste Erbe der Kaiserzeit, sondern auch bemerkenswerte Schöpfungen des rumänischen Mittelalters. Wir besitzen die umfangreichste Sammlung repräsentativer Meisterwerke, die aus dem christlichen Orient vom 15. bis zum 17. Jahrhundert auf uns gekommen sind. Da gibt es Epitaphioi (Grabtücher für das Grab Christi), Aere (Kelchtücher), Epitrachelia (die orthodoxe Stola), Vorhänge für Ikonostasen, Epimanikia (liturgische Manschetten) und liturgische Gewänder aller Art, die sich heute nicht nur im Kunstmuseum und im Historischen Museum in *Bukarest* befinden, in den Klöstern von *Putna, Suceviţa, Moldoviţa, Dragomirna*, sondern auch in vielen ausländischen Museen.

Die Stickereien (Abb. 111–113) sind auf blauem oder rotem Seidengrund (später, im 17. Jahrhundert auf Samt), mit Gold-, Silber- oder bunten Seidenfäden meisterhaft gearbeitet und beweisen ein sicheres Gefühl für das Religiöse und tiefe Einsicht in die großen Glaubensthemen. Die Zeichnungen sind geschmeidig, die Umrisse äußerst fein, die Komposition ist ausgeglichen, die Gestalten zeigen unzählige Ausdrucksformen, vom dramatischen Schmerz bis zu vollendeter Gelassenheit (besonders bei den

Epitaphioi). Die hieratischen Gesten sind ohne jede Härte, die Haltungen ruhig und würdig, Szenen und Personen von einer Übereinstimmung, deren kompositorische Harmonie stets die Wirkung unleugbarer Intensität bewahrt. Die großen Epitaphioi von *Cozia* (1395–96), des Abtes Siluan von *Neamţ* (1437), von *Putna* (1490) und *Moldoviţa* (1494) haben nur wenige gleichwertige Partner in den Werken des byzantinischen 14. Jahrhunderts. Unaufdringliche Farben dämpfen den Gold- und Silberglanz, die präzise Sticktechnik lenkt das Licht in die gewünschte Richtung, um so eine Reliefwirkung zu erreichen, die den Gestalten und Gruppen Leben schenkt. Das Kloster *Putna* besitzt vier Ikonostase-Vorhänge aus der Zeit Stephans des Großen. Ein anderer stammt aus der Regierungszeit seines Nachfolgers Bogdan. Die Vorhänge zeigen die Himmelfahrt (1484), den Heimgang Mariä (1485), die Kreuzigung (1500) und die Verkündigung (Ende des 15. Jahrhunderts). Auf dem fünften sieht man ebenfalls den Heimgang Mariä. Palmetten-Medaillons umrahmen die Darstellung der Städte, in denen die Apostel predigten, als die Engel sie zum Heimgang der Jungfrau riefen. Der Vorhang stammt aus dem Jahr 1510. Die Epitaphioi vermitteln geistige Kraft, während die Ikonostase-Vorhänge lyrische Stimmungen ausdrücken. Sie bezeugen die schöpferische Begabung der moldauischen Künstler in den großen Jahrhunderten des rumänischen Mittelalters. Ein anderes bekanntes Meisterwerk ist die Grabdecke der Prinzessin Maria von Mangup auf der Krim, der zweiten Gemahlin Stephans des Großen. Das um 1477 gestickte Tuch befindet sich im Kloster *Putna*. Diese Stickerei kennzeichnet zusammen mit der Architektur von *Neamţ*, der Malerei von *Balineşti*, dem Tetra-Evangelium von *Oxford* die klassische Epoche des rumänischen Mittelalters. Im 16. Jahrhundert stickt man dekorativer, wie es an den schönen Ikonostase-Vorhängen von *Slatina* abgelesen werden kann, die sich heute im Bukarester Kunstmuseum befinden. Sie sind eine Stiftung des Fürsten Lǎpuşneanu, der eine aus dem Jahr 1561, der andere ist nicht datiert. Bunt schillernde Farben überstrahlen die Gold- und Silberfäden; sie wirken wie ein Pastellgemälde in sanften Farbtönen. Die meisterhafte Beherrschung der Technik ist die gleiche wie früher, aber das Dekorative gewinnt gegenüber der Aussagekraft langsam die Oberhand. Im 17. Jahrhundert werden die Stickereien immer reicher, Blumen- und Pflanzenornamente überwuchern das Sujet. Die Gestalten wirken eintönig. Pracht und Aufwand stehen an erster Stelle, die Handlung, das Symbol, das Sakrale treten im gleichen Maße zurück, in welchem das schmückende Beiwerk die Oberhand gewinnt. Dennoch bedeutet dies noch nicht das Ende der großen rumänischen Stickerei-Kunst. Die Grabdecken des Fürsten Jeremias Movilǎ und seines Bruders Simeon im Kloster *Suceviţa*, die Porträts der Tudosca, der Frau des Fürsten Vasile Lupu und ihres Sohnes Johannes in der Trei Ierarhi-Kirche in *Iaşi*, alle aus dem 17. Jahrhundert, setzen nun im profanen Milieu und mit bemerkenswerter Fülle an Details, auch mit einem gewissen Manierismus der Gesten, die Stickerei-Tradition fort. Langsam verliert diese aristokratische Kunst ihren Wert. Zur Zeit der Kantakuzenen und Brîncoveanus gab es in der Walachei noch prunkvolle Arbeiten, bei denen Gold und Perlen die Gestalten und den Ausdruck fast verdecken.

Offenbar sind auch die Künstler seltener geworden. Brîncoveanu wandte sich an griechische Sticker in Konstantinopel, so an den berühmten Despinetas, der ein Virtuose seiner Kunst war. Schließlich wird in der Phanarioten-Zeit die Stickerei, auch für liturgische Zwecke, rein dekorativ, man findet kaum noch religiöse Themen. Die großen Ikonostase-Vorhänge der Fürstenfamilie Mavrokordatos – einst im Museum von *Mogoşoaia* aufbewahrt – haben einen breiten Blumenrand, in der Mitte sieht man auf purpurnem Samt den Doppeladler, der diese Fürsten an das weit zurückliegende Byzanz erinnert. Die erzählende Stickerei gehört der Vergangenheit an, langsam verblaßt die mittelalterliche Tradition und ihre Mentalität. Dennoch geht diese Kunstform nicht unter; sie wird von Bürgern, Mönchen und Bauern übernommen. Die Technik ist jetzt eine andere, der Einfluß des Abendlandes wird immer stärker. Die Klöster von *Văratec* und *Agapia* in der Moldau bewahren eine Sammlung dieser späten Arbeiten, die meisten stammen aus dem 19. Jahrhundert. Sie mischen Altes und Neues, Religiöses und Profanes zu einem Stil, in welchem technische Meisterschaft vorherrscht.

Keramik

Diese Kunst, die seit Jahrtausenden ausgeübt wird und die in mancher Hinsicht (Formen, Techniken, Dekorationsmuster) mit der heutigen bäuerlichen Keramik verwandt ist, spielt im Mittelalter eine Rolle, die über den Gebrauchswert ihrer Erzeugnisse hinausweist. Die mittelalterliche rumänische Keramik schuf einerseits Luxusgegenstände, deren technische Perfektion mit der Eleganz ihrer Formen, dem seidigen Glanz der Farben, der überraschenden, unendlich vielfältigen Dekoration (pflanzliche, tiergestaltige, phantastische Muster) den großen Kunstwerken in nichts nachsteht. Andererseits dienten Keramiken zum Schmuck der Kirchenfassaden des 14. bis 16. Jahrhunderts. Bei archäologischen Grabungen hat man in allen Siedlungen und Friedhöfen des 10. und 11. Jahrhunderts zahlreiche Scherben emaillierter Tongefäße gefunden, die mit Sgraffito-Zeichnungen, Palmetten, Drachen, Vögeln und Geflechten geschmückt sind (heute in den archäologischen Museen von *Bukarest, Iaşi, Piatra-Neamţ* und *Klausenburg*). Sie stammen offensichtlich aus Byzanz oder Konstantinopel. Zur selben Zeit hatten die rumänischen Töpfer diese Dekorationsformen bereits übernommen und assimiliert. Diese keramischen Gebrauchs- und Luxusgegenstände gaben den heutigen Töpferei-Erzeugnissen das Vorbild. Sie wurden in Werkstätten hergestellt, die seit Jahrhunderten am gleichen Ort bestehen, so in den Dörfern *Oboga* und *Hurez* in der Kleinen Walachei, in *Margina* bei Rădăuţi in der Moldau. Die ›monumentale‹ Keramik hat sich seit dem 14. Jahrhundert besonders in der Moldau entwickelt (Dreifaltigkeitskirche von *Siret*) und erreichte ihre Vollendung Ende des 15. Jahrhunderts. Man kennt zu dieser Zeit auch in der Walachei eine prächtige Dekoration, wie z. B. in *Cozia* und *Cotmeana*, deren Kirchen mit glasierten Keramikscheiben byzantinischer Herkunft geschmückt sind, die über das mittelalterliche Serbien und über Bulgarien vermittelt wurden – man denke nur an die Kirchen von *Nesebăr* (Messembria) an der bulgarischen Schwarzmeerküste. Diese Kunst fand aber keine Fortsetzung. Wir können nebenbei noch ein walachisches Baudenkmal aus dem 16. Jahrhundert erwähnen, *Cobia* (10 Kilometer nördlich von Tîrgoviște), dessen Fassaden ganz aus vielfarbigen emaillierten Ziegeln bestehen, eine einmalige Schöpfung im gesamten rumänischen Gebiet.

Die großen und kleinen moldauischen Kirchen, die unter der Regierung Stephans des Großen errichtet wurden (*Voroneț, Bălinești, Hîrlău, Neamț* u. a.) sind alle mit emaillierten Keramikscheiben dekoriert, gelben, grünen, besonders braunen, die das Gesims und die Fensterlaibungen mit ihren gotischen Profilen betonen. Die in rotem Backstein gehaltenen Fassaden, die Sockel und Portale aus weißem, behauenem Stein werden so mit leuchtendem Schmuck bereichert, daß man dabei an die verzierten Fassaden byzantinischer Kirchen denkt. Es ist aber nicht immer nur Byzanz, das dieser rumänischen keramischen Dekoration zum Vorbild dient. Ursprünglich orientalischer Herkunft, spielt die Keramik eine bedeutende Rolle auch in Mitteleuropa und in den nordischen Ländern. Ein umfangreiches ornamentales Repertoire, wie wir es in der phantastischen romanischen Skulptur finden, schmückt in Siebenbürgen und in der Moldau die in Relief gehaltenen Kacheln der Kamine und Öfen. Später, gegen Mitte des 17. Jahrhunderts, ist es die prunkvolle kleinasiatische Keramik, mit ihrer geometrischen und pflanzlichen Dekoration, die die rumänischen Töpfer anregte, von denen man jetzt erwartete, die Außen- und Innenwände der Häuser zu schmücken. Die Baukeramik verschwindet am Ende des Mittelalters. Aber die Töpfereiarbeiten der Bauern sind immer noch kleine Kunstwerke, die in der Stadt nicht weniger geschätzt werden als im Dorf. Die Bauern verkaufen sie bis heute auf den städtischen Jahrmärkten.

Anmerkungen

1 *Istoria literaturii romane*, Ed. Acad. Bucureşti 1964, S. 348–351

2 Vgl. Ariadna Camariano, *Le Théâtre grec à Bucarest au début du XIX siècle*

3 Jorga, Nic., *Geschichte des Rumänischen Volkes*, Gotha 1905

4 Hannah Pakula, *The Life of the legendary Marie, Queen of Roumania, The most famous Beauty, Heroine and royal Celebrity of her time*, New York, Simon and Schuster, 1984

5 Ghislain de Diesbach, *Princesse Bibesco*, Paris, Librairie académique Perrin, 1986

6 *Le monde morale*, Genf 1764

7 Vgl. Maria-Ana Musicescu, *Byzance et le portrait roumaine au moyen-âge*

8 *Chronographia Transsylvaniae*

9 Jorga, Nic., *Geschichte des Rumänischen Volkes*, Gotha 1905, S. 257

10 Vgl. das 1972 in New York erschienene Drakula-Buch von McNally und Florescu

11 Jorga, Nic., *Geschichte des Rumänischen Volkes*, Gotha 1905, S. 339

12 *Le Tour du monde*, Paris, Librairie Hachette, 1868

13 D. Năstase, *L'heritage imperial byzantin dans l'art et l'histoire des pays roumains*, Mailand 1976 (Fondation Européenne Dragan)

14 A. Lapedati, *Mesterii bisericilor moldovene sec. XVI*, S. 28–30

15 Nach George Oprescu

16 Vgl. Jesaija 11,1

17 Nachbildung des 19. Jahrhunderts nach einem Original des 15. Jahrhunderts

18 Vasile Draguţ, *Dragoş Coman*, Bucureşti 1969

19 Vasile Draguţ, *Pictura Murala in Transsilvania (Die Wandmalerei in Siebenbürgen)*, Bukarest 1970

20 P. A. Underwood, *The Kahrie Camii*, New York 1967, Bd. I, S. 46

21 P. A. Underwood, op. cit., Bd. I, S. 46

22 D. Năstase, *Ideia imperială in Ţările Romăne*, Athen 1972 (Fondation Européenne Dragan 9)

23 Sorin Ulla, *Revue roumaine d'Histoire*, Bd. II, 1963, Nr. 1

Über die Autoren

Evi Melas

wurde in Athen geboren, wo sie, abgesehen von langen Reisen in verschiedene Länder, ständig lebt. Sie besuchte die juristische Fakultät der Universität Athen. Übersetzungen ins Griechische und Adaptionen für Theater und Rundfunk und eigene kurze Hörspiele. Der Schweizer Atlantis-Verlag und der Kurt-Desch-Verlag veröffentlichten Novellen von ihr.

Evi Melas war seit 1959 Korrespondentin des ›Münchner Merkur‹, der ›Welt‹ und der ›Stuttgarter Zeitung‹; gelegentlich auch Mitarbeiterin des Österreichischen Rundfunks, der Zeitschrift ›Christ und Welt‹ und anderer Blätter. Als 1967 das Militär-Regime die Macht ergriff, gab sie ihre Korrespondenten-Tätigkeit auf.

Im DuMont Buchverlag veröffentlichte Evi Melas neben dem vorliegenden Buch den Kunst-Reiseführer *Athen. Geschichte, Kunst und Leben der ältesten europäischen Großstadt von der Antike bis zur Gegenwart* (1975) und den »Richtig-Reisen«-Band *Griechenland. Delphi, Athen, Peloponnes und Inseln* (1980). Sie ist Herausgeberin und Mitarbeiterin der Kunst-Reiseführer *Tempel und Stätten der Götter Griechenlands* (1970), *Alte Kirchen und Klöster Griechenlands* (1972) und *Die Griechischen Inseln* (1976). Evi Melas ist Mitglied des Internationalen Presseinstituts (IPI).

Dionys M. Pippidi

Prof. Dr., Dr. h.c., geboren 1905, studierte in Bukarest, Paris und Rom. Professor der Geschichte, der Literatur der Griechen und Römer an der Universität Bukarest, später Professor der Alten Geschichte und der Inschriftenkunde, seit 1970 Direktor des Archäologischen Instituts in Bukarest. Mitglied des Institut de France (Académie des Inscriptions et Belles Lettres), korrespondierendes Mitglied der Rumänischen Akademie der Wissenschaften und der British Academy, Honorary Fellow der Society for the Promotion of Roman Studies, Ordentliches Mitglied des Deutschen Archäologischen Instituts, wirkliches Mitglied des Österreichischen Archäologischen Instituts. – Seine frühen Arbeiten galten der Literaturgeschichte und der Religionsgeschichte sowie der Geschichte Roms der Julisch-Claudischen Epoche. Später wandte er sich der rumänischen Frühgeschichte zu. Er hielt Gastvorlesungen an vielen Universitäten Europas und der USA und veröffentlichte zahlreiche Artikel in rumänischen und ausländischen Fachzeitschriften.

Buchveröffentlichungen:

Recherches sur le culte impérial, Paris 1939

Autour de Tibère, Bukarest 1944 (^{2}Rom 1965)

Epigraphische Beiträge zur Geschichte Histrias in hellenistischer und römischer Zeit, Berlin 1962

I Greci nel Basso Danubio, dall'età arcaica alla conquista romana, Mailand 1971

Scythica minora. Recherches sur les colonies grecques du littoral roumain de la mer Noire, Amsterdam 1975.

Mihai Berza

geboren 1907 in Tecuci (Rumänien), verstorben 1980. Studium der Philologie an der Universität Iaşi (Staatsexamen 1929, Dr. phil. 1935). 1931–1933 Mitglied, 1933–1934 Bibliothekar und 1936–1938 Sekretär des Rumänischen Instituts in Rom. 1935–1936 Gasthörer der ›Ecole pratique des Hautes Etudes‹ in Paris.

1941–1948 stellvertretender Direktor am Institut für Weltgeschichte ›N. Jorga‹ in Bukarest. 1944–1950 Professor am Institut für Archivistik, 1950–1973 Professor der Geschichte an der Universität Bukarest und 1964–1973 Ordinarius für Weltgeschichte. 1963 Direktor des ›Instituts des Etudes Sud-est européennes‹ in Bukarest und seit 1963 Chefredakteur der ›Revue des études sud-est européennes‹ sowie korrespondierendes Mitglied der Rumänischen Akademie. 1970 Mitglied der Rumänischen Akademie für sozial-politische Wissenschaften, 1975 korrespondierendes Mitglied der Belgrader Akademie der Wissenschaften und der Künste.

Mihai Berza ist Präsident des rumänischen Nationalkomitees für südosteuropäische Studien, Mitglied des Komitees der Association internationale des études du Sud-Est européen (seit 1964), Präsident der Internationalen Comission internationale d'histoire des idées de l'AIESSEE, Mitglied des Comité international des sciences historiques (1970) sowie Vizepräsident der Association internationale des études byzantines (seit 1971).

Viele Veröffentlichungen in rumänischen, italienischen und französischen Fachzeitschriften; in deutscher Sprache erschien *Der Kreuzzug gegen die Türken – ein europäisches Problem*, Revue hist. du Sud-Est europ. XIX, 1942.

Einige Buchveröffentlichungen:

Das Kloster Suceviţa, Kunst-Monographie, in Zusammenarbeit mit M. A. Musicescu, Bukarest, 1958 (Rumänisch).

Denkmäler und Kunstgegenstände aus der Epoche Stephans des Großen, veröffentlicht unter der Leitung von M. B., Bukarest, 1958 (eigener Beitrag: Architektur, Manuskripte und Miniaturen) (Rumänisch).

Geschichte Rumäniens, Bd. II–III (Mittelalter), Bukarest, 1962, 1964. Verantwortlicher Redakteur und Autor zahlreicher Kapitel (Rumänisch).
Die Moldau-Kultur in der Epoche Stephans d. Großen, Zusammenstellung von M. B., Bukarest, 1964 (Rumänisch).

Grigore Ionescu

Architekt, geboren 1904 in Floreşti-Prahova Cty, verstorben 1987. Diplom der Universität Bukarest 1930. Spezielle Studien der Architekturgeschichte und der Erhaltung historischer Bauten. 1931–1933 Mitglied des Rumänischen Instituts in Rom, 1935–1942 Dozent an der Architektur-Akademie Bukarest, 1942–1973 ordentlicher Professor, 1944–1950 Dekan der Fakultät Architektur. Prof. Dr. Ionescu ist Mitglied der Commission des Monuments Historiques et d'Art von Rumänien und war von 1963–1966 deren Direktor. Er ist Mitglied des Conseil Scientifique de l'Institut International des Châteaux Historiques (IBI) und der Nationalen Kommission der Volks-Republik Rumänien bei der UNESCO. Veröffentlichungen in rumänischen, italienischen und französischen Fachzeitschriften.

Buchveröffentlichungen:

Bucarest. La ville et ses monuments, Bukarest 1956
Histoire de l'Architecture en Roumanie, de la préhistoire à nos jours, Bukarest 1972
Vitruve, aperçu sur les dix livres ›De l'Architecture‹, Bukarest 1974.

Grigore Ionescu baute die Sanatorien TROIA in Transsilvanien (1935), Bîrnova bei Iaşi (1936) und das Institut für Pediatrie EMILIA IRZA in Bukarest (1950).

Răzvan Theodorescu

Geboren 1939 in Bukarest, studierte Geschichte des Altertums und Archäologie an der Universität Bukarest, Promotion in einer Arbeit über Geschichte des Mittelalters. Er ist heute stellvertretender wissenschaftlicher Direktor des Kunstgeschichtlichen Instituts der ›Akademie für Sozialpolitische Wissenschaften Rumäniens‹ und Dozent für Bildende Künste in Bukarest. Er ist stellvertretendes Mitglied des Internationalen Komitees für Kunstgeschichte (CIHA). Sein Forschungsgebiet ist das rumänische Mittelalter (10. bis 14. Jh.), unter besonderer Berücksichtigung der Kunst- und Kirchengeschichte. Er veröffentlichte zahlreiche Aufsätze in ›Studii si cercetari de istoria artei‹, ›Revue roumaine d'histoire dé l'art‹, ›Revue des études sudest européennes‹, in internationalen Kongreßberichten für Kunstgeschichte und in deutschen und französischen Zeitschriften.

Maria-Ana Musicescu

1912 in Tîrgu Jiu geboren, verstorben 1986. Dr. jur. und phil. der Universität Bukarest. Bis zum Kriegsbeginn Studium der Kunstgeschichte in Paris. 1952–1962 Maître de

Recherches, Abteilung Mittelalter des Instituts für Kunstgeschichte der rumänischen Akademie. Seit 1962 am Institut für Südosteuropäische Studien der rumänischen Akademie für sozialpolitische Wissenschaften. Autorin zahlreicher Aufsätze in Bukarester Zeitschriften über mittelalterliche Kunst Rumäniens in rumänischer und französischer Sprache sowie der Kapitel ›Walachische Malerei‹ und ›Liturgische Stickerei des rumänischen Mittelalters‹ in der ›Istoria Artelor Plastice in Romania‹ (1968–1970). Verfasserin von Werken über rumänische Stickerei des Mittelalters und über die Kirche Voroneṭ (1969), beide in deutscher Sprache. Als Mitarbeiterin von Prof. M. Berza schrieb M. A. Musicescu u. a. eine Monographie über das Kloster von Suceviṭa (1958), zuletzt insbesondere Arbeiten über das Porträt und die südosteuropäische Malerei im 16., 17. und 18. Jh. Vorläufige Studienergebnisse wurden veröffentlicht in der ›Revue des Etudes Sud-est européennes‹. In Vorbereitung ist (gemeinsam mit Prof. Grigore Ionescu) eine ausführliche Monographie der Kirche Sf. Nicolas de Curtea de Argeş (14. Jh.). Vorträge, so 1971 beim 14. Kongreß für byzantinische Studien in Bukarest, dem für südosteuropäische Studien in Sofia 1966, in Athen 1972, in Bukarest 1974. Teilnahme am Symposium über die Phanarioten-Zeit in Thessaloniki (1970) und am 2. Kongreß für Kretische Studien in Rethymnon (1971). Sie hielt Vorlesungen über rumänische mittelalterliche Kunst an den Universitäten Rom, Oxford, Dortmund und Thessaloniki. 1975 wurde ihr der Gottfried von Herder-Preis der F.V.S. Stiftung in Hamburg verliehen.

Nana Claudia Nenzel
1944 in Bukarest geboren, auf dem Umweg über zehn Jahre Israel 1958 in die Bundesrepublik übersiedelt. Abitur und Studium der Germanistik und Kunstgeschichte in Frankfurt, seit 1969 Journalistin mit Schwergewicht Verbraucherthemen und Touristik, Lexikon, Reiseführer Sardinien, Mexiko, Lombardei, Fernreisen zu Traumstränden) in München.

Praktische Reiseinformationen

Wissenswertes vor Reiseantritt

Rumänien als Reiseland

Rumänien liegt im Südosten Europas zwischen dem 43. und 48. Grad nördlicher Breite und dem 20. und 29. Grad östlicher Länge – also auf halbem Wege zwischen Nordpol und Äquator, Atlantik und Ural. Geprägt wird die rumänische Landschaft von den Karpaten und der Donau, Gebirge, Hügelland und Hochebenen nehmen ⅔ des Staatsgebietes ein, ⅓ sind Ebenen und Flußauen. Auf einer Fläche von 237 500 km² leben mehr als 22 Millionen Menschen.

An der 250 km langen *Schwarzmeerküste* haben Orte wie Mamaia, Eforie, Olimp, Jupiter, Saturn, Venus Mangalia, 2 Mai, Costineşti feinsandige Badestrände.

In den *Karpaten,* den waldreichsten Bergen Europas und im Hochland von *Transsilvanien* (Siebenbürgen) liegen mehrere Luftkurorte: Sinaia, Predeal, Poiana Braşov, Stîna de Vale, Borşa und andere.

Das *Donaudelta* am Nordende der rumänischen Schwarzmeerküste zeichnet sich aus durch ein Geflecht von Kanälen, durch eine artenreiche Pflanzenwelt und etwa 300 teils seltene Vogelarten. Wer nicht mit einer von Reisebüros zusammengestellten Gruppe sondern allein ins Donaudelta reisen möchte, sollte sich an das Kreistouristenamt Tulcea, Str. Gari-Faleză, Ø 9 15/1 47 20, 1 16 07 wenden, bei dem spezielle Erlaubnisscheine erhältlich sind.

Der Einzelreisende kann Hotels in Tulcea, Maliuc, Sulina, Crişan finden sowie Campingplätze in Maliuc, Independenţa und Gura Portiţei.

Im Süden des Landes zwischen den Ausläufern der Karpaten und der Donau erstrecken sich weite, landschaftlich reizvolle Ebenen: der *Bărăgan* und die *Donauebene.* Hier ist das Zentrum des rumänischen Getreideanbaus.

Klima und Reisezeit

Das gemäßigte Kontinentalklima Rumäniens kennt keine allzugroßen Extreme. Die durchschnittlichen Jahrestemperaturen schwanken zwischen + 11 °C an der Schwarzmeerküste und + 2 °C in den Karpaten. Die Sommertemperaturen liegen bei durchschnittlich + 25 °C. Im Jahresschnitt fallen 600–700 mm Niederschlag (an der Küste weniger: ca. 400 mm).

An der Schwarzmeerküste herrscht im Sommer – bei durchwegs schönem Wetter mit zwölf Stunden Sonne am Tag – eine mittlere Lufttemperatur von 26–28 °C, die Wassertemperatur steigt auf 22–25 °C. Wer jedoch die Karpaten besuchen möchte, muß auch im Sommer Wolljacken, Regenmäntel und feste Schuhe für die Wanderungen mitnehmen.

Informationen über Rumänien

Deutschsprachige Touristen können bei folgenden Stellen Informationen über Rumänien einholen:

...in der Bundesrepublik
Rumänisches Touristenamt
Herzogstr. 68
4000 Düsseldorf
✆ 02 11 / 37 10 47

Neue Mainzer Str. 1
6000 Frankfurt/M.
✆ 069 / 23 69 41–43

...in Österreich
Währingerstr. 6–8
1090 Wien
✆ 01 / 39 31 57

...in der Schweiz
**Rumänisches Informationsbureau
für Touristik**
Schweizergasse 10
8001 Zürich
✆ 01 / 2 11 17 30–31

Diplomatische Vertretungen Rumäniens

...in der Bundesrepublik
Botschaft Rumäniens
Legionsweg 14
5300 Bonn 1
✆ 02 28 / 67 86 97–98
(Konsularabteilung)

...in Österreich
Prinz-Eugen-Str. 60
1040 Wien
✆ 01 / 5 05 32 27

...in der Schweiz
Kirchenfeldstr. 78
3005 Bern 16
✆ 0 31 / 44 35 21/22 (Konsularabteilung)

Reisedokumente

Staatsangehörige der Bundesrepublik Deutschland, Österreichs und der Schweiz benötigen für die Einreise nach Rumänien einen gültigen Reisepaß mit Touristenvisum, Kinder unter 14 Jahren, falls sie nicht im Reisepaß ihrer Eltern eingetragen sind, einen Kinderausweis mit Bild und gültigem Visum. Das Visum ist entweder an der Konsularabteilung der jeweiligen Botschaft oder – bequemer – am Grenzübergang bei der Einreise zu erwerben. Die Gebühr je Visum beträgt DM 68,–.

Impfungen

Impfungen sind für Touristen aus europäischen Ländern nicht erforderlich.
    Wer Hund oder Katze mitbringt, muß für diese ein Tollwut-Impfzeugnis vorlegen.

Devisenbestimmungen

Einfuhr oder Ausfuhr frei konvertierbarer Währungen ist in beliebiger Höhe erlaubt. Ein- oder Ausfuhr der rumänischen Währung, Lei, jedoch strikt verboten.

Zoll

Bei der Einreise sind zollfrei Kleidung, fabrikneue Waren und Medikamente für den persönlichen Bedarf. Güter von künstlerischem Wert sollte man bei der Einreise deklarieren, um eventuellen Problemen bei der Ausreise vorzubeugen. Bitte erkundigen Sie sich vor Reiseantritt noch einmal nach den aktuellen Bestimmungen, da sie sich kurzfristig ändern können!

Zur Zeit dürfen *keine* rumänischen Produkte von Privatleuten ausgeführt werden!

Anreise

Mit dem Auto

Wer mit dem Auto nach Rumänien fahren möchte, benötigt einen Internationalen Führerschein, den Kraftfahrzeugschein, die grüne Versicherungskarte. Schutzbriefe von Automobilclubs (ADAC) werden anerkannt.

Anfahrtswege

Von Bulgarien:	E 85, E 70 Grenzübergang Giurgiu Richtung Bukarest; E 87 Grenzübergang Vama Veche Richtung Constanţa;
Von Jugoslawien:	E 70 Grenzübergang Stamora/Moraviţa Richtung Timişoara (Temeschburg); E 752 Grenzübergang Porţile Fier (Eisernes Tor) über den Staudamm Turnu Severin; E 79 Grenzübergang Calafat mit einer Fähre über die Donau Richtung Piteşti;
Von Ungarn:	E 60 Grenzübergang Borş Richtung Oradea (Großwardein); E 64 Grenzübergang Nădlac Richtung Arad; E 81 Grenzübergang Petea Richtung Satu Mare.

Achtung: Falls die Karosserie Ihres Wagens vor der Einreise nach Rumänien Schäden aufweist, lassen Sie sich diese am Grenzübergang bescheinigen – sonst wird bei der Ausreise ein nicht gemeldeter Unfall vermutet!

Mit der Bahn

Rumänien ist per Bahn von vielen europäischen Großstädten erreichbar. Die wichtigsten Verbindungen:

Balt-Orient-Expreß ab Berlin-Ost via Prag, Budapest, Oradea (Großwardein), Cluj (Klausenburg), Braşov (Kronstadt) bis Bukarest;

Orient-Expreß von Paris via Straßburg, Stuttgart, Ulm, München, Salzburg, Wien, Budapest, Arad, Sibiu (Hermannstadt), Braşov (Kronstadt) nach Bukarest;

Wiener Walzer von Wien via Budapest, Arad, Sibiu (Hermannstadt), Braşov (Kronstadt) nach Bukarest;

ein **Expreßzug** von Belgrad nach Bukarest via Timişoara (Temeschburg) und Turnu Severin.

Mit dem Flugzeug

Linienflüge bestehen mit Lufthansa oder der rumänischen Tarom ab Frankfurt, darüber hinaus gibt es im Sommer Charterflüge der Tarom nach Constanţa. Von München aus ist Bukarest mit Lufthansa bzw. via Wien mit der AUA zu erreichen. Swissair und Tarom unterhalten Verbindungen von Zürich nach Bukarest.

Fly and Drive

Für Reisende, die sich in Rumänien flexibel bewegen wollen, ohne die lange Anfahrt mit dem eigenen Pkw zu machen, werden Pauschalarrangements mit Leihwagen ab Flughafen Bukarest angeboten.

Mit dem Schiff

Einige Reiseveranstalter bieten Donaukreuzfahrten an, bei denen Ausflüge oder ein Aufenthalt an der Schwarzmeerküste möglich sind. Kreuzfahrt ab Wien mit den rumänischen Schiffen Steaua Dunării (Donaustar), Olteniţa oder Carpaţi: Budapest, Belgrad, Porţile Fier (Eisernes Tor), Giurgiu mit Abstecher nach Bukarest, Cernavoda.

Rumänien von A–Z

Auskünfte

An allen Grenzübergängen, in den großen Städten und den Urlaubsgebieten sind die **Touristikagenturen von ONT Carpaţi** sowie private Reisebüros zu finden. Bedeutende Hotels haben einen eigenen Touristikschalter.

Diese Agenturen bieten folgende Leistungen:
- Touristische und kulturelle Auskünfte;
- Ausflüge und Touren im In- und Ausland;
- Autovermietung (Dacia 2000, Dacia 1300, Oltcit Club) mit oder ohne Fahrer;
- Fachdolmetscher und Reiseleiter für die jeweils gewünschte Sprache;
- Hotelreservierungen;
- Kartenvorbestellungen für Konzerte, Oper, Theater und für Sportveranstaltungen;
- Platzbuchungen für Geriatrische Behandlungen und Kuraufenthalte in verschiedenen Kurorten.

Das Zentralbüro befindet sich in Bukarest:

ONT Carpaţi (Rumänisches Touristenamt)
Bul. Magheru 7
70161 Bukarest
✆ 90 / 14 51 60
Telex 11270 Carpat r

Autofahren

Die rumänischen Hauptstraßen – 15 000 km – entsprechen in etwa den deutschen Bundesstraßen. Von Bukarest nach Piteşti (115 km) besteht eine Autobahnverbindung.

Geschwindigkeitsbeschränkungen

In geschlossenen Ortschaften für Pkw 60 km/h, für Auto- und Kleinbus sowie Motorrad und Lkw 40 km/h. Außerhalb von Ortschaften für Pkw über 1800 cm^3 90 km/h, zwischen 1100 und 1800 cm^3 80 km/h, für Pkw unter 1100 cm^3, Auto- und Kleinbus mit Dieselmotor 70 km/h, Auto- und Kleinbus mit Benzinmotor, Lkw und Motorrad 50 km/h.

Achtung: Es herrscht absolutes Alkoholverbot am Steuer!

Tanken

Ausländische Touristen können Benzin und Diesel in unbegrenzter Menge gegen Coupons an den PECO-Tankstellen (Übersichtskarten an den Grenzübergängen erhältlich) erwerben. Die Coupons erhalten Sie – gegen Devisen! – an der Grenze oder in den Touristikagenturen. Benzin wird u. U. auch gegen Lei abgegeben. Bitte erkundigen Sie sich vor Abreise. In den großen Städten ist – allerdings unzuverlässig – bleifreies Benzin erhältlich.

Pannenhilfe

Technische Hilfe leistet der Pannendienst des ACR, dessen Straßenwachtwagen auf den wichtigsten Straßen verkehren. Im Notfall werden Reparaturen an Ort und Stelle ausgeführt, oder der Wagen wird zur nächsten Werkstatt geschleppt.

Rufnummern des Pannendienstes:
Bukarest ∅ 0 27, landesweit ∅ 1 23 45

Zentrale des ACR
Str. N. Beloiannis 27
Bukarest

Ersatzteile
Ersatzteile für verschiedene ausländische Fabrikate bekommen Sie u. U. über die Automobilclubvertretungen oder bei Garaj Ciclop, Bul. Bălcescu, Bukarest.

Achtung: Wenn Ihr Fahrzeug bei der Einreise nach Rumänien einen Karosserieschaden hat oder in Rumänien einen solchen, der nicht durch einen Unfall verursacht wurde, erleidet, lassen Sie es sich entsprechend von der Polizeibehörde bescheinigen, da sonst bei der Ausreise ein nicht gemeldeter Unfall angenommen wird. Bei einem Unfall verständigen Sie umgehend die Polizei, verlassen Sie nicht den Unfallort, lassen Sie sich von der Polizei ebenfalls eine Bescheinigung über die Schäden ausstellen – ohne Bescheinigung führt keine Werkstatt in Rumänien Reparaturen aus!

Deutsche Sprache

In den großen Hotels und Restaurants der Urlaubsorte und Großstädte, den Polikliniken und in den Touristikagenturen kann man sich i. a. gut in Deutsch verständigen. In Siebenbürgen spricht fast jeder Deutsch.

In den großen Hotels sowie an größeren Zeitschriftenkiosken sind deutschsprachige Zeitungen erhältlich. In Rumänien erscheinen u. a.: »Neuer Weg« (Bukarest), »Karpaten Rundschau« (Braşov/Kronstadt), »Die Woche« (Sibiu/Hermannstadt). Der rumänische Rundfunk sendet mehrmals täglich auf allen Wellenlängen Nachrichten in Deutsch. Während der Sommersaison an der Schwarzmeerküste gibt es zusätzlich den »Feriensender« auf Mittelwelle, ein Nonstop-Programm mit Musik, Nachrichten und touristischen Informationen. Für deutschsprachige Rumänen werden auch vom rumänischen Fernsehen Sendungen in deutscher Sprache ausgestrahlt.

Deutschsprachige Redaktion bei der rumänischen Rundfunkverwaltung:

Radioteleviziunea Română
Redactia de Limba Germană
Str. Nuferilor 60
Bukarest

Diplomatische Vertretungen in Bukarest

Botschaft der Bundesrepublik Deutschland
Str. Rabat 21
∅ 90 / 79 27 80

Botschaft Österreichs
Str. Dumbrava Roşie 7
∅ 90 / 11 76 53, 11 93 77, 11 43 54

Botschaft der Schweiz
Str. Pitar Mos 12
∅ 90 / 10 65 85

Einkäufe und Souvenirs

Achtung! Zur Zeit (Herbst 1991) besteht absolutes Ausfuhrverbot!

Neben den normalen rumänischen Geschäften und Kaufhäusern stehen Ihnen die **Comturist**-Läden zur Verfügung, in denen Sie nur gegen Devisen (teils günstiger als in Lei) einkaufen können. Das Hauptgeschäft befindet sich in Bukarest, Str. Gabriel Peri 3–9, ✆ 90/15 97 30, Telex 11173. Aber auch in anderen großen Städten, in den Touristengebieten sowie den größeren Hotels finden Sie Comturist Shops. Ihr Warenangebot umfaßt Getränke, Kosmetika, Pelz-, Leder-, Textilwaren, Teppiche, Schuhe, technische Geräte, sogar Pkws. Beliebt als Souvenirs sind Kunstgewerbeartikel wie Stickereien, Keramik oder Holzschnitzereien (auch in Kunstgewerbeläden gegen Lei erhältlich). Durchaus empfehlenswert auch rumänischer Wein, Cognac und das Nationalgetränk, der Pflaumenbranntwein ›ţuică‹.

Die **Galeriile Fondului Plastic**, die Galerien des Verbandes bildender Künstler, bieten Kunstgegenstände rumänischer Künstler an. Achten Sie beim Erwerb auf die Erteilung einer Ausfuhrgenehmigung – Sie müssen sie bei der Ausreise vorlegen! In Bukarest finden Sie die Galerien am Bul. Bălcescu (Malerei, Grafik, Kunstgewerbe), Bul. Magheru (Kunstgewerbe) und Hanul cu Tei, Str. Lipscani (Malerei, Grafik, Kunstgewerbe).

In Fachgeschäften können Sie in Rumänien hergestelltes – vor allem in den Orten Buzău, Cluj, Curtea de Argeş und Bistriţa – Glas im Gallé-Stil und Kristall kaufen.

Elektrizität

Die Stromspannung beträgt 220 Volt.

Essen und Trinken

Die Rezepte der traditionellen rumänischen Küche spiegeln mit den Spezialitäten der einzelnen Regionen die Vielgestaltigkeit des Landes wider. Hier sollen einige ›typisch rumänische‹ Gerichte beschrieben werden.

Als Aperitif gilt das rumänische Nationalgetränk, die ›ţuică‹, ein Pflaumenschnaps, Salate und – besonders im Herbst – getrocknetes Schafffleisch, die ›pastramă‹, sollen zu Beginn des Mahles den Appetit anregen.

Aus dem schier endlosen Suppenrepertoire seien nur zwei Beispiele erwähnt: Bauern-›ciorbă‹ aus Rind- und Hühnerfleisch mit zahlreichen Gemüsesorten; Fisch-›borş‹, typisch für das Donaudelta (sauer, mit vielen Kräutern und einem Löffel saurer Sahne veredelt).

Die besten Fischrezepte der rumänischen Küche sind: ›saramură‹, ein Karpfen in Salzbeize mit Knoblauch und Pepperoni, dazu der beliebte Maisbrei ›mamaligă‹; ›plachie‹, Karpfen im Backrohr mit viel Zwiebeln und verschiedenen Gewürzen zubereitet; gegrillter Donauhering oder ›pană de somn‹ (gebackener Wels), beide mit Kartoffeln und Zitrone serviert.

Soweit die Vorspeisen. Traditionelle Hauptgerichte, ›mîncare‹ (zu deutsch: Speise), sind beispielsweise ›sarmale‹, Fleischbällchen mit Reis in Sauerkohlblättern, ›tocană‹, ein Zwischending von Gulasch und Ragout aus Schweine-, Rind- oder Hammelfleisch mit viel Zwiebeln zubereitet. Köstlich ist eine typische Sommerspeise:

›ghiveci călugăresc‹, das sogenannte Mönchs-›ghiveci‹ aus allen Gemüsesorten der Saison zubereitet.

Aber auch Gegrilltes oder am Spieß Gebratenes zählt zu den Spezialitäten: ›mici‹, kleine pikante und sehr saftige Fleischröllchen; Brathähnchen am Spieß mit einer ›mujdei‹, einer aus Knoblauch, Salz, Wasser und Wein oder Essig zubereiteten pikanten Soße; Lamm auf Heiduckenart am Spieß gebraten.

Als Gebäck zwischendurch findet sich der Palatschinken mit Quark, Hackfleisch oder anderem gefüllt. Eine vorzügliche, leichte Zwischenmahlzeit sind auch die ›papanaşi‹ aus Quark, eine Art Teigtaschen.

Zu jeder echten rumänischen Mahlzeit gehören einige Becher Wein. Am bekanntesten sind die Weine von Murfatlar, Cotnari, Odobeşti, Tîrnave, Valea Călugărească, Drăgăşani und Segarcea.

Nana Claudia Nenzel

Restaurants in Bukarest

Neben den Restaurants in den Hotels verdienen Erwähnung:
- das alte Restaurant Capşa, Str. Edgar Quinet
- Mignon, Str. Nikos Beloiannis
- Doina, Şos. Kiseleff 4
- Pescarus, im Herastrău Park direkt am See gelegen
- La Doi Cocoşi (Zu den Zwei Hähnen) auf dem Weg zum Schloß Mogoşoaia

Erkundigen Sie sich in Ihrem Hotel oder beim Fremdenverkehrsamt nach weiteren Restaurants.

Fluggesellschaften

AUA
Bul. Bălcescu 7
Bukarest
✆ 90 / 14 12 21 (14 18 31, 14 12 06)

Lufthansa
Bul. Magheru 18
Bukarest
✆ 90 / 12 99 50
im Flughafen Otopeni
✆ 90 / 33 62 22

Swissair
Bul. Magheru 18
Bukarest
✆ 90 / 50 74 30 (50 76 13, 50 78 67)

Tarom
Str. Domniţa Anastasia
Bukarest
✆ 90 / 16 33 46
im Flughafen Otopeni
✆ 90 / 33 66 02

Flughäfen Bukarest

Flughafen Băneasa (Inlandsflüge)
Nationalstraße Bukarest-Ploieşti
✆ 90 / 33 00 30

Internationaler Flughafen Otopeni
Nationalstraße Bukarest-Ploieşti
✆ 90 / 33 31 37

Folklore und Festkalender

Das Dorf, die dörfliche Gemeinschaft, ist von Rumänien nicht wegzudenken. Wer das Land wirklich kennenlernen möchte, sollte einige Dörfer aufsuchen.

Auch ein Bauernhaus ist einen Besuch wert, denn häufig stellt es ein regelrechtes Museum dar mit Hausrat, und Gebrauchsgegenständen, die aus Holz, Metall, Ton, Pflanzenfaser, Schafwolle oder Fellen hergestellt wurden.

Alte Sitten, die eng mit dem Alltag der Bauern verbunden sind, bestehen auch im modernen Rumänien fort. Jede Region besitzt Eigenständigkeit in Hausbau, Tracht, Zeichnung und Farbe von Gewebe, von Keramik.

Teppiche: Die Wandteppiche Olteniens (Walachei) sind leuchtend bunt und mit elegant stilisierten Blumen und Tiermotiven versehen. Die der Moldau dagegen sind nüchtern in Schwarz, Braun, Aschgrau gehalten, jene der Maramureş fallen durch ihre interessanten geometrischen Muster auf.

Trachten: Zur Männertracht gehört im Süden und Osten ein langes, im Norden und Westen ein kurzes Hemd mit Stickereien, das über langen, engen Hosen getragen wird – außer in der Maramureş, wo man sehr weite Hosen trägt. Ferner tragen die Männer breite Ledergürtel mit aufgepreßten Ornamenten oder Metallbeschlägen und Jacken aus Schafsfell, deren Verzierungen regional variieren.

Die Frauentracht besteht aus einer weißen, weitärmeligen Bluse, die mit geometrischen und pflanzlichen Motiven bestickt ist, dazu ein weißer Rock. In Oltenien und im Argeşgebiet (Walachei) sowie in der Moldau tragen sie darüber eine Wickelschürze, in anderen Regionen ein Schoß, ›catrinţe‹, aus zwei Stoffbahnen (in Maramureş mit Querstreifen, im Banat mit Längsstreifen mit goldener oder silberner Fadenstickerei).

Ein paar Accessoires verschönern die Trachten. Verheiratete Frauen in Oltenien und im Argeşgebiet tragen Schleiertücher aus feinstem Seidengewebe. In Siebenbürgen (Transsilvanien) und in der Moldau sieht man schwarze Kopftücher, oft mit Blumenmotiven verziert, besonders eindrucksvoll ist der siebenbürgische Kopfputz der Brauttracht.

Keramik: In Rumänien arbeiten noch über 200 große Töpfereien, insbesondere in Marginea (Nordmoldau), Vama (Maramureş), Sibiu (Hermannstadt) und seiner Umgebung (Siebenbürgen), Curtea de Argeş, Horezu und Oboga (Walachei). Aus Oltenien (Westwalachei) stammen die hellen, mit geometrischen Motiven verzierten Töpfereien, die schwarze Keramik kommt aus der Moldau, die bunte wird in Siebenbürgen hergestellt.

Schöne Keramikerzeugnisse können Sie außer in den Fachgeschäften vor allem auf den regelmäßig abgehaltenen Märkten und Jahrmärkten (Sibiu, Polovraci, Dragaica) finden.

Holzschnitzereien: Torbogenpfeiler, Säulen als Dachstützen, Hirtenstäbe, Löffel etc. werden von alters her mit Schnitzereien verziert. Schöne Beispiele können Sie im Dorfmuseum Bukarest (vgl. Seite 91) und im Holzmuseum bei Cîmpulung-Moldovenesc sehen.

Volkstänze: Je nach Landstrich werden Tänze paar- oder gruppenweise, gradlinig oder im Kreis (Hora) gepflegt. Der populärste Tanz ist die langsame Hora, zu den schwungvollen Tänzen zählen die ›sîrba‹, ›bătuta‹ und ›haţegan‹ sowie der temperamentvollste Tanz, der ›căluşarii‹. ›Periniţa‹, ursprünglich der Hochzeitstanz, ist in ganz Rumänien bekannt und beliebt bei den Touristen. Die Tänzer stehen im Kreis, einer von ihnen wählt ein Mädchen aus, mit der er sich auf ein Kissen kniet (daher der Name des Tanzes: Kissen-tanz) und das Mädchen küßt. Danach wählt das Mädchen einen jungen Mann aus und so setzt es sich im steten Wechsel fort, bis alle auf der Tanzfläche vereint sind.

Festkalender
Januar: 1. und 2. Januar Neujahrsfeiern. In folgenden Ortschaften werden die Neujahrsbräuche besonders gepflegt: Arpaş und Şercaia, Kreis Braşov, Aşchileu, Kreis Cluj, Iernut, Kreis Mureş und Ulmeni, Kreis Maramureş.

In der zweiten Januarwoche finden in Deva, im Kreise Hunedoara, die Festspiele der ›căluşari‹-Tanzgruppen statt.
Februar: ›Verzauberte Quellen‹, ein Wettstreit der Volksmusikorchester des Kreises Gorj in Tîrgu Jiu in der dritten Woche.
April: In der ersten Woche ›Frühlingsumzug‹, ein Aufmarsch mit Festwagen, Trachten und Masken zu Frühlingsbräuchen und Folklore-Schau in Reşiţa im Kreis Caraş-Severin.

Am zweiten Sonntag ›Blumen des Olt‹, eine Schau alten Brauchtums und alter sowie neuer Volkstänze, auch sächsischer aus dem Dorf Cîrţa, in Avrig im Kreis Sibiu (Hermannstadt).
Mai: Am 1. und 2. Mai Volksfeste in vielen Wäldern, Hainen und Parks. Am ersten Sonntag das 400 Jahre alte Fest der ›Juni‹ in Braşov (Kronstadt) mit einer Trachtenschau und Volkstänzen. Außerdem ›Fliederfest‹ in Ponoare im Kreis Mehedinţi auf einer mit wilden Fliederbüschen bestandenen Wiese. In der ersten Woche ›Simbra Oilor‹, Almauftrieb der Schafherden mit Volksfest in Huta-Certeze im Kreis Satu Mare.

Am zweiten Sonntag ›Pfingstrosenfest‹ zu Ehren des Sieges der Moldau-Krieger über die türkischen Eindringlinge im Jahre 1574, mit einer allegorischen Schau in Băneasa im Kreis Galaţi.
Juni: Am zweiten Sonntag ›Nedeia von Tacaşele‹, eine festliche Zusammenkunft der Bewohner aus dreißig Ortschaften der Westkarpaten mit Trachten und Volksmusikdarbietungen mit Geigen, Caval und Flöten in Avram Iancu im Kreis Arad.

Am dritten Sonntag ›Kirschenmarkt‹ mit Volksfest anläßlich des Beginns der Kirschenernte in Brîncoveneşti im Kreis Mureş. Außerdem ›Tannenkönig‹, ein Wettstreit zwischen den besten Sängern des Kreises, mit Trachten und Töpferwaren zu Füßen einer mächtigen Tanne in Tiha Bîrgaului im Kreis Bistriţa-Nasaud.

Am letzten Sonntag ›Nedeia der Berge‹, ein im Hirtenwesen verankerter Brauch mit Warenaustausch und Unterhaltung der Bewohner dreier Gebiete, von Braşov, Argeş und Dîmboviţa in Fundată im Kreis Braşov.
Juli: Am ersten Sonntag in Şomcuţă im Kreis Maramureş ›Die Eiche‹, ein Volksfest mit dem Treffen verschiedener Volksmusikorchester, der sogenannten ›Blatt‹-Bläser.

Am zweiten Sonntag das Volksfest ›Unter den Gipfeln des Rarău‹ mit Volkskünstlern aus der nördlichen Moldau, der Maramureş und den Kreisen Neamţ, Bacău und Botoşani, in Ilişeşti im Kreis Suceava.

Am dritten Sonntag ›Mädchen-Markt‹ in Găina-Berg im Kreis Alba, ein Volksfest mit Markt und Hochzeiten.

15. bis 20. Juli ›Polovragier Jahrmarkt‹, ein interessantes folkloristisches Fest in Polovragi im Kreis Gorj.
August: In der ersten Woche ›Lieder des Olt‹ mit Folkloregruppen der vom Olt

durchflossenen Kreise, daneben Töpfer-markt, in Călimăneşti im Kreis Vîlcea.

Am zweiten Sonntag eine Folklore-Großveranstaltung ›Hora auf dem Prislop‹ unter Beteiligung der Bewohner von Mara-mureş, Moldau und Transsilvanien, auf dem Prislop-Gipfel etwa 12 km von Borşa im Kreis Maramureş. Ebenfalls am zweiten Sonntag: ›Fest des Ceahlau-Gipfels‹ mit den Bewohnern aus der Umgebung von Durau im Kreis Neamţ.

13. bis 15. August die Folkloreveranstal-tung ›Bei Tismana in einem Garten‹, mit den Volksmusikorchestern des Gorj-Gebietes (Flöten- und Panflöten-Musik) und mit Ausstellungen von Teppichen, Trachten und geschnitzten Holzgegenständen in Tis-mana im Kreis Gorj.

September: Am ersten Sonntag ›Rapsodia Trişcaşilor‹, das Treffen der bekanntesten Flötenbläsergruppen des Kreises sowie aus der Maramureş, aus Vîlcea und Oltenien, in Leşu im Kreis Bistriţa-Nasaud.

Am letzten Sonntag ›Bei der Weinlese‹, ein Volksfest zu Beginn der Weinlese in den Weinbaugebieten des Kreises Vrancea, in Odobeşti.

November: Am dritten Sonntag ›Das Alp-horn der Vrancea‹, ein Wettstreit der Flö-ten-, Dudelsack- und Alphornbläser aus der Umgebung von Odobeşti im Kreis Vrancea.

Dezember: 24. bis 31.: Im ganzen Land stößt man auf Brauchtum, das sich auf den bevorstehenden Jahreswechsel bezieht. Be-sonders empfehlenswert sind die Ortschaf-ten Ilia und Dobra im Kreis Hunedoara, Sa-lişe im Kreis Sibiu mit dem ›Treffen der Juni‹ und Botoşani, wo es ebenfalls Festspiele gibt, die von winterlichem Brauchtum ge-prägt sind.

Nana Claudia Nenzel

Fotografieren

Grundsätzlich ist in Rumänien Fotografie-ren erlaubt, ausgenommen sind speziell mit Fotografierverbot belegte Einrichtungen, dazu gehören Militär- und Industrieanla-gen. In Kirchen und Museen ist Fotografie-ren erlaubt – allerdings ohne Blitzlicht oder Stativ.

Geld

Die rumänische Währung heißt Leu (Plural: Lei), 1 Leu = 100 Bani. Es gibt Banknoten im Wert von 10, 25, 50 und 100 Lei, Münzen im Wert von 5, 10, 25 Bani sowie 1, 3, 5 Lei.

Folgende **Kreditkarten** sind in Rumänien zugelassen: Access Card, American Ex-press, Carte Blanche, Diners Club, Euro-card, Master Card, Visa Card und die Kreditbriefe AIT und FIA. Autotouristen können zur Anmietung von Wagen und für den Pannendienst der entsprechenden Fir-ma die Kreditkarten von Avis, Hertz, Inter-rent und Europcar verwenden.

Welche Dienstleistungsunternehmen die jeweiligen Kreditkarten anerkennen, erfra-gen Sie bitte bei dem Kartenerteiler.

Kuren

Rumänische Spezialkliniken führen nach dem Verfahren von Prof. Dr. Ana Aslan **Geriatriekuren** durch, die den Alterungs-prozeß bekämpfen, z. B. das Sanatoriul de Geriatrie Otopeni/Bukarest.

Darüber hinaus empfehlen sich verschiede-ne **Heilbadeorte** Rumäniens (Auswahl):

bei rheumatischen Leiden Mangalia und Bad Felix;
bei Herz- und Kreislauferkrankungen Covasna, Vatra Dornei und Tuşnad;
bei Erkrankungen der Verdauungswege und der Niere Călimăneşti, Căciulata, Olăneşti;
bei Atemwegserkrankungen Govora, Herkulesbad, Slănic Moldova.

Notrufe

Feuerwehr ✆ 081
Polizei ✆ 055
Rettungsdienst ✆ 061

Post

Öffnungszeiten der Postämter
Mo–Sa 7–20 Uhr, So 8–12 Uhr

Briefmarken, Ansichtskarten sind außer in den Postämtern in Tabakläden, Buchhandlungen und an den Hotelrezeptionen erhältlich.

Hauptpostamt Bukarest
Calea Victoriei 37
Piaţa Palatului, Block 7

Sport

Die Touristenzentren bieten ihren Besuchern Schwimmen, Reiten und Tennis an. In den Karpaten können Sie Ski laufen und Berg wandern. Angler erhalten von ONT Carpaţi oder einem OJT (Kreisamt für Touristik) einen Angelschein ausgestellt. Empfehlenswert sind die sauberen Flüsse wie Dorna, Bicaz, Bistriţa, Argeş, Arieş, Olteţ, Motru, Cerna u. a.

Telefon

Inlandsgespräche können zwischen Bukarest und den meisten größeren Städten im Selbstwählferndienst geführt werden. Für öffentliche Fernsprecher benötigen Sie Münzen von 1 und 3 Lei. Nach Münzeinwurf wählen Sie – bei einem Ferngespräch – die Ortsnetzkennzahl, dann die Teilnehmernummer. Ein Ortsgespräch (Zeittakt 3 Min.) kostet 1 Leu. **Auslandsgespräche** müssen immer über die Vermittlung angemeldet werden.

Vermittlung
Inlandsferngespräche ohne Selbstwählferndienst ✆ 091
Internationale Ferngespräche ✆ 071

Theater und Musik

Bukarest und andere große Städte Rumäniens besitzen Theater, in denen Werke der National- und der Weltliteratur aufgeführt werden; außerdem gibt es Opern-, Operetten- und Revuetheater sowie Puppentheaterbühnen. Bühnen mit deutschsprachigen Programmen finden Sie in Timişoara (Temeschburg), Sibiu (Hermannstadt) und Braşov (Kronstadt).

Die bedeutenden Konzerte finden in Bukarest im Rumänischen Athenäum, Calea

Victoriei, Piaţa Palatului, oder im Konzert-saal des Rumänischen Rundfunks, Str. Nu-ferilor 62, statt. Das Ensemble »Rapsodia Româna« führt – täglich außer Mo – in der Str. Lipscani 53, Bukarest, Volksmusik und Volkstänze auf.

Erkundigen Sie sich in der Sommersaison nach Aufführungen der Theater und Opern auf den Freilichtbühnen, insbesondere in den Touristengebieten.

Unterkunft

Ausländische Touristen können in Rumä-nien in Hotels, Motels, Jugendheimen, auf Campingplätzen oder in Privatquartieren übernachten. Reservierungen sowohl für Individual- als auch für Gruppenreisende können über Partner-Reisebüros der ONT Carpaţi bereits vor Reiseantritt vorgenom-men werden. Im Inland helfen die Tou-ristikagenturen. In den meisten Städten lie-gen die Hotels zentral, auch in den Bade- und Kurorten günstig. Fordern Sie beim ru-mänischen Touristenamt ein Hotelverzeich-nis an. Es weist Hotels der Luxus-, der I. und II. Kategorie aus. In Bukarest ist z. B. das älteste Hotel der Stadt, das Athénée Pa-lace, Str. Episcopiei 1–3, ∅ 90/140899, im-mer noch ein empfehlenswertes Haus der Luxusklasse. Zur selben Kategorie, aller-dings moderner ausgestattet, zählt das Ho-tel Bucureşti, Calea Victoriei 63–69, ∅ 142177, 155850.

Hotel- und Campinggutscheine

Schon vor Reiseantritt können Einzelreisen-de beim ADAC oder den Partner-Reisebü-ros von ONT Carpaţi Hotelgutscheine für die Häuser der Kategorie I erwerben sowie Campinggutscheine kaufen. Erkundigen Sie sich dort nach den aktuellen Preisen. Nicht verwendete Gutscheine können nur in Ru-mänien bei den Touristikagenturen zurück-getauscht werden – Ausnahmefälle!

Weinbau

Seit der Antike haben die rumänischen Rot- und Weißweine einen guten Ruf. Im gesam-ten Land gibt es Weinberge und Obstplanta-gen. Es lohnt sich, einen Abstecher zu einem Weingut, z. B. Dealul Mare, Murfat-lar, Valea Călugărească, zu machen (s. a. Es-sen und Trinken).

Zeitunterschied

In Rumänien gilt die MEZ plus eine Stunde, die rumänische Sommerzeit (letzter März-sonntag bis letzter Septembersonntag) ent-spricht der MEZ plus zwei Stunden.

Routenvorschläge für den Autofahrer

Die Umgebung von Bukarest

Ca. 30 km nördlich von Bukarest liegt der Erholungsort *Snagov*. Dort steht u. a. auf einer Insel im See das Kloster Snagov aus dem 16. Jh., dort soll auch der Fürst Vlad Tepeş begraben sein, der als ›Dracula‹ in die Legende einging. Unweit das Kloster Căldăruşani. In der Nähe sind auch die Klöster Cernica, Pasărea und das Schloß Mogoşoaia (14 km von Bukarest).

Prahova-Tal und Südkarpaten

Nördlich von Bukarest fährt man über die 60 km entfernte Stadt Ploieşti, die bei einem Erdbeben schwer beschädigt wurde (Erdölmuseum), und über die Karpatenorte *Sinaia*, *Predeal* nach *Braşov* (112 km von Ploieşti) und *Poiana Braşov*. Über die Südkarpaten geht es weiter nach *Bran* (28 km), wo sich die Törzburg aus dem 14. Jh. befindet, die das Museum für feudale Kunst und Geschichte beherbergt. Im Burggarten ein Freilichtmuseum für Volkskunst.

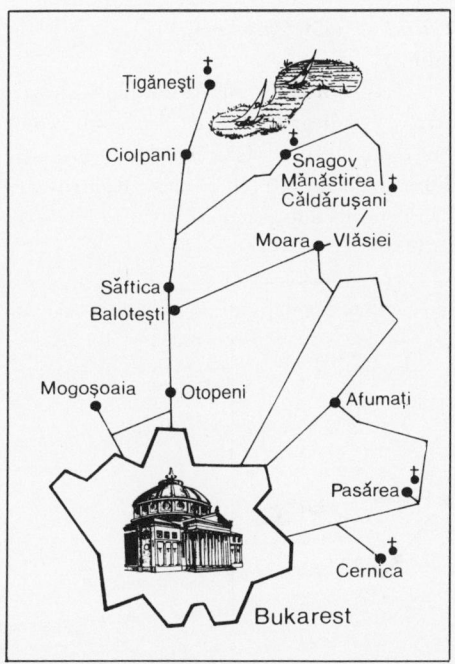

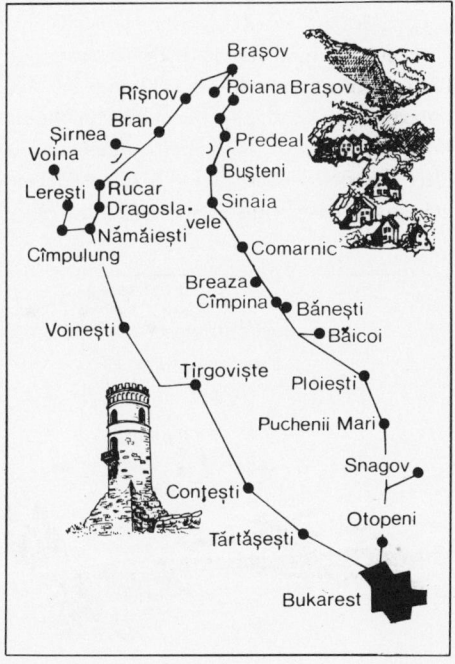

Von Bran weiter südwärts kommt man durch *Rucar* (32 km; Wohnhäuser im altrumänischen Stil), *Namaieşti* (Höhlenkirche – bekannt als Kloster Namaieşti, 17. Jh.) und *Lereşti* (Volkstrachten).

Wer möchte kann auf der Rückfahrt die Städte *Cîmpulung* und *Tîrgovişte* (Tîrgovişte – Bukarest ca. 80 km) besuchen.

Die Gegend am ›Eisernen Tor‹ der Donau

Hier wurde als Gemeinschaftswerk Rumäniens und Jugoslawiens der bekannte Staudamm gebaut, in seiner Art einer der größten der Welt.

In der Nähe die alte rumänische Stadt *Drobeta-Turnu Severin* mit den Ruinen der antiken Donaubrücke, die 103 bis 105 n. Chr. erbaut wurde. Von Drobeta-Turnu Severin kann man einen Ausflug entlang der Donau zum Cazanele-mici (kleiner Kessel) unternehmen und zur benachbarten Stadt *Orşova* (ca. 25 km; völlig neu aufgebaut) am Ufer des neu entstandenen Stausees gelangen sowie das 25 km von Orşova entfernte

Baîle Herculane mit seiner malerischen Umgebung erreichen – einen der ältesten Kurorte des Landes mit Thermal- und leicht radioaktiven Mineralquellen.

Rundfahrt durch die Südkarpaten und Siebenbürgen/Olt-Tal

Diese Tour führt nördlich von Bukarest über das bedeutende Industrie- und Kulturzentrum *Piteşti* (ca. 115 km) nach *Cîmpulung* (ca. 50 km), *Bran* (ca. 45 km), *Braşov* (28 km) und von hier nach Westen über die Siebenbürgenstadt *Făgăraş* (68 km), wo Schloß und Landesmuseum von Interesse sind.

91 km weiter westlich liegt *Sibiu* (Hermannstadt) und das malerische Olt-Tal mit dem Kloster Cozia und den Heilbadeorten *Căciulata* und *Călimăneşti* (ca. 80 km von Sibiu).

38 km nördlich von Piteşti (Nationalstraße 7C) liegt *Curtea de Argeş* mit seiner berühmten Bischofskirche (16. Jh.), der Fürstenkirche (14. Jh.), den Ruinen des Fürstenhofs und einem Museum.

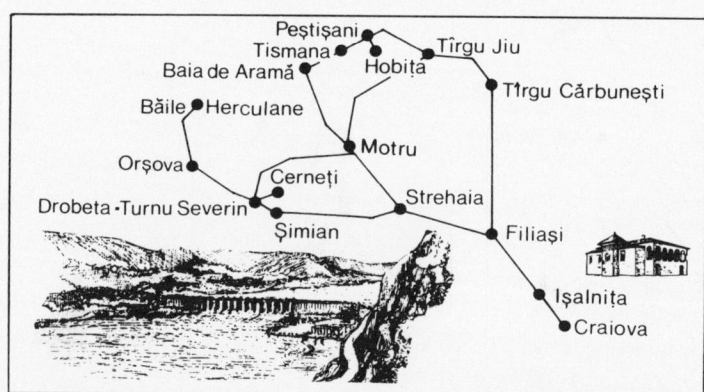

Route Gegend am ›Eisernen Tor‹

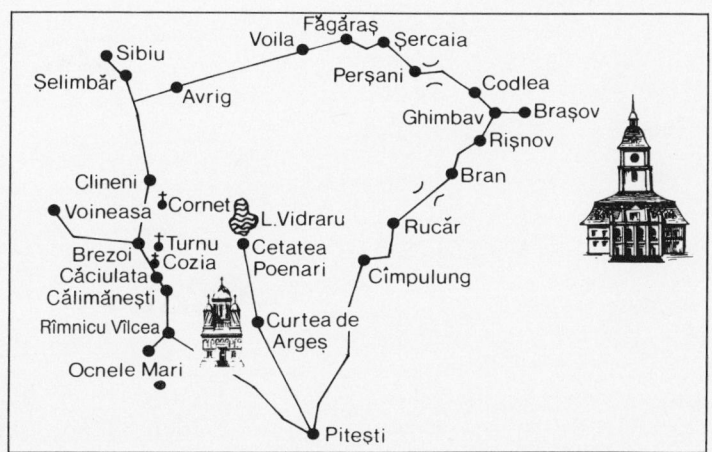

Route Rundfahrt Südkarpaten und Siebenbürgen

Map labels: Sibiu, Voila, Făgăraş, Şercaia, Şelimbăr, Avrig, Perşani, Codlea, Ghimbav, Braşov, Rişnov, Bran, Clineni, Cornet, Voineasa, L.Vidraru, Turnu, Cetatea, Brezoi, Cozia, Poenari, Rucăr, Căciulata, Călimăneşti, Cîmpulung, Rîmnicu Vîlcea, Curtea de Argeş, Ocnele Mari, Piteşti

Weitere 28 km von Curtea des Argeş nach Norden gelangt man zum großen Staudamm von *Vidraru* an der Argeş-Klamm.

Historische Städte in Siebenbürgen und Oltenien

Diese Reise kann z.B. in *Sibiu* beginnen, geht dann westlich über *Sebeş* nach *Orăştie*

(ca. 30 km; Volkskunstmuseum, Befestigungsanlagen der Stadt aus dem 15. Jh.) zum Gebiet von *Deva, Hunedoara* und *Hateg*. Deva und der Kreis Hunedoara (ca. 30 km) haben eine besondere Bedeutung in der Entstehungsgeschichte des rumänischen Volkes, da dort das Hauptzentrum des antiken Dakiens und später der römischen Kolonie Dacia Traiana war.

In Deva würde sich ein Besuch u. a. im Schloß Magna Curia lohnen, das außeror-

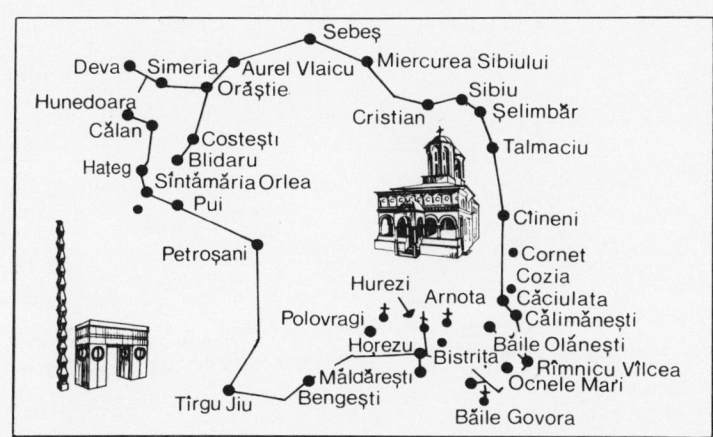

Map labels: Sebeş, Deva, Simeria, Aurel Vlaicu, Miercurea Sibiului, Orăştie, Hunedoara, Sibiu, Cristian, Şelimbăr, Călan, Costeşti, Talmaciu, Blidaru, Hateg, Sîntămăria Orlea, Pui, Clineni, Petroşani, Cornet, Cozia, Hurezi, Arnota, Căciulata, Polovragi, Călimăneşti, Horezu, Bistrita, Băile Olăneşti, Măldăreşti, Rîmnicu Vîlcea, Bengeşti, Ocnele Mari, Tîrgu Jiu, Băile Govora

Route Siebenbürgen und Oltenien

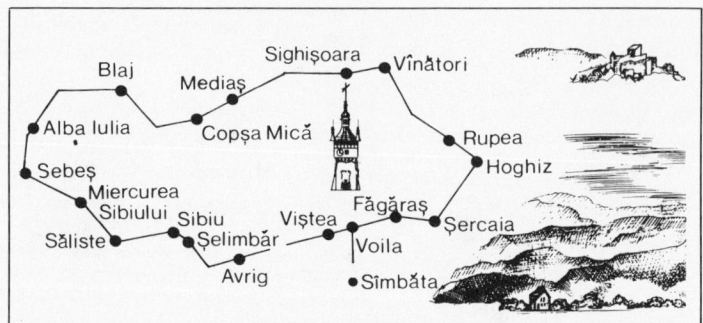

*Route Süd-Sieben-
bürgen*

dentliche Funde aus der Frühzeit der rumänischen Geschichte beherbergt.

Von Hunedoara südlicher, über das Zentrum der rumänischen Braunkohlenindu-
strie, *Petroşani,* kommt man auf der Nationalstraße 66 und einer herrlichen Karpaten-
straße nach *Tîrgu Jiu* (ca. 125 km; wichtig-
stes Wirtschafts- und Kulturzentrum der
Region). Hier steht – im Freien – das Skulp-
turenensemble des berühmten Bildhauers
Constantin Brâncusi: Säule der Unendlich-
keit, Tor der Liebenden, Runde des Schweigens, um nur einige Elemente zu benennen.

Von Tîrgu Jiu in Richtung *Rîmnicu Vîlcea*
(125 km) kann man die bekannten rumänischen Klöster Horezu, Arnota, Bistriţa (alle
zwischen dem 15. und 17. Jh. erbaut) besichtigen.

Historische Fahrt durch den Süden Siebenbürgens

Die Fahrt führt von *Sibiu* östlich über *Făgăraş* (ca. 80 km) und dann etwa 90 km weiter
über die Nationalstraßen 1, 13 nach Norden
in die alte siebenbürgische Stadt *Sighişoara*
(Schäßburg) mit mittelalterlichen Bauten.

Von *Sighişoara* auf der Nationalstraße 14
ca. 34 km westwärts liegt die Stadt *Mediaş*
umgeben von Weinbergen.

Fährt man noch weitere 44 km auf der
Nationalstraße 14 gelangt man in die Stadt
Blaj, die eine bedeutende Rolle bei der Bildung des rumänischen Nationalbewußtseins der Siebenbürgen spielte.

Weiter geht es in die alte Stadt *Alba Iulia*
(Karlsburg), wo 1918 der historische Be-

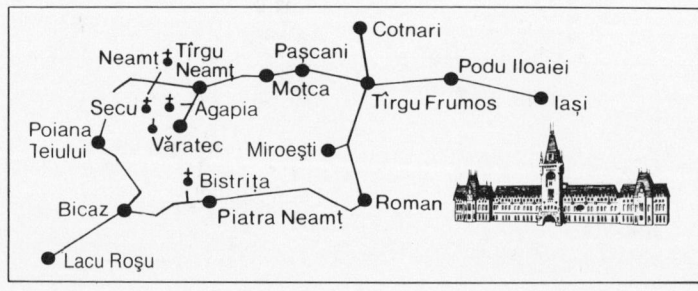

*Route Moldau und
Iaşi*

schluß der Bevölkerung Siebenbürgens zur Vereinigung mit Rumänien gefaßt wurde. Etwas südlicher (16 km) liegt die Stadt *Sebeş* (Mühlbach) in der auch mittelalterliche Bauten zu besichtigen sind.

Die Moldau und die alte Hauptstadt Iaşi

Iaşi, Hauptstadt der östlichen Provinz Moldau, ist eine bedeutende Kulturstadt Rumäniens. Aber auch die Industrie gewinnt hier an Bedeutung.

Ca. 120 km westlich von Iaşi liegt das Gebiet von Neamţ, wo u. a. die Klöster Neamţ, Văratec und Agapia (Innenwandmalereien des rumänischen Malers Grigorescu) zu besichtigen sind.

Weiter westlich erreicht man auf der Nationalstraße 15 die berühmte Bicaz-Klamm. Von dort führt die Straße gen Westen nach Siebenbürgen. In der Nähe der Bicaz-Staudamm mit dem Stausee inmitten der Karpaten.

Durch den Nordwesten Rumäniens ins Maramureş-Gebiet

Besonders eindrucksvoll sind die Dörfer des Maramureş-Gebietes mit den meisterhaft bearbeiteten Holzkirchen, u. a. das Dorf *Săpînţa* ca. 230 km nördlich von Cluj-Napoca, wo der »Heitere Friedhof«, Werk eines Volkskünstlers sehenswert ist.

Rundreise durch den Norden Rumäniens

Über den nördlichen Teil der Ostkarpaten führt eine herrliche Straße von *Cluj-Napoca* über *Bistriţa* in die Hügellandschaften der

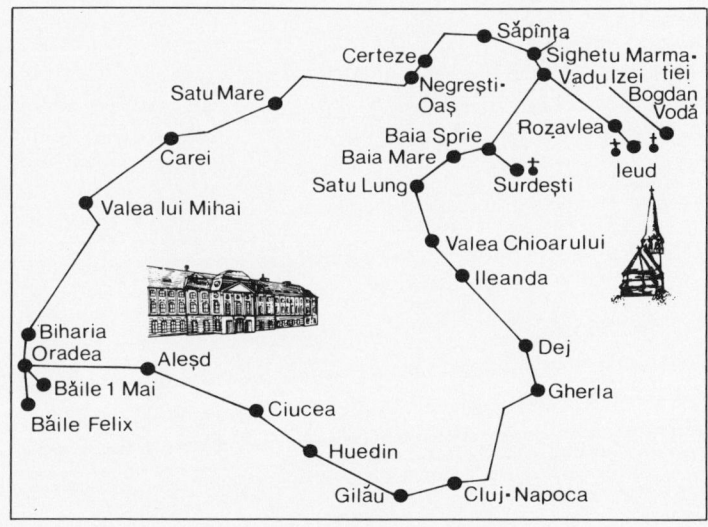

Route Maramureş

275

Bukowina nach *Vatra Dornei* (ca. 200 km). Von dort aus ist es dann nicht mehr weit zu den weltberühmten, von der UNESCO zu Weltkulturdenkmälern erklärten Moldauklöstern mit ihren Außenfresken.

Suceviţa – »ein Gedicht in Grün und Licht« (ca. 90 km);

Moldoviţa – »in rotbraune Farbe getauchtes Pergament« (ca. 75 km);

Voroneţ – »die Sixtinische Kapelle des Ostens« (ca. 85 km);

Zu diesen vier berühmtesten kommen u. a. noch *Humor* (ca. 85 km) und *Arbore* (ca. 120 km) hinzu. (Die km-Angaben bei den Klöstern beziehen sich jeweils auf die Entfernung zu Vatra Dornei).

Ausflüge in dieses Gebiet kann man von allen rumänischen Ferienzentren aus unternehmen, auch von Bukarest.

Nana Claudia Nenzel

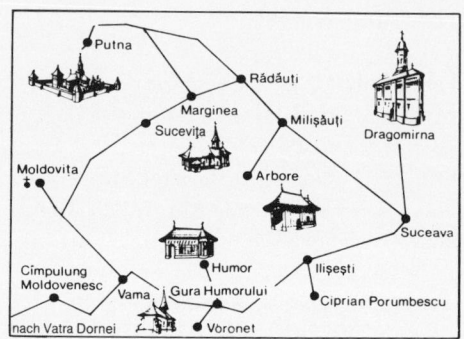

276

Abbildungsnachweis

Farbfotografien

G. Buşoiu   5
Radu Creţeanu   16
Eliane Crüwell, Lille   9, 24–30, 33, 34
Prof. Dr. A. Herold, Gerbrunn
  Umschlagrückseite, 1–4, 10–14
G. Mairani, Mailand   6
Prof. Wim Nordhoek, Het Oude Huis te
  Berne   Vordere Innenklappe, 15,
  17–21, 31, 32, 35

Schwarzweiß-Fotografien

Bibliothek der Rumänischen Akademie,
  Bukarest   1, 30, 31, 40–42, 76–79,
  128–132
Radu Creţeanu   75
Erhard Daniel, Regensburg   81, 83–92,
  95, 96
Prof. Dr. A. Herold, Gerbrunn   100, 101
Historisches Museum, Bukarest   4, 5,
  20–25

Institut für Kunstgeschichte, Bukarest
  45, 46, 49, 54–57, 59, 62, 65–67, 71, 112,
  113
Museum Constanţa   2, 3, 6–9, 12–14, 16
Eduard Widmer, Zürich   39, 74, 102, 103,
  117–120, 124

Alle nicht gesondert aufgeführten Fotografien stammen aus dem Archiv von Evi Melas, Athen.

Textabbildungen

Seite 11, 60/61, 94/95, 144 nach Vorlagen von N. Niculin;
Seite 110/111 Kupferstich nach einem Gemälde von Aegid Rye, 1617;
Seite 130 nach einer Zeichnung aus dem 18. Jh. von Andreas Blasius.
Alle anderen Textabbildungen mit Ausnahme des Planes von Bukarest und der Routenkarten im Gelben Teil stammen von Prof. Dr. Grigore Ionescu.

Weiterführende Bibliographie

N. Jorga: *Geschichte des Rumänischen Volkes* (Im Rahmen seiner Staatsbildungen), Gotha (Friedrich Andreas Perthes/AG) 1905

N. Jorga: *Bysance après Bysance* (Continuation de L'Histoire de la Vie byzantine), Bukarest 1971

André Grabar: *La Peinture Byzantine. Etude historique et critique* Genf (Skira) 1953

Miron Constantinescu, Constantin Daivociciu, Stefan Pascu: *Histoire de la Roumanie – des Origines a nos Jours,* (Ed. Horvath) 1970

Maria Ana Musicescu: *Etat actuel des recherches sur L'art Roumain du moyen Age*

Encyclopaedia of World Art: Romania

Encyclopaedia Universalis (Vol. 14), Arts de la Roumanie, von Prof. M. Berza; *Propos sur L'art Médieval Roumain,* von Maria Ana Musicescu (Buletin al Comisiei nationale a Republicii Socialiste Roamia pentru UNESCO)

Vladimir Dumitrescu: *L'Art Neolithique en Roumanie,* Bukarest (Ed. Meridiane) 1968

Dumitru Berciu: *Romania,* London (Ancient Peoples and Places: Thames and Hudson) 1967

Raum für Reisenotizen

Raum für Reisenotizen

Register

Personen, Stämme, Völker

Aaron, Fürst 201
Aesculap 134
Agathyrsen 182
Ahtum 222
Albaner 199
Alescandri, Vasile 159, 160
Alexander d. Gute 146, 195, 198
Alexander, König 52
Alexander I., Zar 37
Alexandru, Nicolae 56 f., 88
Alexander, Zar 52
Alfieri, Vittorio 49
Aman, Theodor 43, 45
Anastasios I. 189
Andreescu, Ion 43, 47
Anjou 57, 98, 192
Aphrodite 13, 184
Apollodoros 38, 134
Apollon 184
Apor 108
Arany, Janos 132
Arbore, Luca 158, 159
Argonauten 12
Aricescu, C. 53
Aristoteles 158
Armenier 93, 242
Asklepios 13
Athanasios, Hl. 242
Augustus, Kaiser 11, 102, 184
Aurelian, Kaiser 186, 188
Awaren 153, 188, 242

Bajesid I. 197
Barbara, Hl. 97, 152
Bartòk, Béla 132

Basarab I. 57, 193, 195
Basarab, Matei 36, 50, 63, 89, 203
Basarab, Neagre 62, 86 f., 200, 215, 243, 244
Bassano, Jacopo 43
Basta, Georg 202
Bastarnen 182
Báthory, Andreas 202
Báthory, Sigismund 201 f.
Báthory, Stephan 103, 112
Batthyani, Ignaţ 108
Beatrix von Aragon 97, 109
Bellini 43
Berciu, D. 190
Berza, Mihai 191
Bethlen, Gabriel 107 f., 112
Bethlen, Nikolas 108
Beza 48
Bibesco, Marthe 42, 54
Bîlea 58
Bismarck 42
Blaumann, Eberhard 212
Bocskay, Stephan 112
Bogdan 154, 195, 249
Bonnard, Pierre 47
Bosch, Hieronymus 158
Bourdelle, Antoine 48
Bouts, Dierick 141
Brancusi, Constantin 43, 47, 274
Brauner, Victor 43
Brîncoveanu, Constantin 36, 45, 49, 63 f., 88, 179, 203, 209, 216, 241, 243, 247–250
Brîncoveanu, Maria 55
Brîncoveanu, Safta 42, 146
Brîncoveanu, Smaranda 55
Broederlam, Melchior 223

Brueghel, d. J., P. 44, 158
Brukenthal, Samuel van 140
Budai-Dellanu, Joan 205
Bukur 34
Bulgaren 194
Burebistas 183, 185 f.
Byzantiner 33, 38, 194

Căciulă 62
Călimän 62
Camariano, A. 252
Cantemir, Dimitrie 149, 178 f., 203
Caradja 49
Caragiale, Ion Luca 41
Carol I., König 42, 51, 52, 92
Carol II. 52
Ceauşescu 51
Cézanne, Paul 47
Claude Lorrain 43
Cloşca 108, 140, 204
Coman, Dragoş 159
Condurachi, Em. 190
Corvinus, Matthias, König 96, 97, 109, 112, 199, 212
Costin, M. 203
Cranach, Lucas d. Ä. 44, 140
Crimca, Anastasie 149, 150, 246
Crişan 140, 204
Cutescu-Storck, C. 47
Cuza, Alexander Ion 160, 178, 205

Daicoviciu, C. 190
Daker, Dako-Romanen 38, 181 f., 186, 188 f., 206
Daniil 156

Orte, Länder, Flüsse, Gebirge

»Richtig reisen«: Griechenland

Delphi, Athen, Peloponnes und Inseln
348 Seiten mit 45 farbigen und 124 einfarbigen Abbildungen, Zeichnungen, und Plänen, 102 Seiten praktischen Reisehinweisen

»Als Autorin des Buches zeichnet Evi Melas verantwortlich und erweist sich als anregender Cicerone, der den Touristen nicht nur zu berühmten Sehenswürdigkeiten führt, sondern ihn auch mit der besonderen Mentalität des griechischen Menschen bekannt machen will. Der Band ist einerseits für jene gedacht, die zum erstenmal eine Reise nach Griechenland vorbereiten, andererseits auch für Kenner, die ihre Erfahrungen ein wenig bereichern wollen.« *Wiener Zeitung*

Athen

Geschichte, Kunst und Leben der ältesten europäischen Großstadt von der Antike bis zur Gegenwart
320 Seiten mit 10 farbigen und 220 einfarbigen Abbildungen, 37 Zeichnungen, Karten und Plänen, 18 Seiten praktischen Reisehinweisen, Register (DuMont Kunst-Reiseführer)

»Die Autorin führt den Besucher auf ganz persönliche Weise durch die Stadt, auf 14 Spaziergängen. Ihr kommt es darauf an, das historische Athen, so wie es sich heute dem Betrachter darbietet, lebendig werden zu lassen. Der vorzügliche Bildteil, schon immer hervorstechendes Merkmal dieser Reihe, ergänzt den Textteil sinnvoll.« *Die Zeit*

Die griechischen Inseln

Ein Reisebegleiter zu den Inseln des Lichts – Kultur und Geschichte
479 Seiten mit 28 farbigen und 217 einfarbigen Abbildungen, 85 Plänen und Zeichnungen, 24 Seiten praktischen Reisehinweisen, Register (DuMont Kunst-Reiseführer)

Tempel und Stätten der Götter Griechenlands

Ein Begleiter zu den antiken Kultzentren der Griechen
Herausgegeben von Evi Melas. 225 Seiten mit 4 farbigen und 86 einfarbigen Abbildungen, 25 Zeichnungen, Karten und Plänen, 8 Seiten praktischen Reisehinweisen (DuMont Kunst-Reiseführer)

«Die Verfasser der einzelnen Beiträge gelten als zuverlässige Fachleute und sind zum Teil auf dem Gebiet der Archäologie über ihr Land hinaus bekannt. In erster Linie kommen in dem Buch Vertreter der jüngeren Forschergeneration zu Wort. Urlaubsreisenden ist ein guter Führer, ein angenehm lesbares Studienbuch der antiken griechischen Kultur und Mythologie in die Hand gegeben.« *Wiener Zeitung*

Delphi

Die Orakelstätte des Apollon
213 Seiten mit 14 farbigen und 69 einfarbigen Abbildungen, Glossar, Zeittafel, Register, kartoniert (DuMont Taschenbücher, Band 250)

Licht über Hellas

Von Inge und Arved von der Ropp. Text von Evi Melas. 204 Seiten mit 163 farbigen und 12 einfarbigen Abbildungen, Leinen mit Schutzumschlag

»Griechenland strahlt in stiller Größe und präsentiert sich in zeitloser, der Wirklichkeit fast entrückter Schönheit.« *Die Zeit*

DuMont Kunst-Reiseführer

Der Jemen Nord- und Südjemen. Antikes und islamisches Südarabien

Jordanien Völker und Kulturen zwischen Jordan und Rotem Meer

Jugoslawien Kunst, Geschichte und Landschaft zwischen Adria und Donau

Karibische Inseln Westindien. Von Cuba bis Aruba

Kenya Kunst, Kultur und Geschichte am Eingangstor zu Innerafrika

Luxemburg Entdeckungsfahrten zu den Burgen, Schlössern, Kirchen und Städten des Großherzogtums

Malaysia und Singapur Dschungelvölker, Moscheen, Hindutempel, chinesische Heiligtümer und moderne Stadtkulturen im Herzen Südostasiens

Malta und Gozo Die goldenen Felseninseln – Urzeittempel und Malteserburgen

Marokko – Berberburgen und Königsstädte des Islam Ein Reisebegleiter zur Kunst Marokkos

Mexiko Ein Reisebegleiter zu den Götterburgen und Kolonialbauten Mexikos

Mexico auf neuen Wegen Ein Reisebegleiter zu präkolumbischen Kultstätten und Kunstschätzen

Namibia und Botswana Kultur und Landschaft im südlichen Afrika

Nepal – Königreich im Himalaya Geschichte, Kunst und Kultur im Kathmandu-Tal

Norwegen Natur- und Kulturlandschaften vom Skagerrak bis nach Finnmark

Österreich

Das Burgenland Land der Störche und der Burgen: Kultur, Landschaft und Geschichte zwischen Ostalpen und Pußta

Kärnten und Steiermark Vom Großglockner zum steirischen Weinland

Salzburg, Salzkammergut, Oberösterreich Kunst und Kultur auf einer Alpenreise vom Dachstein bis zum Böhmerwald

Tirol Nordtirol und Osttirol. Kunstlandschaft und Urlaubsland an Inn und Isel

Vorarlberg und Liechtenstein Landschaft, Geschichte und Kultur im ›Ländle‹ und im Fürstentum

Wien und Umgebung Kunst, Kultur und Geschichte der Donaumetropole

Pakistan Drei Hochkulturen am Indus. Harappa – Gandhara – Die Moguln

Papua-Neuguinea Niugini. Steinzeit-Kulturen auf dem Weg ins 20. Jahrhundert

Polen Geschichte, Kunst und Landschaft einer alten europäischen Kulturnation

Portugal Vom Algarve zum Minho

Madeira Kultur und Landschaft auf Portugals ›Blumeninsel‹ im Atlantik

Rumänien Schwarzmeerküste – Donaudelta – Moldau – Walachei – Siebenbürgen: Kultur und Geschichte

Die Sahara Mensch und Natur in der größten Wüste der Erde

Sahel Senegal, Mauretanien, Mali, Niger Islamische und traditionelle schwarzafrikanische Kultur zwischen Atlantik und Tschadsee

Schweden

Schweden Vielfalt von Kunst und Landschaft im Herzen Skandinaviens

Gotland Die größte Insel der Ostsee. Eine schwedische Provinz von besonderem Reiz – Kultur, Geschichte, Landschaft

Schweiz

Die Schweiz Zwischen Basel und Bodensee · Französische Schweiz · Das Tessin · Graubünden · Vierwaldstätter See · Berner Land · Die großen Städte

Tessin Kunst und Landschaft zwischen Gotthard und Campagna Adorna

Das Wallis Der Südwesten der Schweiz

Skandinavien – Dänemark, Norwegen, Schweden, Finnland Kultur, Geschichte, Landschaft

Sowjetunion

Georgien und Armenien Zwei christliche Kulturlandschaften im Süden der Sowjetunion

Moskau und Leningrad Kunst, Kultur und Geschichte der beiden Metropolen, des ›Goldenen Ringes‹ und Nowgorods

Sowjetischer Orient Kunst und Kultur, Geschichte und Gegenwart der Völker Mittelasiens

Spanien

Die Kanarischen Inseln Inseln des ewigen Frühlings: Teneriffa, Gomera, Hierro, La Palma, Gran Canaria, Fuerteventura, Lanzarote

Katalonien und Andorra Von den Pyrenäen zum Ebro. Costa Brava – Barcelona – Tarragona – Die Königsklöster

Der Prado in Madrid Ein Führer durch die schönsten Gemäldesammlungen Europas (Herbst '91)

Mallorca – Menorca Ein Begleiter zu den kulturellen Stätten und landschaftlichen Schönheiten der großen Balearen-Inseln

Nordwestspanien Landschaft, Geschichte und Kunst auf dem Weg nach Santiago de Compostela

Spaniens Südosten – Die Levante Die Mittelmeerküste von Amposta über Valencia und Alicante bis Cartagena

Südspanien für Pferdefreunde Kulturgeschichte des Pferdes von den Höhlenmalereien bis zur Gegenwart. Geschichte der Stierfechterkunst

Sudan Steinerne Gräber und lebendige Kulturen am Nil

Südamerika: präkolumbische Hochkulturen Kunst der Kolonialzeit. Ein Reisebegleiter zu den Kunststätten in Kolumbien, Ekuador, Peru und Bolivien

Südkorea Kunst und Kultur im Land der ›Hohen Schönheit‹

Syrien Hochkulturen zwischen Mittelmeer und Arabischer Wüste

Thailand und Burma Tempelanlagen und Königsstädte zwischen Mekong und Indischem Ozean

Tschechoslowakei Kunst, Kultur und Geschichte im Herzen Europas

Prag Kultur und Geschichte der ›Goldenen Stadt‹

Türkei

Istanbul Bursa und Edirne. Byzanz – Konstantinopel – Stambul. Eine historische Hauptstadt zwischen Abend- und Morgenland

Ost-Türkei Völker und Kulturen zwischen Taurus und Ararat

Ungarn Kultur und Kunst im Land der Magyaren

USA – Der Südwesten Indianerkulturen und Naturwunder zwischen Colorado und Rio Grande

Zypern 8000 Jahre Geschichte: Archäologische Schätze – Byzantinische Kirchen – Gotische Kathedralen

»Richtig reisen«